URBAN SURVIVAL

Überleben im Notfall

DAS ULTIMATIVE SURVIVAL BUCH
Optimale Krisenvorsorge: Prepping, Selbstversorgung, Fluchtrucksack, Blackout und vieles mehr!

Thomas Gast

Bibliografische Information der Deutschen Nationalbibliothek.

Die Deutsche Nationalbibliothek verzeichnet diese Publikation in der Deutschen Nationalbibliografie; detaillierte bibliografische Daten sind im Internet über http://dnb.dnb.de abrufbar.

Für Fragen und Anregungen:
info@eulogiaverlag.de

ISBN Print: 978-3-96967-304-1
ISBN E-Book: 978-3-96967-305-8

Originale Erstausgabe 2022

Eulogia Verlags GmbH
Gerhofstraße 1–3
20354 Hamburg

Lektorat: Ramon Thorwirth
Satz und Layout: Tomasz Dębowski
Umschlaggestaltung: Aleksandar Petrović

URBAN SURVIVAL

Überleben im Notfall

EULOGIA
VERLAG

Inhaltverzeichnis

Ich widme dieses Buch Tina, Nicole und Paco.

Tina und Paco, weil ihr Kampf exemplarisch,
ja fast schon heroisch war.

Nicole, weil Stärke und Wille ihren Namen tragen.

Es ist keine Panikmache, sondern eine sinnvolle Gefahrenvorsorge. Keiner dachte an eine Pandemie, doch sie kam. Waren wir vorbereitet? Nein! Im Ahrtal gab es eine Flutwelle von fast sieben Metern Höhe. Waren die Menschen darauf vorbereitet, haben die Alarmierungssysteme richtig funktioniert? Nein! Am 14. April 1912 gegen 23.45 Uhr kollidierte die Titanic rund 550 Kilometer südöstlich von Neufundland mit einem Eisberg. Das damals mit 269 Metern Länge größte Passagierschiff der Welt sank in etwas mehr als zweieinhalb Stunden und riss rund 1.500 Menschen mit in den Tod. Vorher haben alle Experten gesagt: Die Titanic kann nicht sinken. Sie waren nicht darauf vorbereitet.

*

US-Bank JPMorgan bereitet sich auf Blackout in Deutschland vor. Die US-Bank JPMorgan Chase & Co. hat Verlagerungspläne entwickelt, sollte es in Deutschland zu einem Blackout kommen.

(Focus – Online 07.09.2022)

*

Zur Jahresmitte 2021 lebten weltweit geschätzt 4,5 der insgesamt 7,9 Milliarden Menschen in Städten. Das entsprach 57 Prozent der Weltbevölkerung. Im Jahr 2030 wird dieser Anteil bei 60 Prozent liegen. Gegenwärtig gibt es weltweit 34 Megastädte mit jeweils mehr als 10 Millionen Einwohnerinnen und Einwohnern.

(Statistisches Bundesamt)

*

In der ersten Septemberwoche 2022 machte die italienische Tageszeitung La Stampa eine beängstigende Vorhersage: Sobald das Gas ausgeht, wird in Italien Chaos herrschen mit strengen Rationierungen, eingefrorenen Häusern und der Schließung von Industriebetrieben und Unternehmen.

(La Stampa; 05. September, 2022)

Was mir wichtig ist, euch gesagt zu haben

Der einzige leichte Tag war gestern!
(Spruch der United States Navy SEALs, mit denen ich 1986 auf den Isla Piñero zwei Wochen lang trainierte. (DER AUTOR.))

Urban Survival – Überleben in der Krise

Kameraden herhören. Ich denke, es wird uns alle sehr hart treffen. Ich bin 61, hätte nie geglaubt, dass ich je noch einmal in so eine verzwickte Lage kommen würde. Eigentlich wollte ich im Alter eine ruhige Kugel schieben. Das fällt aus. Aber jetzt den Kopf in den Sand stecken und jammern? Sich wie ein Hund auf den Rücken werfen und passiv der Dinge harren, die da kommen? Niemals sage ich euch! Ich habe Kinder, muss positiv denken, muss mich vorbereiten. Für die Kids bringe ich alle Chancen auf meine Seite. Zumindest werde ich es versuchen. Wäre ich allein, dann wäre alles kein Problem. Ich würde mich in das dunkelste Loch verkriechen, mir die Wunden lecken und den Sturm vorüberziehen lassen. Ich bräuchte nicht viel, um zu überleben. Aber so oder so, ich bin ein Fighter, ein Kämpfer, und wie Überleben geht, habe ich von der Pike auf gelernt. Schon als Kind musste ich mich mit Fäusten behaupten. Kaum erwachsen kämpfte ich zwei Jahrzehnte lang mit der Waffe in der Hand. Ich kann erstaunlich gemein sein. Um das aber, was vielleicht bald kommt, zu überstehen (nicht allein, sondern mit meinen Lieben), brauche ich auch Glück. Glück hat man oder man hat es nicht. Aber lasst euch eines sagen, Kameraden: Glück kann man auch erzwingen. Genau das werde ich tun. Ich werde mich auf den Urban-Survival-Kampf genauso vorbereiten, wie ich mich damals in der Fremdenlegion auf jeden einzelnen Kampf vorbereitet habe. Akribisch. Bis ins kleinste Detail. Mit etwas Angst, aber auch voller unbewusster Vorfreude und immer unseren Ehrenkodex in einer Ecke meines Hirns. Im Kampf fair zu sein, war mir immer wichtig. Ich werde auch stark sein und mich vom Überlebenswillen tragen lassen. Ich möchte all meine Fähigkeiten abrufen, ich werde schlau sein wie ein Bauer, hinterlistig wie ein Teufel. Gemein wie ein Folterknecht und vorausschauend wie ein General. Ja, es wird schlimm kommen, aber Kameraden, ich habe beschlossen, das Schicksal in die Knie zu zwingen. Ich habe entschieden, auch diesen Kampf anzunehmen und als Gewinner daraus hervorzugehen. Alles ist gesagt. (Thomas Gast.)

Haftungsausschluss

Autor und Verlag übernehmen keinerlei Haftung für eventuelle Schäden, egal welcher Art, die durch das Anwenden oder das Nichtanwenden der im Buch beschriebenen Techniken im Allgemeinen oder durch das falsche und missbräuchliche Anwenden derselben im Speziellen entstehen könnten. Einige der in Wort und Bild gezeigten Maßnahmen und Erläuterungen beziehen sich auf ein angenommenes Krisenszenario. Sie stellen insofern weder eine Beratung noch eine Handlungsanweisung dar. Rechts- und Schadenersatzansprüche sind ausgeschlossen.

Vorwort

> *... ich habe einen unfehlbaren Instinkt, man nenne ihn Scharfsinn. Dieser Scharfsinn, erworben in zahlreichen Einsätzen, half mir immer, schnell zu erkennen, was gut, vor allem aber, was gänzlich falsch war. Nur deswegen habe ich viele dramatische Situationen überlebt. Den Vorwurf, mit den vorliegenden Zeilen zu sehr in den Hardcore-Bereich gegangen zu sein – einige mögen es Utopie nennen –, werde ich hinnehmen. Aber jeder einzelne Leser ist es mir wert. Ich könnte nicht ruhig schlafen, gewisse Dinge nicht gesagt zu haben. Besser man hat, als man hätte.*

Bevor ich mit dem eigentlichen Text beginne, möchte ich dir sagen, warum und unter welchen Umständen ich dieses Buch schrieb. Bereits im Juni dieses Jahres (2022) erschien mein Buch *Survival für Anfänger* im Eulogia Verlag. Ich beobachtete Absatz und Verkauf des Buches ganz genau. Dahinter steckte nicht Geldgier, sondern das Interesse am Feedback der Leser. Ich wollte wissen, wie die Menschen auf dieses Buch reagieren, schließlich ist Survival in unseren Tagen nicht immer ein Selbstläufer. Das Buch war sofort ein Bestseller. Innerhalb weniger Wochen trudelten fast hundert Rezensionen ein, eine berauschender als die andere. Es war also alles da, einfach mal glücklich zu sein. Dennoch wurde ich sehr nachdenklich. Mein Wille, Menschen zu helfen und ihnen mit Rat und Tat zur Seite zu stehen, war immer schon sehr ausgeprägt. Um zu helfen, so sagte ich mir, muss man zuallererst die Fähigkeit haben, die Zeichen an der Wand zu lesen. Die Zeichen – hätte ich sie zu Beginn des Jahres 2022 richtig gedeutet – standen auf Sturm. Dieser Sturm, wer hätte es besser wissen sollen als ich, würde in unseren Städten stattfinden. In Europas Städten! Ich hatte das bereits erlebt. 1992 – 1993 war ich in Sarajevo. Dort fand ein solcher Sturm statt. Bosnien und Herzegowina waren für mich eine Provinz Europas. Zumindest wenn ich auf mein Herz hörte. Geografisch gesehen passte das auch, denn von München bis Sarajevo sind es halt nur mal 945

Kilometer. Ich war ganze sechs Monate dort, lernte die Leute kennen und lieben. Sie waren stolz, aufrichtig, wenig anfällig für Korruption. Sie bettelten um nichts und dachten auch in der größten Misere immer positiv. Sicherlich passt der Ausdruck „Lebensfreude" am besten, um die Bosnier zu beschreiben. Während man in München im Biergarten saß und dem guten Leben frönte, starben nur zehn Autostunden davon entfernt Menschen. Tag für Tag. Stunde für Stunde.

An all das dachte ich komischerweise aber erst als *Survival für Anfänger* geschrieben und veröffentlicht war. Das Buch kam zur falschen Zeit. Dies erkennend, schrieb ich dem Verleger sofort eine E-Mail. Ich versuchte ihn dahingehend zu überzeugen, dass wir ein zweites Buch veröffentlichen sollten. Eines, das auf die künftigen Gefahren hinweist. Ein Buch, das unter Umständen Leben retten würde. Als ich gefragt wurde, wann denn meiner Meinung nach der richtige Zeitpunkt für eine Veröffentlichung sei, antwortete ich wahrheitsgetreu: gestern!

Einleitung

Wer es nicht schafft, sich vorzubereiten,
ist vorbereitet, es nicht zu schaffen!

Die Gefahren. Meine Einschätzung

Geht es tatsächlich darum, zu versuchen, unser Überleben in den von großen Krisen betroffenen Städten von Tag zu Tag sicher zu stellen? Oder ist Urban Survival doch eher eine Lebensanschauung, die darauf abzielt, für alle Fälle, jederzeit und gegen alle möglichen Gefahren und auf Dauer gewappnet zu sein? Wir müssen uns hier an dieser Stelle zuallererst die Frage gefallen lassen, ob es überhaupt möglich ist, schweren Zeiten vorzubeugen, indem man mit Methode und mit vorausschauender Weisheit antizipiert und zum opportunen Zeitpunkt die richtigen Maßnahmen ergreift. Meine Antwort darauf ist ja. Unbedingt. Durch Antizipation allein aber kann ein Mensch unmöglich auf alle Probleme eine adäquate Antwort in Form einer Problemlösung haben, denn der Probleme Ursachen und Auswirkungen sind Sklaven einer Dynamik, in die wir keinen Einblick haben. Keinen Einblick und kaum Einfluss. Unsere Möglichkeiten sind also begrenzt und wir könnten schnell zur Erkenntnis gelangen, dass wir nicht auf alle Worst-Case-Szenarien zur rechten Zeit einen adäquaten Lösungsvorschlag finden. Aber ich bin jemand, der sich sagt, lieber beim aktiven Versuch – jetzt schon nach Möglichkeiten zu suchen, die das Überleben wahrscheinlicher machen – Federn lassen, als sich passiv in eine stille Ecke zu verkrümeln, zu leiden und zu erdulden. Das ist und soll beileibe kein Aufruf sein, den heutigen Systemen zu misstrauen oder sich gar total von ihnen freizumachen. Ganz im Gegenteil. Profitiere vom Angebot, solange es noch existiert. Was aber, wenn denen, die diese Systeme leiten, die Zügel aus der Hand gleiten? Was mich angeht, und diese Gesinnung wird sich wie ein roter Faden durch das ganze Buch ziehen, handelt es sich bei Urban Survival um die Suche nach Unabhängigkeit und nach Resilienz, aber auch nach einer gewissen Art von Freiheit. Ich biete dir an, dir dies zu eigen zu machen. Sei während dieser Suche diszipliniert und zielorientiert. Fokussiere dich auf das, was jetzt wichtig ist:

Die mentale und materielle Resilienz.

Genau das nämlich ist es, was den meisten Menschen abgeht. Sie haben keine Vorstellungskraft. Ihnen fehlt die Entschlossenheit. Sie agieren ohne Plan. Ihnen fehlt die Überzeugung, dass ihre Anstrengungen in Sachen *Vorsorge* von Erfolg gekrönt sein werden und dass ihr Wirken diesbezüglich reife Früchte tragen kann. Unterm Strich sind es genau diese Menschen, die es nicht schaffen. Weil sie zögern. Weil sie unbeirrbar dem Glauben verfallen sind, dass unsere Systeme krisensicher sind. Unterliegen sie einem Irrglauben? Absolut. Du aber bist aus einem anderen Holz geschnitzt, denn du glaubst an das, was du siehst. Du vertraust deinem Instinkt. Du hast deine eigene Meinung und bist nicht gewillt, Opfer der Ruhe Utopiens zu werden. Ich heiße dich willkommen. Willkommen im Club derer, die allen Hindernissen zum Trotz überleben werden.

Heißer Herbst und frieren auf Rezept

Parolen wie „Heißer Herbst“ oder „Wutwinter“ gehen im Netz seit einiger Zeit schon viral. Ich denke, dass das kein an den Haaren herbeigezogenes Geplänkel ist.

Bist du bereit für ein vorerst noch rein hypothetisches Szenario? Hier ist es. Es wird die Zeit kommen, und bis dann ist es nicht mehr lange hin, dass sich auf unseren Straßen die volle Wut der Bürger entlädt. Wie fast immer in solchen Situationen wird es drei verschiedene Camps geben.

Da wären zunächst Menschen wie du und ich. Wir sind empört. Wir haben unseren Job verloren. Die Preise steigen. Für alles. Duschen im Sparmodus und frieren auf Rezept wurde verordnet, all das jedoch noch ganz inoffiziell. Am Monatsende sind wir in den roten Zahlen. Und noch sind Nachzahlungen fällig, die in der zu erwartenden Höhe jeder Beschreibung spotten. Wir haben es satt, abends Versprechungen und Durchhalteparolen im Stil *„morgen wird alles besser“* zu hören, nur um am nächsten Tag wieder einmal festzustellen, dass sich nichts geändert hat. Gar nichts. Doch alles hat einmal ein Ende. Auch unsere Geduld. Wir gehen also auf die Straße. Wir kämpfen für unsere Rechte. Fordern sie ein. Gewaltlos. Unsere Motive sind klar. Warum wir hier sind, ist für die obere Etage kein Rätsel. Das gehört vielleicht sogar zum Kalkül.

Dann gibt es jene, die eigentlich der gleichen Meinung sind wie wir, nur mit dem feinen Unterschied, dass sie versuchen, Profit aus der Situation zu ziehen. Nicht etwa für uns alle, sondern nur für sich selbst. Für ihre Zwecke, für ihre Partei. Sie schicken sogenannte Störer und Rechtsradikale, die sich unter uns mischen. Rechtsradikale sind, zumindest bei uns, noch harmlos, auch weil man sie als solche sehr schnell erkennt. Man kann sie gut einschätzen, ihnen aus dem Weg gehen. Sie sind Marionetten. Marionetten haben die Eigenschaft, dass sie sich nur allzu gerne vor einen Karren spannen lassen, von dem sie nicht wirklich wissen, wer ihn lenkt.

Dann gibt es die stillen Beobachter. Es sind die mit einem Handy in der Hand und dem anderen Handy in der Beintasche. Sie stehen etwas abseits. Genau sie sind es, die mir am meisten Sorgen bereiten. Es sind Kriminelle. Sie beobachten die Szene, sie sammeln Informationen und suchen sich jetzt schon potenzielle Opfer. Sie beobachten lange – Tag für Tag, Stunde für Stunde. Ungesehen und unbemerkt werten sie ihre Beobachtungen aus. Im opportunen Moment opportun schlagen sie zu. Das tun sie hauptsächlich dann, wenn es auf den Straßen knallt. Vielleicht (oder hoffentlich) knallen keine Patronen. Sicherlich aber werden wir CS-Gas sich entfalten und Schlagstöcke auf Helme niedersausen sehen. Der opportune Moment ist da. Und wo schlagen die Kriminellen, die stillen Beobachter zu? Bei dir zu Hause. Bei mir zu Hause. Bei all denen, die gerade nicht daheim sind. Bei denen, die ihre Wohnungen leer gelassen haben. Die Ordnungskräfte würden in solchen Situationen hilflos überfordert sein. Warum, das erkläre ich dir später im Text.

Flashback – Sarajevo, Winter 1992

Bombentrichter, Ruinen, Panzersperren und Checkpoints wohin mein Auge fällt. Das Geräusch heftig geführter Kämpfe dringt an mein Ohr. Mit vier Tonnen Nahrungsmitteln des UNHCR auf den Ladeflächen unseres GMC-Trucks sind wir unterwegs nach Dobrinja. Die Menschen haben weder Gas noch Strom. Frisches Trinkwasser ist ein Fremdwort, Medikamente und gutes Essen sind Mangelware. Benzin und Diesel gibt es nicht, die Misere ist absolut. Kinder? Ja! Sie leben im Keller, dort, wo die Bomben der serbischen Tschetniks ihnen nichts anhaben können. Das Haus zu verlassen, dafür gibt es selbst für die Erwachsenen nur drei vitale Gründe: Nahrung, Wasser, bewaffneter Kampf! Von Dezember 1992 bis Juli 1993 war ich mit meiner Einheit im Bosnienkrieg unterwegs. Krieg kannte ich. Neu für mich war aber die Erkenntnis dessen, zu was das Genie im von Entbehrungen gebeutelten Menschen fähig ist. Neu war für mich auch das hohe Maß seiner Leidensfähigkeit. Die Bosnier überlebten die Belagerung von Sarajevo, weil ihr ausgeprägter Survival-Instinkt es ihnen tagtäglich diktierte. Überleben um jeden Preis. Durchhalten. Nicht aufgeben. Was diesen Menschen, den Frauen, Kindern und Männern fehlte, waren nicht nur Strom, Gas, Wasser und diverse Grundnahrungsmittel. Nein. Es fehlte auch jegliche Struktur, es fehlte die Ordnung. Das System war nicht mehr existent. Es gab keine Banken und keine namhafte Telekommunikation. Außer drei Krankenhäuser, die alle ohne Strom und ohne Betäubungsmittel rund um die Uhr unter Extrembedingungen arbeiteten, existierte auch kein wirkliches Gesundheitswesen mehr. Die Kläranlagen funktionierten nicht. Weder gab es offene Bäckerläden noch Metzger, noch gab es einen Bau- oder Supermarkt in der Stadt, die 1425 Tage lang belagert wurde. Aber irgendwie funktionierte das Leben trotzdem. Es wurde getauscht, gehandelt, gefeilscht. Manchmal bekriegte man sich wegen essenzieller Dinge.

„Waffen, Munition, Kerzen, Feuerzeuge, Antibiotika, Batterien, Benzin und Nahrung: Wir schlugen uns wie wilde Tiere darum. In Situationen wie diesen werden Menschen zu Monstern!“ (Ein Bosnier nach der Belagerung Sarajevos 1996).

Hauptsächlich aber wurde brüderlich geteilt. Heizungen gab es keine mehr und so verbrannten die Menschen Autoreifen, Zaunlatten, Möbel, Türrahmen, Autositze, Bücher, ja sogar tragende Dachbalken. Trotzdem herrschten in den Stuben Temperaturen im Minusgradbereich. Vor allem ältere Menschen und Kinder litten unter der eisigen Kälte. Der Hunger nagte mit spitzen Dolchen in ihren Eingeweiden. Ja, die Bosnier froren und hungerten zusammen, verloren aber nie die Würde.

In Haiti gibt es keinen Winter. Flashback

Auch in Haiti zeigte sich mitten im Chaos und angesichts einer Krise von gewaltigem Ausmaß das menschliche Genie. Dazu musst du wissen, dass im Herbst des Jahres 2008 vier Hurrikans die Insel übelst verwüstet hatten. Ich war Zeuge davon. Ich war vor Ort. Die Menschen hielten zusammen und machten Unmögliches möglich. Jeder vom Sturm niedergerissene Stein wurde wieder auf den anderen gesetzt. Es gab Tragödien. So berichtete mir ein Arzt, den ich im Christopher Hotel – dem Hauptquartier für die Stabilisierungsmission der Vereinten Nationen in Haiti (MINUSTAH) – traf, von einer unvergesslichen Nacht in der Cité Soleil, einem dicht besiedelten urbanen Armenviertel in Port-au-Prince. Während Hurrikan Ike noch tobte, führte er mit dem einzigen Licht seines Handys Entbindungen durch. Um den Hunger zu stillen, nahmen die Menschen Schlamm, Salz sowie Margarine und formten daraus Kekse, die sie dann einige Stunden in die heiße Sonne legten und hernach aßen. Warum ich das alles erzähle? Nun, die aktuelle Lage in Europa in Betracht ziehend ist es sicherlich nicht abwegig, zu glauben, dass Worst-Case-Szenarien fast ohne Vorwarnung auch bei uns Einzug halten können. Den geographischen Umständen Tribut zollend und den Faktor Mensch betrachtend, wären sie nur aus einem anderen, möglicherweise viel härteren Holz geschnitzt. In Haiti gibt es nämlich keinen Winter. Kurz bevor ich dann im Jahr 2014 mein Buch *Survival Total (Bd. 2): Urban Survival – Terror und Krisen vor deiner Tür* schrieb, nahm ich mir die Zeit, herauszufinden, wie sich Kinder fühlen müssen, denen man Schlammkekse zu essen gibt. Natürlich konnte ich Umstände wie Krankheit, totale Armut, interne Gefühlsregungen und so vieles mehr nicht nachvollziehen, aber ich konnte mir zumindest Schlammkekse machen. Und sie essen. Genau das habe ich getan. Ich nahm eine Handvoll saubere Erde, etwas Margarine, Salz, einen Esslöffel Asche aus frisch verbranntem Holz und etwas Wasser. Danach formte ich flache Kekse, legte sie in eine Pfanne und ab auf den Ofen damit. Zu sagen, es war deliziös, dazu fehlt mir hier an dieser Stelle der Mut. Aber ich würde es wieder tun, wenn der Hunger bei mir Einzug hielte und ich nichts anderes hätte, ihn zu stillen.

Deutschland. Gegenwart

Überteuerung✓ Verknappung✓ Blackout? Bevor ich hier weiter mache, weise ich auf einen Zeitungsartikel hin. Es geht im Artikel darum, dass die Berliner Polizei sich wohl gerade (Stand Mitte September 2022) massiv und wie es aussieht, schwerpunktmäßig auf den Energie-Ernstfall vorbereitet. Zeitpunkt im Fokus: Ende Herbst, Beginn Winter. Ich werde immer belächelt, wenn ich in meinen YouTube-Clips über einen Blackout spreche. Jetzt müssen sich die Lacher folgende Frage gefallen lassen. Würde sich die Polizei allen Ernstes auf einen Blackout vorbereiten, wenn die Möglichkeit eines solchen absolut nicht gegeben ist? Wohl kaum. Eher das Gegenteil ist der Fall. Die Polizei bereitet sich auf ein Szenario vor, das aller Wahrscheinlichkeit nach auch eintreffen wird. Fakt ist, unsere Städte werden dunkel. Hätte ich das vor vier Monaten behauptet, so wäre ich gnadenlos als rechter Verschwörungstheoretiker niedergebrüllt worden. Heute sieht das anders aus. Übrigens ist ein Blackout nicht, wie viele Menschen denken, einfach nur ein Stromausfall. Ein solcher wäre zu verkraften. Ein Blackout ist eher mit einem Kollaps der Infrastruktur zu vergleichen. Bei einem Blackout, der auf der Hochspannungsebene im Bereich von bis zu 400.000 Volt ausgelöst wird, melden sich die Kraftwerke zum Eigenschutz vom Netz ab, so ganz nach dem Motto, ich bin dann mal weg. Rien ne vas plus. Nichts geht mehr. Aus eigenem Antrieb fahren sie auch nicht mehr hoch. Aber damit ist noch lange nicht Schluss. Es gehen auch fast alle Daten verloren. Die Rede ist von Computern, Internet und Kraftwerken, um nur diese drei Domänen zu erwähnen. Selbst wenn der Strom wieder kommt, bleiben die Daten zunächst mal verloren. Im Resultat gehen Hilfs- und Fachkräfte nach

Hause. Erstens ist ihre Arbeitsgrundlage weg. Zweitens haben sie wie auch sämtliche Sicherheitskräfte, Ordnungsdienste und sicherlich auch die Polizei selbst Familien, um die sie sich nun prioritär kümmern müssen. Aber ich bin jetzt etwas ausgeschweift. Ich zitiere aus dem betreffenden Artikel.

„Fällt die Energieversorgung aus, bricht auch die Infrastruktur zusammen. Berlin wäre dunkel. Innerhalb kürzester Zeit würde sich die Sicherheitslage dramatisch verschlechtern. Die Wahrscheinlichkeit für Plünderungen und Unruhen würde steigen. Genau für dieses Blackout-Szenario bereitet die Berliner Polizei nach Informationen von WELT gerade ein vertrauliches Einsatzpapier vor." (https://www.welt.de/politik/deutschland/article241052519/Geheimpapier-Blackout-Polizei-Berlin-bereitet-sich-auf-Energie-Ernstfall-vor.html)

In dem Artikel, geschrieben und erschienen am 15. 09. 2022, ist von drei Szenarien beziehungsweise von drei Stufen die Rede. Überteuerung. Verknappung und Blackout. Man liest weiter.

„… bei der dritten Stufe käme es zum Blackout. Plünderungen und Unruhen wären dann wahrscheinlich."

Nun, zumindest die Polizei nimmt das tierisch ernst, aber das nur am Rande.

Exkurs: Blackout von Robert Jungnischke

Ein Blackout ist insbesondere in der Großstadt ein Problem und eine echte Gefahr.

Die Angst, im Falle eines Blackouts in der Großstadt nicht sicher zu sein, ist berechtigt.

Viele Menschen haben keine Ahnung, wie sie sich dann verhalten sollen.

Sie können weder das Risiko noch die Folgen eines Blackouts einschätzen und wissen nicht, wie sie sich vorbereiten sollen bzw. fehlt eine konkrete Umsetzungshilfe.

Die Angst, allein und hilflos zu sein, ist groß. Es droht tatsächlich die Eskalation der Gewalt, d. h. die Gefahr, dass Menschen geplündert oder ausgeraubt werden.

In Hochhäusern droht insbesondere die Gefahr durch Brand wegen offenen Feuers zum Kochen und Heizen.

Die Sicherheitssysteme (110/112) sind nicht mehr vorhanden, weil die Kommunikation ausfällt.

Die medizinische Versorgung bricht zusammen, weil Helfer auch betroffen sind.

Zusätzlich halten auch Krankenhäuser nur wenige Tage mit Notstrom durch.

Die Situation kann sich zu einem gefährlichen Chaos ausweiten und bis hin zur Katastrophe mit bürgerkriegsähnlichen Zuständen führen.

Wie wahrscheinlich ist der Blackout?

Wir haben kein deutsches Stromnetz, sondern einen Zusammenschluss von 38 Ländern in Europa, die ein gemeinsames Stromnetz abbilden. Im März 2022 kamen Moldawien und die Ukraine, in der bekanntlich ein Krieg tobt, dazu.

Weil in diesem Stromnetz die gemeinsame Frequenzregelung erfolgt, liegt es auf der Hand, dass Störungen in einem dieser Länder europaweite Folgen haben können.

So könnte eine Rakete, die die Strominfrastruktur in der Ukraine zerstört, der Auslöser für einen europaweiten Stromausfall sein.

So kam es am 28.09.2003 in ganz Italien zu einem Blackout wegen einer Störung in der Schweiz. Hier war eine Leitung durch eine menschliche Fehlentscheidung überbeansprucht worden. In der Folge waren 57 Millionen Menschen in Italien bis zu 20 Stunden ohne Strom.

Am 04.11.2006 wurde in Norddeutschland planmäßig eine große Überlandleitung abgeschaltet, weil das Kreuzfahrtschiff Norwegian Pearl von der Meyer Werft in Papenburg ins Meer überführt werden sollte.

Dies führte zu einer Kettenreaktion und 19 Sekunden später waren 10 Millionen Menschen in Teilen von Deutschland, Belgien, Frankreich, Österreich, Italien und Spanien betroffen. Das europäische Stromnetz zerfiel in Teilnetze, welche sich jedoch wieder fingen und relativ schnell wieder miteinander synchronisiert werden konnten.

Die Experten sind sich einig: In der heutigen Situation hätten beide Ereignisse zu einem langanhaltenden Blackout geführt.

Aber was ist ein Blackout?

Es ist kein Stromausfall!

Als Blackout bezeichnen wir in diesem Buch einen großflächigen (deutschlandweiten oder sogar europaweiten) und langandauernden Stromausfall (mindestens 1–2 Wochen). Ein Blackout ist dabei nicht mit einem Stromausfall vergleichbar, weil es darüber hinaus zu einem kompletten Ausfall aller Infrastruktur führt. D. h. keine Versorgung mit nichts mehr. Keine Kommunikation, keine Information, kein Zugriff auf Polizei, Notarzt und Feuerwehr. Keine Lebensmittelversorgung und Trink- sowie Abwasserversorgung brechen mehr oder weniger sofort zusammen.

Bereits im September 2021 warnte Goldman Sachs vor Stromausfällen wegen Erdgasmangel. Dieser Warnung folgte der Trafigura Chef **Jeremy Weir** im Dezember '21 auf einem großen Energiekongress in Asien mit der Aussage, dass wir uns wegen des Mangels an Erdgas und Kohle in Europa auf rollierende Stromausfälle vorbereiten müssen.

„Es ist nur eine Frage der Zeit, bis die Versorgung zusammenbricht. Bereiten Sie sich deshalb rechtzeitig auf einen langanhaltenden Stromausfall vor."

Die Anzahl der Redispatch-Maßnahmen explodiert in 2022 förmlich. Im Vergleich zum Vorjahr, wo es 8632 Eingriffe zur Stabilisierung gab, liegen wir heute, wo ich diese Zeilen schreibe, bei über 10127 am 09.10.2022 und das Jahr ist noch nicht vorbei!

Zwischenzeitlich sind die Probleme so groß, dass die Energieversorger öffentlich auf die Probleme aufmerksam machen.

So warnte ebenfalls im Dezember der E.ON-Chef Birnbaum, dass das Stromnetz an seiner Belastungsgrenze angekommen sei.

Gleichfalls warnte RWE, dass aufgrund der Erdgasknappheit in diesem Winter mit Abschaltungen von Kraftwerken gerechnet werden muss. Punkt.

Das Embargo gegen Russlands Energielieferungen tut ein Übriges, unsere Versorgungssicherheit zu unterminieren. Uns fehlen zwischenzeitlich 55 % unseres Erdgases.

Auch in der politischen Diskussion ist die schlechter werdende Stromversorgung kein Thema. Vermutlich möchte man die Diskussion über den Sinn oder Unsinn der Energiewende umgehen oder man hat schlicht keine Argumente gegen die harten Fakten.

In der Annahme, es sei alles wie immer und in bester Ordnung, gehen große Teile der Bevölkerung davon aus, dass dies stimmt. Sodass sie jeden Tag die Dinge des täglichen Bedarfs einkaufen können und dass man sich jederzeit auf den Strom aus der Steckdose verlassen kann.

Und gerade diese unverantwortliche Handlungsweise führt dazu, dass sich die Mehrheit der Bevölkerung nicht auf einen möglichen Blackout vorbereitet. Sie weiß schlicht nicht um die drohende Gefahr und das führt zum Verletzlichkeitsparadoxon: „Je sicherer ein System scheint, umso dramatischer wirkt sich ein Krisenfall aus!"

Die meisten Haushalte haben Wasser und Lebensmittel für maximal 2–3 Tage im Haus. Der Bund kann die Bevölkerung im Falle eines langanhaltenden, flächendeckenden Stromausfalls nicht mit Nahrung und Wasser versorgen. Entsprechende Vorräte sind schlicht nicht vorhanden und die zuständigen Stellen sind nicht auf das Szenario Blackout vorbereitet.

Seit 2011 weiß die Politik um die Folgen eines Blackouts. Der Bundestag hatte zu diesem Zeitpunkt eine Studie zu diesem Thema in Auftrag gegeben. Aus dieser Studie geht klar hervor, dass die Politik weder die Menschen versorgen noch deren Schutz gewährleisten kann.

In meinem neuen Buch **„Blackout Vorsorge in der Großstadt"** erfahren Sie alles, was Sie über die Gefahren und die richtige Vorbereitung wissen müssen, um im Falle eines Blackouts sicher zu sein.

Das Buch vermittelt Ihnen praktische Tipps, Tricks und Anleitungen, wie Sie sich vorbereiten können und worauf es ankommt.

Sie lernen, wie Sie sich selbst und Ihre Familie vor einem Blackout schützen können.

Sie erfahren, wie Sie sich im Falle eines Blackouts verhalten sollten, damit für Sie die Situation nicht eskaliert und wie Sie für den Ernstfall auch Ihre Flucht vorbereiten können.

Mein Buch können Sie unter folgendem QR-Code bzw. Link kaufen:

ISBN: 978-3969673102

Behalten Sie jederzeit die Kontrolle und kommen Sie souverän und unbekümmert durch den Blackout.

Genießen Sie die Sicherheit für sich und Ihre Familie.

Profitieren Sie von der persönlichen Resilienz, die Ihnen dieses Buch verschafft.

Bleiben Sie jederzeit handlungsfähig, denn so können Sie auch die Chancen, die sich in der Krise auftun, nutzen und kommen souverän durch einen Blackout!

Ihr Robert Jungnischke

Die Ahrtal-Katastrophe

Wenige sind unter uns, die jemals einen ernsthaften Konflikt (ähnlich erster und zweiter Weltkrieg) oder eine größere Katastrophe in einem europäischen urbanen Zentrum (Großstadt – Ballungsgebiet) erlebt haben. Auch wenn das Ahrtal kein Ballungsgebiet ist, muss an dieser Stelle das Jahrhundert-Hochwasser 2021 unbedingt erwähnt werden. Für die dort kämpfenden und teilweise heute noch leidenden Menschen wurde ein Albtraum wahr. Starkregen. Immense Schäden. Telefonnetze brachen ab. Brücken und Dämme kaputt. Häuser zerstört, Straßen und Bahnnetze beschädigt. Tausende von Menschen von Stromausfall betroffen. Medizinische Grundversorgung nicht immer gewährleistet. Seuchengefahr hoch. Trümmer, Schlamm, Wut, Trauer und Hass. Menschen zeitweise vermisst. Über 186 Todesopfer in den betroffenen Regionen. Psychologisch sicherlich sehr angeschlagen, konnten sich die Überlebenden nicht einfach hinsetzen und über ihr Schicksal jammern. Sie mussten kämpfen, Schadensbegrenzung betreiben, alles wieder aufbauen. Von vorne beginnen. Für mich waren und sind diese Menschen Helden. Helden und Vorbild.

Die rote Linie

Ich mag nicht weiterdenken, möchte mir eine ähnlich schlimme oder gar noch größere Katastrophe nicht in einer Großstadt wie Berlin oder München vorstellen. Es würde das jeweilige Bundesland in die Knie zwingen. Wie fast immer in Notzeiten ließ während der oben erwähnten Flutkatastrophe auch die kriminelle Energie nicht lange auf sich warten. Es kam zu Plünderungen. Zu Plünderungen jedoch, die weitestgehend überschaubar waren. In einer Metropole wie Berlin hätten Plünderungen, ja die kriminelle Energie allgemein, eine ganz andere Qualität (Dimension). Womöglich kämen Waffen, insbesondere Schusswaffen zum Einsatz. Eine rote Linie wäre überschritten. Definitiv! Schauen wir kurz zurück ins Jahr 2005. Nachdem der Hurrikan Katrina die Stadt New Orleans verwüstet hatte, dauerte es einige Tage, bis die Nationalgarde eintraf. Was sie vorfanden? Es gab weder Strom noch Trinkwasser. Bürgerwehren erschossen tatsächlich

Passanten, die sich unberechtigterweise in wohlhabenden Vierteln in Sicherheit bringen wollten. Die Polizei, mit der Katastrophenhilfe völlig überfordert, konnte ihrer eigentlichen Aufgabe kaum nachkommen. Leere Wohnhäuser, Supermärkte und Geschäfte wurden zum leichten Ziel von Plünderern. Das Gesundheitssystem brach völlig auseinander. In den Krankenhäusern gab es kaum noch qualifiziertes Fachpersonal. Ärzte und Krankenpfleger blieben zu Hause, kümmerten sich um ihre Familien. Man kann es ihnen nicht mal verübeln.

Das Urban-Survival-Konzept

Der Mensch vergisst zu schnell. Er wiegt sich lieber bis zur nächsten Katastrophe in Sicherheit. Aussagen und Zeitzeugenberichte solcher Katastrophen, so hat es zumindest den Anschein, verpuffen mit der Zeit. Fokus und Schärfe gehen flöten. Eine Gleichgültigkeit kehrt ein. Diese Gleichgültigkeit ist darauf zurückzuführen, dass wir nicht – oder nicht mehr – mit Themen konfrontiert werden wollen, die unser Schöndenken und unsere Komfortzone zu sehr strapazieren. Doch jetzt ist es so weit. Wegducken und Wegschauen ist unmöglich. Wer jetzt noch gleichgültig bleibt, den beißen wirklich die Hunde. Die Mehrheit der deutschen Bevölkerung fühlt sich, so sehe nicht nur ich das, mit Fragen der Resilienz in der Stadt konfrontiert. Resilient zu sein bedeutet, die Fähigkeit (mentale Kompetenz) und auch die Möglichkeit (materielle Vorbereitung) zu haben, alle nur erdenkbaren Krisen zu bewältigen und sie durch Rückgriff auf persönliche und sozial vermittelte Ressourcen als Anlass für Entwicklungen zu nutzen. Sich in der Krise weiterzuentwickeln, sichert das Überleben. Stehenzubleiben führt zum Chaos. Wir alle können die Relevanz dieses Urban-Survival-Konzepts erkennen, indem wir einfach nur einen Blick auf die Schlagzeilen der großen Zeitungen werfen. Wer zwischen den Zeilen lesen kann, ist besser bedient als der, der sich nur am Titel aufhängt.

Krisen vor unserer Haustür

Städte sind generell problembelastete Orte, denn hier leben viele Menschen dicht an dicht auf wenig Lebensraum. Die angesprochenen Probleme herrschen bereits auch ohne Chaos vor. In Zeiten jedoch, in denen begrenzte oder fast erschöpfte Ressourcen Tagesordnung sind, verheißen selbst minimal auftretende zwischenmenschliche Probleme, zusätzlich zum unausweichlich eintretenden Chaos, nichts Gutes. Als ich 2015 in *Terror im 21. Jahrhundert* über die pandemische Risikolage (damals Ebola) allgemein und später dann in *Survival Total (Bd. 2): Urban Survival – Terror und Krisen vor deiner Tür* über Kriegs- und Krisenvorsorge im Spezifischen schrieb, waren diese Szenarien für die breite Öffentlichkeit nur Science-Fiction. Warum? Na ja, wir waren noch satt und zufrieden. Bei uns kann so was nicht passieren, hieß es. Wir haben eine heile Welt, leben in Deutschland in absoluter Sicherheit, uns geht es doch gut. Die Mehrheit der Bevölkerung hatte bereits in den Jahren vor 2019 eine kollektive, vielleicht völlig unbewusste Entscheidung getroffen. Es war die Weigerung, sich auf Gefahren dieser Art vorzubereiten. Sie lehnte Weitsicht ab. Darüber hinaus hatte vor allem die städtische Bevölkerung, ohne es wirklich zu wissen oder es je zu realisieren, alle Formen von Unabhängigkeit und (Selbst-) Verantwortung aufgegeben und sich tatsächlich auf den Irrglauben verlassen, dass unsere Systeme und unsere Denker und Lenker auf alle Gefahren eine uns alle rettende Antwort parat haben werden. Das hatten sie auch. Aber nur in der Theorie auf dem Papier. Das führte dazu, dass die Stadtmenschen, immerhin der größte Teil der Bevölkerung, taub, blind und gutgläubig eventuell potenziellen Gefahren ausgesetzt waren. Doch wir hatten Glück, alles ging gut.

Es kam das Jahr 2020. Was in diesem Jahr geschah, wissen wir alle. Doch damit nicht genug des Guten, denn zwei Jahre später war Krieg. Nicht bei uns, aber irgendwie fühlte es sich so an. Die Ausbreitung von Covid und der seit dem 24. Februar 2022 zwischen Russland und der Ukraine geführte Krieg zeigen uns auf sehr eindringliche Art und Weise, dass wir vor nichts sicher sind. Im Gegenteil, Covid und die Ukraine sind nur Vorboten, alle Zeichen stehen auf Sturm. Und der nimmt gerade erst Anlauf. Befinden wir uns bald im Auge eines enormen Zyklons?

Das Risiko eines weltweit ausgetragenen Konfliktes ist seit dem 24. Februar 2022 rasant gestiegen. Doch nicht nur der Krieg sollte uns Sorgen machen. Schauen wir doch mal über unsere Landesgrenzen hinweg.

- Wegen schlechter Erträge und steigenden Auflagen kam es in den Niederlanden zu massiven Bauernprotesten. Es brodelt nun auch unter den deutschen Landwirten und die Frage ist: Droht uns dasselbe Debakel wie den Holländern?
- In Ottawa (Kanada) legten aufgebrachte Trucker die Handelsroute zwischen Kanada und USA lahm. Es war eine Aktion, die Schockwellen durch Kanada sandte. War das nur der Beginn?
- In Frankreich warnten bereits im Mai 2021 hochrangige Offiziere eindringlich vor einem Bürgerkrieg. Sie schrieben diesbezüglich einen Brandbrief an Präsident Macron. Bürgerkrieg? In Frankreich? Utopie?
- China droht Taiwan, die Türkei Griechenland. Sind es unverhohlene Kriegsdrohungen und wird es bei den Drohungen bleiben?
- Armenien und Aserbaidschan bekriegen sich gegenseitig. Wird es wieder eine Aufteilung: Gut vs. böse geben?

Inmitten all dieser Tumulte, noch weit weg von uns, zerbrechen wir uns den Kopf über die Frage, was tatsächlich geschieht, wenn Russland den Gashahn definitiv und ein für alle Mal zu dreht. Unter dem Strich ergäbe das in erster Linie auf Dauer unzufriedene Bürger. Viele Arbeitsplätze wären bedroht. Es gäbe weniger Geld im Portemonnaie. In der Praxis und im Alltag könnte das so aussehen, dass die Kühlschränke halb leer wären und die Buden richtig kalt. Das wäre in der Tat sozialer Sprengstoff. Zumal aber ließe es den Druck im sowieso schon brodelnden Kessel ansteigen. Die Aussicht auf einen Winter in kuschlig warmen vier Wänden ist in weite Ferne gerückt. Um die drohende Gefahr ausgehend von heftigen Unruhen zu sehen, dafür brauchen wir auch keinen Feldstecher mehr. Sie ist da, ganz eindeutig. Steht der Terror, unser ungeliebter Freund, vielleicht schon unbemerkt vor unserer eigenen Haustür? Nun stellen sich uns zusätzlich noch einige Fragen. Zum Beispiel diese:

- Wie können wir normalen Bürger mit Extremsituationen fertig werden?
- Wie schaffen wir es, unser eigenes Überleben zu sichern?
- Wären wir in der Lage, in einem immer aggressiver werdenden Umfeld zu bestehen?
- Was sollen wir tun, wenn die Lichter definitiv ausgehen, damit unser Alltag nicht zur Hölle wird?

Das vorliegende Buch befasst sich nicht nur mit diesen und vielen anderen Fragen, sondern es gibt auch Antworten darauf. Doch nicht nur das. Es wird unserer Fähigkeit, resilient zu sein, auf den Zahn fühlen und unsere wesentlichen Fähigkeiten (und Gegenmaßnahmen) dahingehend überprüfen und auch stärken. Vorhergenommenes Fazit: Die richtige Vorbereitung kann und wird überlebenswichtig sein. Der Autor.

Survival im städtischen Raum. Vorteile – Mindset: Warum du Überlebenstraining in der Stadt JETZT lernen solltest

Antizipiere mit messerscharfem Verstand –
oder – der einzige leichte Tag war gestern!

Outdoor, Bushcraft, insbesondere Real Survival in Pampa, Steppe, Dschungel und am nördlichen Polarkreis – das alles kann brutal sein. Outdoor Survival lügt dich nicht an. Es findet ein Kampf auf Augenhöhe statt, mag der Stärkere gewinnen. Diese Outdoor-Real-Survival-Situation dauert einen Tag. Vielleicht zwei, höchstens aber drei. Danach bist du entweder tot oder man hat dich gerettet. Oder du hast dich selbst gerettet. Urban Survival kann viel brutaler sein. Warum? Weil es keinen Zeitfaktor gibt, an den man sich halten oder an dem man sich orientieren kann. Das ist ein Dilemma. Auf jeden Fall aber ein psychologisches Drama. Du kannst nicht wissen, wie lange die Krise anhält. Niemand kann das. Ein Monat? Zwei? Sechs? Dein Überlebenskampf in der Stadt kann ebenfalls tödlich enden, und nein, ich bin kein Schwarzmaler, nur habe ich alle Farben gesehen. Der Kampf kann hart für dich werden, vor allem dann, wenn du nicht darauf vorbereitet bist und die Zeichen an der Wand nicht lesen und deuten kannst oder willst. Erzähl mal Schwester Luise oder Cousin Alfred was von Urban Survival oder davon, dass bald ein Blackout kommt, dass die Supermärkte und Tankstellen zu sind und kein Wasser mehr aus dem Hahn fließt. Die tippen sich an die Stirn. Das tun sie auch deswegen schon, weil du ihre heile Welt durcheinanderbringst. Alles hat doch seine Ordnung. Wer die stört, ist ein Querulant und ein Besserwisser, um keine anderen Worte dafür zu verwenden. Während du Outdoor in den meisten Fällen gegen die Natur und ihre Tücken kämpfst, hast du es in Sachen Urban Survival hauptsächlich mit *dem System* und *mit Menschen* zu tun. Mit guten Menschen meist. Aber auch mit bösartigen Menschen. Mit neidischen Menschen. Mit hinterlistigen Menschen. Mit Menschen, die sich nehmen wollen, was dir gehört. Mit Menschen, die (bewusst oder unbewusst) Fehler machen. Machen sie bewusst Fehler, dann um einen Vorteil herauszuschinden. Es sind Wölfe. Ein Wolf ist immer dann am gefährlichsten, wenn er verwundet, gereizt, müde oder hungrig ist. Oder wenn er friert. Und genauso ist der Mensch. Bei Letzterem kommt noch hinzu, dass er immer dann unberechenbar ist, wenn du ihm etwas nimmst, worauf er glaubt, ein Recht zu haben.

Im Urban Survival Kampf gerätst du in den Strudel der systemischen und systematischen Abhängigkeiten. Du bist abhängig von Beziehungen. Vom Handy. Von Strom. Vom Internet – allein das Wort Internet demonstriert bereits in bescheidenem Maße unsere totale Abhängigkeit von gewissen sensiblen Infrastrukturen. Das *Netz* dominiert unser Leben von A bis Z. Du bist abhängig von deinem Auto oder von öffentlichen Verkehrsmitteln. Du bist abhängig von der Bürokratie. Von Entscheidungen der Entscheider. Vom Gas. Du bist es gewohnt, dass Metzger, Bäcker, Aldi & Co. offen haben. Du brauchst Cash. Wenn das System zusammenbricht und wegen Energie- und Nahrungsmittelengpässen Notzeiten entstehen, dann entsteht Chaos, nur will keiner daran glauben. Unter den Wölfen, und derer gibt es nicht wenige, gedeiht dann das, was ich kriminelle Energie nenne. Dich hier und jetzt und im Chaos zu behaupten, dich sauber aus dem Strudel rauszukämpfen, das erfordert maximale Aufmerksamkeit. Es erfordert eine gute Planung und Wissen. Aber nicht nur. Zum Überleben gehört ein gesunder Geist. Um es zu schaffen, brauchst du einen Körper, der hart im Nehmen ist. Ich gehe sogar so weit, zu behaupten, dass der gestählte Körper mehr noch als der prall gefüllte Geldbeutel das Zünglein an der Waage sein wird, wenn unter dem Strich abgezählt wird. Zumindest dann, wenn das eintritt, was ich befürchte.

Blickst du in die Zukunft, so überkommt dich möglicherweise Angst. Deine Unsicherheit ist groß. Du weißt nicht, was du tun sollst. Und wieder diese Fragen. Kann mein mageres Einkommen meine Familie und mich über die Zeiten tragen? Wird der zu erwartende Sturm an mir vorbeiziehen oder macht er genau vor meiner Tür halt? Bleibt meine Wohnung tatsächlich kalt? Werde ich bestehen, wenn uns allen alles um die Ohren fliegt, wenn kein Sprit mehr aus der Zapfsäule kommt, wenn Supermärkte nur einmal am Tag für drei Stunden öffnen, wenn kein oder nur wenig Wasser fließt, wenn zwielichtige Gestalten das Gewaltmonopol unserer Sicherheitskräfte außer Kraft setzen, es an sich reißen? Ich sage dir hier und jetzt: Magst ruhig sein, Bruder, wir schaffen das.

In meinem letzten Buch – *Survival für Anfänger* – schrieb ich eine Zeile nieder, die für dich und deine Lieben in den zu erwartenden schwierigen Zeiten Leitsatz und Gebot sein kann – nein, sein soll.

So sehr du dich auch bemühst, die Angst wirst du nie so richtig los. Was du aber tun kannst, ist, sie mit deiner effizientesten Waffe zu konfrontieren: dem bedingungslosen Vertrauen in dich selbst und in deine eigenen Fähigkeiten.

Auf Deutsch: Hab keine Angst. Sei dir immer der Tatsache bewusst, dass nicht nur du und deine Familie in einer verzwickten Situation stecken werden, sondern jeder einzelne Bürger. Es wird keine Ausnahmen geben. Niemand wird sicher sein. Chaos und Misere träfen alle gleichermaßen. Hast du ein großes Budget, kommst du eventuell besser über die Runden. Das aber nur, bis der Punkt erreicht ist, an dem die Wölfe deine Spur wittern, aufnehmen und ihr folgen. Geld stinkt zwar nicht, aber es zieht stinkende Wölfe an.

Bist du clever, gleiches Spiel. Um Letzteres geht es eigentlich. Clever ist der, der sich vorbereitet. Clever ist der, der sich jetzt schon Wissen aneignet. Wissen, wie er sich in der kommenden Krise verhalten könnte, damit er schadlos durch die schweren Zeiten und über den vermutlich strengen Winter kommt.

Es gibt wertvolle Muster und Mindsets, die für dein Überleben wichtig sind. Ich nenne sie positive Attitüden. *Ich will, Ich kann, Ich werde*, ist eine davon. Doch Vorsicht. Wir sind nicht im Wald und in der Steppe, sondern in der Großstadt, zumindest aber im städtischen Raum. Hier weht ein anderer Wind, hier herrschen andere Gesetze. Sag dir niemals Dinge wie *das kann mir nicht passieren* oder *das passiert doch eh nur den anderen.* Diese Denkweise schmälert deine Überlebenschance in jeder Hinsicht. Sie macht dich blind der knallharten Situation und der gegebenen Realität gegenüber. Wenn du zu nonchalant denkst, wirst du nicht in der Lage sein, situationsbedingt klug, angemessen und zeitnah auf Notfälle zu reagieren, denn das Überleben in der Krise, und dazu noch im städtischen Umfeld, kann zu einer teuflischen Kunst ausarten. Sag dir lieber, AKP -**A**lles **K**ann mir **P**assieren! Zu jeder Zeit, Tag wie Nacht. Sei also stets um eine vorbereitende Attitüde und um Achtsamkeit bemüht. Das heißt nicht, dass du herumlaufen solltest, wie jemand, der ständig unter Strom steht und der jedem misstraut. Du wärst dir gegebenenfalls dein eigener unerbittlichster Feind. Vielmehr möchte ich dir raten, wie ein Schachspieler immer schon einige Züge vorauszudenken. Antizipation wäre das richtige Wort hierfür. Antizipiere mit messerscharfem Verstand. In der Krise zu überleben, ist reine Kopfsache. Denken. Brainstorming betreiben, planen, meditieren und am eigenen Willen herumflicken ist Pflicht. Du wirst sehen, je mehr du dich mit gewissen Dingen vorausschauend beschäftigst, desto ausgeprägter wird dein Wunsch, aktiv zu werden. Plötzlich möchtest du das Heft tatkräftig in die Hand nehmen, etwaige Zufälle ausschließen, in die praktische Vorbereitung gehen und Dinge ganz einfach ausprobieren. Nach einer Weile merkst du, dass du selbst zum Schachspieler geworden bist. Und das ist gut so. Geht dir das, was ich Antizipation nenne, jedoch am Arsch vorbei: Ende Gelände!

Selbst an mir stelle ich oft mit großem Entsetzen fest, dass ich leicht in Panik gerate, wenn ich völlig unvorbereitet und nicht vorausschauend genug unterwegs bin und mir in diesen Situationen der Blöße (es passiert immer nur in solchen Situationen) etwas Böses widerfährt. Und ich versichere dir, dass mich eigentlich nichts so schnell aus der Ruhe bringen kann. Ich war nicht fertig für das Szenario, nicht bereit für den Worst Case. Punkt. Planlos umherirrend, findet mein persönlicher Blackout statt, zu dumm. Antizipation, das Übergehen in die Praktik, das Ausprobieren und Tüfteln, auf gut Deutsch die Vorbereitung auf die angesprochenen bedrohlichen Szenarien, das verleiht dir das nötige Selbstvertrauen. Kämpfst und antizipierst du, dann wickeln sich gewisse Prozesse in deinem Gehirn (Unterbewusstsein) ab, auch dann, und das ist es, worauf ich hinaus will, wenn du von Krankheiten geschwächt bist oder massiv an dir zweifelst. Du kennst sicherlich den Spruch *Fortes fortuna adiuvat?* Wörtlich übersetzt soll er heißen, den Mutigen hilft das Glück. Da ist viel Wahres dran. Antizipation, Vorbereitung auf gewisse Worst-Case-Szenarien, aktiv werden (und aktiv bleiben), das Schicksal selbst in die Hand nehmen, geschickte Schachzüge zur richtigen Zeit, dazu das verdiente Quäntchen Glück und die Krise – egal welche – kann dich mal!

… geschickte Schachzüge zur richtigen Zeit.

Wenn man mich fragt, wann diese Zeit gekommen ist, dann sage ich gerne noch einmal: gestern. Um es mit den Worten der Navy Seals, mit denen ich 1986 in Puerto Rico zwei Wochen lang trainiert habe, zu sagen – der einzige leichte Tag war gestern. Im Klartext heißt das, kremple die Ärmel hoch, es gibt Arbeit, Kamerad. Bevor es jetzt wirklich losgeht, noch ein Wort. Du wirst während deiner Vorbereitungen auf viel Unverständnis stoßen. Dieses Unverständnis kommt generell von Otto Normalverbrauchern. Es sind dieselben, die sich ohne Netz und doppelten Boden den Mainstreammedien hingeben. Es sind dieselben immer ängstlichen Menschen, die fantasielos, ohne eigene Meinung und bar von eigenem Antrieb Kopf voraus an die Wand krachen, wenn der Tag X kommt. Mein Tipp für dich. Lass den anderen ihre Ängste, aber habe du keine Angst, anders zu sein.

Bereite dich körperlich und mental auf die Krise vor

Ich rede die ganze Zeit von Krise, Blackout und von Unruhen auf unseren Straßen. Da kommt einem sofort der Begriff Streetfight (Straßenkampf) in den Sinn. Viele Heißsporne, vielleicht gehörst du ja dazu, glauben tatsächlich, dass, wenn sie nur fleißig Karate oder Krav Maga üben, sie schon ausreichend geschützt sind und mit ein paar Angreifern schnell fertig werden können. In deinem Kopf sagst du dir, wenn mich jemand attackiert, werde ich das und dies und jenes tun und den oder einen anderen gelernten Griff anwenden, um den oder die Angreifer regelgerecht auf die Bretter zu schicken. Das hast du im sauberen Saal unter besten Bedingungen jahrelang so geübt, es hat funktioniert und es mag ja auch stimmen. Hier mein Tipp diesbezüglich. Trainiere nicht nur, sondern gehe auch rein in die Wettkämpfe! Nur Saal, zwei Mal die Woche, ohne den Schritt rüber ins Hardcoregeschehen zu tun, bringt dir nichts. Training = Scheinwelt. Vergleiche es mit dem Soldaten, der immer nur Manöver und Planspiele macht, der aber nie in den Einsatz geht, um dort – in der Realität – seine Erfahrungen zu sammeln. Weißt du, wie diesem Soldaten der Arsch auf Grundeis geht, wenn echte Kugeln ganz nahe an seinem Körper vorbeifliegen und er zum ersten Mal in seinem Uniformträgerleben realisiert: Jetzt geht's ums nackte Überleben?!

Zurück zum Saal und zu dir. Du nimmst an, dass sich die Dinge so oder so abspielen könnten. Kein Risiko. Realitätsfern. Es ist Theorie. Und lass dir sagen, dass selbst die beste Theorie im Ernstfall nichts wert ist. Die Wirklichkeit sieht immer anders aus. Immer. Das Ausmaß der von anderen an dich herangetragenen Brutalität erreicht in der Realität eine Skala von enorm bis wahnsinnig unerträglich. Im Straßenkampf gibt es keine Regeln. Er ist dreckig, hinterlistig und hundsgemein.

Bist du jedoch körperlich rundum fit und hast dazu noch Erfahrung unter realitätsnahen Umständen sammeln können, kannst du dich den meisten Angriffen und ihren oft fatalen Auswirkungen auf deinen Körper entziehen. Das geschieht entweder, indem du ihnen ganz einfach nicht begegnest, weil du das Weite suchst – *hier spricht die Intelligenz* – oder weil du mithalten kannst. Im Austeilen und im Einstecken. Nur musst du eben dafür Sorge tragen, dass das mit der körperlichen Fitness auch Hand und Fuß hat. Bevor du in die Planungsphase und in die materielle Vorbereitung für die anstehende Krise gehst, stell dir selbst folgende Frage: *Bin ich mental und körperlich so fit, dass ich den Anforderungen einer möglichen Konfrontation mit der Krise (und mit anderen Menschen) gewachsen bin?*

Mentale und körperliche Fitness?

Urban Survival fordert so viel mehr von diesen beiden Komponenten, als Survival Outdoor dies je könnte. Auf die mentale Kraft und auf deinen Willen komme ich im nächsten Kapitel noch zu sprechen. Überhaupt zieht sich dieses Weitergeben meiner Kraft an dich wie ein roter Faden durch das gesamte Manuskript. Zurück also zur Frage: Fühlst du dich körperlich fit genug? Beantworte dir die Frage selbst. Sei dabei aufrichtig und ehrlich. Lautet deine Antwort ja, dann geh gleich über zum nächsten Kapitel. Ein nein sollte dich dazu anregen, jetzt aufmerksam weiterzulesen. Es gibt im Netz tausend sogenannte Spezialisten in Sachen Fitness. Leider bin ich nur ein ins Alter gekommener Ex-Fremdenlegionär, der unter anderem fünfzehn Jahre lang in der Einheit gedient hat, die in Frankreich und anderswo völlig zurecht als Crème de la Crème aller Militäreinheiten gehandelt wird. Ich rede vom 2. REP – von den Fallschirmjägern der Fremdenlegion. Dort habe ich sehr viele Männer ausgebildet, sie trainiert, sie mental und körperlich fit für den Legionsalltag und den realen scharfen Einsatz in Krisen- und Kriegsgebieten gemacht. Diese Männer haben sich in scharfen Einsätzen bewährt und nicht wenige waren die, die Jahre später an meine Tür klopften und mir sagten: Danke!

Es geht hier nicht um Nahkampf. Auch nicht um irgendwelche Kampftechniken. Es geht um Stärke, Kraft und Ausdauer und um Beharrlichkeit.

Wissend, dass in einem starken, ausdauernden und kräftigen Körper stets auch ein starker, von deinem Willen geprägter Geist wohnt. Dranbleiben ist die Devise. Sich selbst bei starkem Regen, im Schneegestöber und bei dreißig Grad plus den Arsch hochbinden und es einfach durchziehen. Es geht darum, Dinge nicht vor sich hinzuschieben, sondern bereits heute mit dem Training zu beginnen, denn heute ist ein guter Tag. Viele der oben genannten Spezialisten gehen dieses Thema zu komplex und zu *artistisch* an. Das bewirkt, dass du irgendwann die Lust verlierst oder eben, dass die Lust bleibt, sich steigert. Letzteres wäre schlimm, denn du würdest immer nur sterile Hallenluft schnuppern und mit Allerweltsmenschen konfrontiert sein. Mein persönliches Konzept hingegen ist rustikal, einfach aber effizient. Natürlich musst du dir auch im Klaren darüber sein, dass du kein Legionsanwärter bist, ich aus diesem Grund also den Schongang (Energiesparplan, war da was?) vermittle. Zu folgendem Training rate ich dir.

Montag- Geh joggen. Nimm dir an diesem Tag drei Kilometer vor, nicht einen Meter mehr. Laufe in deinem Rhythmus. Schau nicht auf die Uhr. Zieh keinen Jogginganzug, sondern eine lange alte Militärhose, Kampfstiefel und ein Sweatshirt an. Das alles findest du in gängigen Größen bei einschlägigen Militaryshops. Laufe nicht mitten in der Stadt, sondern im Wald oder im Park. Lass dich weder vom Wetter noch von deiner Frau davon abhalten. Du läufst jeden Montag diese verdammte Drei-Kilometer-Strecke und wenn es Scheiße vom Himmel regnet. Dabei macht es gar nichts, wenn du mal stehen bleibst, weil die Lunge da nicht mitmacht. Du läufst am Stück durch? Bravo! Nimm den Stolz, es geschafft zu haben, einfach mit nach Hause. Eine Idee wäre, dass du deine Frau und deinen Hund oder beide mitnimmst. Geh nach dem Lauf kalt duschen. Das hat nichts mit Energiesparen zu tun, sondern mit der Lehre vom Umgang mit Stress. Kalt duschen stresst deinen Körper. Lass das nicht liegen.

Dienstag- Ich möchte, dass du alle zwei Stunden fünfzehn Liegestütze machst. Egal ob du daheim, auf der Arbeit oder unterwegs bist. Mach alle zwei Stunden diese fünfzehn Liegestütze. Persönlich widme ich mich dieser Übung jede Stunde. Dabei ist es mir völlig schnuppe, ob andere mir zuschauen. Es kommt vor, dass ich während der

Zugfahrt, in der Hotellounge, im Wartezimmer meines Zahnarztes, an der Bushaltestelle oder im Schwimmbad einfach mal in die Horizontale abtauche und meine Liegestütze mache. Nochmal: Ich möchte von dir, dass du immer dienstags alle zwei Stunden fünfzehn Liegestütze machst. Du kannst rechnen? Acht Mal fünfzehn? Kriegst du 120 Liegestütze am Tag hin? Beweis es nicht mir, beweis es dir. Schaffst du keine fünfzehn am Stück, dann reduziere einfach. Mach zehn.

Mittwoch- Mach dreimal am Tag jeweils fünfzehn Liegestütze, fünfzehn Situps und fünfzehn Kniebeugen. Dreimal. Aber nicht drei Mal fünfzehn Liegestütze, dann drei Mal fünfzehn Situps, dann drei Mal fünfzehn Kniebeugen, sondern geh von einer Übung in die nächste über und fang dann bei der ersten wieder an. Du wechselst also durch. Zwischen den jeweiligen Übungen wie auch zwischen den einzelnen Sets lässt du höchstens eine bis zwei Minuten Zeit verstreichen. Nimm dir die Zeit auch. Geh an diesem Tag kalt duschen. Du weißt schon: Die Lehre vom Umgang mit Stress.

Donnerstag- Schonprogramm. Absolviere dasselbe Training wie Montag plus das gestrige. Auf Deutsch: Geh deine drei Kilometer joggen und mache im Anschluss dreimal an diesem Tag jeweils fünfzehn Liegestütze, fünfzehn Situps und fünfzehn Kniebeugen.

Freitag- Das ist ein ganz besonderer Tag. Du wirst es so einrichten, dass du ein Schwimmbad besuchen kannst. Vielleicht hast du einen Badesee ganz in deiner Nähe? Ich möchte, dass du – am Stück oder in drei Phasen – fünfzehn Minuten schwimmst. Lass dir dabei alle Zeit der Welt, aber halt dich an die Regel. Die Regel ist folgende: Optierst du für fünfzehn Minuten am Stück, dann mach keine Pause. Schwimm ununterbrochen so lange, bis diese fünfzehn Minuten rum sind. Möchtest du lieber drei mal fünf Minuten schwimmen, ist das auch okay. Zieh aber die jeweiligen fünf Minuten auch ohne Pause durch. Wie du schwimmst – Kraul-, Brust- oder Rückenschwimmen –, spielt dabei keine Rolle

Samstag- Absolviere dasselbe Training wie Mittwoch nur mit dem feinen Unterschied, dass du dir nach Einbruch der Dunkelheit dein Fahrrad schnappst (hast du keins, dann geh zu Fuß), in den nahen

Wald oder den nächsten Park fährst oder läufst und dieses Training fernab von allen Blicken und bei völliger Dunkelheit durchziehst.

Mach vor und nach jedem Training eine Viertelstunde lang Dehn- und Streckübungen.

Sonntags- Geh in die Kirche, in die Kneipe oder besuch einen Swingerclub. Okay. Spaß muss sein, das mit dem Club lassen wir mal schön. Sonntag ist dein freier Tag. Nutze ihn dafür, in dich zu gehen, um festzustellen, wie dieses Training auf dich wirkt. Personifiziere oder modifiziere es mit Blick auf die anstehende Woche, indem du mehr oder weniger Kilometer beziehungsweise mehr oder weniger Wiederholungen planst. Hör, was dein Körper zu dir sagt. Für die meisten von euch scheint dieses Programm einfach. Für einige sogar lächerlich einfach. Andere wiederum sehen darin eine mega Herausforderung. Der Clou bei der Sache liegt tatsächlich darin, beharrlich zu sein und es jeden Tag, Woche für Woche, Wind, Wetter und Regen und widrigen Umständen zum Trotz durchzuziehen und progressiv zu steigern. Bei den Fallschirmjägern der Legion ist es üblich, dass nach jedem Lauf auch Klimmzüge, Situps und Kniebeugen gemacht werden. Im Anschluss geht es ein sechs Meter langes Seil hoch, wobei nur die Hände benutzt werden dürfen. Wenn du Lust hast, besorg dir so ein Hanfseil. Hier sind die richtigen Dimensionen

- Länge fünfundzwanzig Meter.
- Diameter dreieinhalb Zentimeter.

Eure Kommentare höre ich jetzt schon: Jetzt ist er komplett durchgeknallt! Ein Seil soll ich hochklettern? Wir sind doch nicht bei der Legion und überhaupt, was soll das Ganze? Allein mit diesem Gedanken, lieber Freund, hast du dich geoutet, hast dich selbst zum Allerweltsmenschen abgestempelt. Du gehörst dann bestenfalls zu denen, die Geld ausgeben, das sie nicht haben. Die mit dem Geld, das sie nicht haben, Dinge kaufen, die sie nicht brauchen. Um mit diesen Dingen Leute zu beeindrucken, die sie vielleicht gar nicht mal kennen. Dieses Verhalten ist sicher, einfach und es entspricht einer gewissen Normalität. Was ich schade finde. Ist nicht eine Prise Verrücktheit das Salz in unserer Männersuppe? Wenn du immer nur das tust, was man eben so tut, wenn du immer nur geschlagene Pfade benutzt, wenn du nie den Mut aufbringst, Dinge anders zu machen als Fritz, Otto und Martin, dann bekommst du vom Leben nur das, was Fritz, Otto und Martin auch bekommen, nämlich den fetten Mainstream-Stempel mitten auf die Stirn und am Ende deines Lebens einen Grabstein, worauf in fetten Buchstaben folgender Satz steht: Hier ruht ein Langweiler, der Eigenverantwortung, Risiko und Authentizität strikt ablehnte. Ist das tatsächlich dein Anspruch?

Zurück zum Training

Diese Art Training kann dir, wenn du es nur lange Zeit stoisch anwendest und ständig etwas an Härte zulegst, eines Tages das Leben retten. Doch noch nicht genug der Verrücktheit. Du musst herausfinden, wie du tickst, wer du bist und wie du Emotionen, Langweile und Angst im Zaum hältst. Mach folgende Übung einmal im Monat. Geh nachts raus in den Wald. Ohne Handy. Gerne darfst du dir eine Nacht aussuchen, in der es nicht regnet oder gar bitterkalt ist. Zieh dich warm an, nimm deinen Rucksack und suche dir mitten im Nirgendwo, aber abseits großer Straßen und Wege, eine schöne Stelle aus. Setz dich auf deinen Rucksack, lehn dich mit dem Rücken an einen Baum und warte. Du machst die ganze Nacht nichts anderes als warten. Du stehst nur zum Pinkeln auf. Jede gefühlte verstrichene Stunde gönnst du dir einen winzigen Schluck Wasser. Dazu steht die Wasserflasche neben dir. Hör gut auf die Laute der Natur. Versuche herauszubekommen, welches Tier die Geräusche um dich herum verursacht. Geh in dich. Die Nacht ist pechschwarz. Hast du Angst? Vor was? Laufen ganz in deiner Nähe Männer herum, die nach dir suchen? Wie kommst du darauf? Wollen sie dir vielleicht ans Leder? Bleib wach. Beweg nur deine Augen. Sag dir, wenn du niemanden siehst, werden auch andere dich nicht sehen können. Es sei denn, du bewegst dich. Vorausgesetzt, die anderen tragen kein Nachtsichtgerät, bist du in absoluter Sicherheit. Mit dieser Erkenntnis hast du einen großen Schritt getan, angstfrei zu werden. Geh erst heim, wenn die Sonne aufgeht. Sag dir, dass du etwas getan hast, was andere – aus dir bekannten Gründen (Grabstein) – nie tun werden.

Auch wenn es Scheiße vom Himmel regnet – Bereite deine Familie auf die Krise vor

Ich wohne und arbeite teils in Deutschland, teils in Schweden. Seit über zweihundert Jahren hat Schweden an keinem Krieg mehr teilgenommen. Stets wurde die Linie der absoluten Neutralität verfolgt. Sich keinen Allianzen anzuschließen, entsprach absolut der schwedischen Mentalität. Doch die geopolitische Situation hat sich geändert. Seit der Annexion der Krim im Jahr 2014 leben die Menschen in ständiger Sorge vor einer möglichen russischen Invasion. Die Schweden aber sind ein sehr reaktives Volk. Sie warten nicht drauf, dass andere kommen und ihnen helfen, mit schwierigen Situationen zurechtzukommen. Sie gehen raus, nehmen die ganze Familie mit und lernen und zeigen, wie Überleben in der Praxis geht. Drei Schwerpunkte werden gesetzt und selbst an die Kleinsten vermittelt.

- Durchhaltevermögen (Willensstärke).
- Umgang mit dem Wetter (sich vor Wind, Regen, Schnee und Kälte schützen)
- Wissen (Feuer machen, Nahrung zubereiten etc.).

Die Kinder, kaum mal fünf Jahre alt, lernen, wie man mit einem scharfen Messer umgeht, wie man, ohne sich damit die Finger aufzuschneiden, Späne vom größeren Holzscheit abschabt. Feuermachen, das haben sie schon früh drauf. Diese Kids können besser mit einem Magnesium-Feuerstarter umgehen als viele sogenannte YouTube-Survival-Spezialisten, die ich kenne (und ich kenne sie alle). Warum können sie das? Na, weil es ihnen bereits in einem Alter beigebracht wird, in dem andere Kinder anderswo noch überlegen, ob sie sich jetzt schon von den Windeln trennen möchten oder nicht. Diese Kinder hier wissen, dass warme Klamotten vor eisiger Kälte schützen, aber nicht unbedingt vor Regen und ihnen macht es nichts aus, mit ihrem kleinen Rucksack einige Kilometer zu laufen. So schafft man Selbstvertrauen. *Learning by doing!*

Papa, ich blute.

Hier, ein Pflaster, mach es dir selbst drauf, ich habe dir gezeigt, wie es geht. Klar, Papa.

Neulich schrie meine Emmy wie am Spieß:

Papa, schnell! Eine Spinne!

Ich ging zu ihr. Tatsächlich saß eine große fette Spinne auf ihrem Rucksack. Ich nahm die Spinne in die Hand.

Schau. Du brauchst keine Angst haben. Im Gegenteil. Die Spinne hat Angst vor dir. Du bist groß, sie winzig klein.

Ich ließ die Spinne auf meiner Hand rumkrabbeln und gab sie dann meiner Tochter. Sie ließ es geschehen, studierte das Tier einige Minuten lang.

Du hast Recht, Papa. Spinnen sind schöne Tiere.

Das sind einfache Beispiele unter vielen, aber da müssen wir hin. In dem Dorf, in dem ich lebe, ist jeder zehnjährige Junge in der Lage, ein Auto (oder ein Schneemobil beziehungsweise ein Quad) zu starten und damit in die nächste Stadt zu fahren. Neulich sah ich sogar einen Knirps, nicht älter als acht oder neun, am Steuer eines riesigen Baggers. Moment. Er saß nicht nur drin, sondern er fuhr damit durch die Gegend! Um in den Bagger zu kommen, brauchte er eine Leiter, so winzig war der kleine Mann, kein Witz. Der Bagger war einer von vielen, die mein Nachbar besitzt. Er hat ein kleines Familienunternehmen und Bagger, Raupen und Trucks gehören hier zum Alltag wie Köttbullar zum Lunch. Was zur Hölle, so frage ich mich, fällt uns eigentlich ein, unsere eigenen Kids ständig zu verhätscheln und alles Übel der Welt von ihnen fernhalten zu wollen? Wenn die Kinder nach dem Schwedenmodel im Alter von fünf oder sechs mit einem Messer umgehen, Quad fahren, sich Outdoor behaupten oder gar eine Strecke von fünf oder mehr Kilometern zu Fuß und mit dem selbst gepackten Rucksack laufen können, dann wird ihnen keine Krise der Welt etwas anhaben können. Ich möchte mir gar nicht vorstellen, zu was diese jungen Menschen dann im Alter von achtzehn oder zwanzig fähig sein werden. Wir alle bekämen vermutlich Minderwertigkeitskomplexe, wenn wir es wüssten. Was ich hier schreibe, Bruder, ist kein Bullshit. Es ist eine klare Aufforderung an dich, aktiv zu werden. Lass nicht zu, dass deine eigenen Kids am Handy, vor dem PC oder auf der Couch geistig und körperlich verkümmern, sondern bring ihnen jetzt schon bei, wie Überleben geht. Raus, raus, raus – auch wenn's Scheiße vom Himmel regnet. Aber bitte, hier gilt: Sei du das große Vorbild!

Dein persönlicher Gradmesser: die wichtigsten Faktoren für das Überleben in der Stadt

Die serbischen Tschetniks hielten alle Höhenzüge rund um Sarajevo. Sie verfügten über schwere Artillerie, Mörser und Kampfpanzer und ein fein ausgetüfteltes Sniper-Netzwerk. Dem gegenüber standen die Bosnier, Männer und Frauen, von denen viele nie in einer Armee gedient hatten. Ihre stärksten Waffen waren ihr Wille, ihr Mut und ihr Einfallsreichtum.

(Auszug aus – *Eine Frage der Ehre* von Thomas Gast).

Und immer wieder die Worte Wille, Mut und Einfallsreichtum. Daraus kannst du guten Gewissens ableiten, dass Urban Survival, also das Überleben in der Stadt, viel mehr mit dir, deinen Charaktereigenschaften und mit deiner Persönlichkeit zu tun hat, als mit dem zu meisternden Notfall, mit dem Grad der Bedrohung oder mit Planung und Ausrüstung. Eine bedrohliche Urban-Survival-Situation zu überleben, ist zu 85 Prozent eine Sache des Willens. Du willst deiner Angst Herr werden. Du wirst deiner Angst Herr werden und du wirst überleben. Das ist dein Manifest. Das sind die Worte, die du dir bitte jeden Tag reinknallst, und zwar so oft und solange, bis jeder Zweifel, dass es anders sein könnte, restlos beseitigt ist.

Was du bereits weißt, ist, dass Angst zwei Dinge bewirkt. Sie führt zu Panik oder sie wird dein engster Verbündeter. Ist Letzteres der Fall, ist Angst Freund und Ansporn. Sie schärft dann deinen Verstand, macht dich stressresistent und sie lässt dich Hunger, Müdigkeit und Verzweiflung zum Trotz, unbewusst alle notwendigen Maßnahmen ergreifen, die im Notfall oder in der Krise absolut erforderlich sind. Hier liste ich kurz (aber knackig) die wichtigsten personenbezogenen Faktoren (menschliche Voraussetzungen) auf, die du zum Überleben benötigst.

Schau drüber und frage dich danach, wie viele von diesen Eigenschaften auf dich zutreffen.

1. *Du bist anpassungsfähig. In der Lage, dich blitzschnell der jeweils vorherrschenden Situation anzupassen:* Es gibt Menschen, die können das auf Teufel komm raus nicht. Ihnen ist es unmöglich, über den eigenen Schatten zu springen. Ihre Hartnäckigkeit und Verbohrtheit, um die längst zum Scheitern verurteilte Linie ständig fortzuführen, könnte sie das Leben kosten.
2. *Du kannst improvisieren:* Aus dem Stegreif heraus ist es dir möglich, Situationen zu handhaben. Klappt nicht, passt nicht, geht nicht? Gut. Du machst es passend. Von unerwarteten Situationen überrumpelt zu werden, macht dir keine Angst. Du hast Lösungen dafür, machst aus sauren Zitronen süßen Saft.
3. *Selbst wenn die Kacke mächtig am Dampfen ist, gelingt es dir ruhig, cool und besonnen zu bleiben:* Du bist ein Fels in der Brandung. Das ist wichtig, wenn du eine Familie hast (oder Menschen, die von dir abhängig sind). Du vermittelst Sicherheit, Geborgenheit, Stärke.
4. *Du kommst auch dann klar, wenn du allein bist:* Es gibt Menschen, die müssen immer jemanden um sich herum, hinter sich, vor sich oder ganz in ihrer Nähe haben. Sie brauchen fremden Zuspruch, ein Schulterklopfen, eine helfende Hand. Du aber kommst allein ganz gut klar.
5. *Du hoffst stets das Beste, bist aber immer aufs Schlimmste vorbereitet:* Komme, was wolle, du bist gerüstet *„prepared"*. Mental. Körperlich. Für dich. Für deine Familie. Für alle Eventualitäten.
6. *Du bist geduldig:* Viele Menschen wollen immer alles sofort erledigen. Das geht oft in die Hose. Du hingegen wirst erst tätig, wenn du dir sicher bist, dass dein Coup von Erfolg gekrönt sein wird. Du lauerst auf den opportunen Moment und schlägst dann gnadenlos zu.
7. *Du weißt genau, wo deine besonderen Ängste und Sorgen herkommen:* Enorm wichtiger Part! Fast jeder von uns hat Altlasten. Meist stammen sie von einer verkorksten Kindheit, oft von

noch verkorksteren Beziehungen. Es sind Wunden, die einfach nicht heilen wollen – Scheiße aber auch. In gefährlichen Situationen kommen diese Teufel, diese alten Geister zum Vorschein. Du aber weißt, wer sie sind, schaust ihnen mutig ins Gesicht, lässt nicht zu, dass sie das Leben deiner Lieben und dein eigenes gefährden. Du hältst diese Geister in Schach. Es gibt eine Zeit der Schwäche. Es gibt eine Zeit, Stärke zu beweisen. Und so hat jedes Ding seine Zeit.

8. *Du bist durchtrieben:* Edelmut und Fairness sind keine Fremdwörter für dich, aber du kannst, wenn die Situation es erfordert, auch ganz anders. Aus dem sanften Papa und zärtlichen Ehemann wird in der Krise ein knallhart kalkulierender, gewiefter Spitzbube.
9. *Du kannst andere Menschen gut einschätzen:* Es gibt tatsächlich Menschen, die checken nie was. Unsensibel wie sie sind, treten sie auf jedermanns Zehen rum. Andere wiederum, Leute wie du zum Beispiel, spüren die Stimmung. Sie können sich reinfühlen, ihr Verhalten anpassen und für positive Laune sorgen. Die Mimik des Gegenübers zu lesen und zu verstehen, ist ihnen nicht fremd. Sie erkennen, wenn eine Person wütend oder glücklich ist. Sie können auch unterschwellige emotionale Signale deuten. Diese Fähigkeit, andere Menschen zu verstehen und einzuschätzen, könnte dir in einer gefährlichen Situation die Haut retten.

Wenn du über mindestens sieben von diesen Eigenschaften verfügst, schätze ich deine Chancen, eine faustdicke Krise gut zu überstehen, bereits als exzellent ein.

Mein Beispiel zum letzten Punkt

1995 patrouillierten Fremdenlegionäre des 2. REP (meine Einheit) in Bangui, der Hauptstadt der Zentralafrikanischen Republik. Es herrschten Unruhen, das Land befand sich am Rande eines Bürgerkriegs. Dabei wurden sie Zeuge, wie einige Meuterer sich an Zivilisten vergingen. Als die Meuterer sich ertappt fühlten, schossen sie ohne Vorwarnung auf die Legionäre, die das Feuer sofort erwiderten. Nach der Schießerei waren zwei Meuterer tot, einige andere verletzt, wieder anderen gelang die Flucht ins nahe Camp Kasseï, die Hochburg der Banditen. Ihre Chefs telefonierten sofort per Handy mit der Regierung und prangerten die Legionäre als blutrünstige Barbaren an, die sich nicht an einstige Abkommen halten würden. Daraufhin nahmen die Regierungsbeamten über Funk Kontakt mit Oberst Puga auf. Puga war Chef der in Bangui stationierten Truppen des Hauptquartiers Nord (EMT-1) und gleichzeitig unser Regimentskommandeur. Sie forderten diesen auf, seine präzise geographische Position durchzugeben. Der Oberst nahm den Funkspruch entgegen, gab seine Koordinaten durch, fuhr aber sofort 300 Meter von Stelle weg, an der er sich eben noch befand. Als hätte er es gewusst, fielen kaum zwei Minuten später elf Mörsergranaten genau auf die Stelle, die er mit seinen Männern verlassen hatte. Was war geschehen? Unser Regimentskommandeur war ein feiner Menschenkenner. So zum Beispiel war er fähig, die Mimik seiner Legionäre zu lesen wie ein Buch. Und er war in der Lage, die Mimik zuzuordnen. Als er den Funkspruch bekam, fiel sein Blick auf einen Offizier der Forces Armées Centrafricaines (FACA), der mit ihm im selben Jeep fuhr. War für die meisten der Soldaten das Gesicht des Afrikaners in diesem Moment nur eine undurchdringliche Maske aus Stein, so sah Oberst Puga etwas ganz anderes: Freude, Erwartung, Genugtuung und Angst. Diese vier Emotionen innerhalb Sekunden auswertend, handelte er spontan. Er gab dem Fahrer den Befehl, sofort loszufahren. Damit hat er vermutlich nicht nur sein, sondern auch das Leben von etwa zehn weiteren Legionären gerettet.

Der Profiler

Ich bin mir sicher, dass du zeitgerechtere Beispiele findest, in denen es darum geht, Menschen gut einzuschätzen. Besonders in Zeiten wie diesen ist diese Gabe ein kostbares Gut. Sie kann deine Haut retten. Studiere die Menschen um dich herum, steck sie in Schubladen, denen du ähnliche Namen wie *auweia, gefährlich, harmlos, weiß nicht, verlässlicher Typ, unbekannt* oder *unberechenbar* gibst. Triffst du dieselben Menschen bei anderer Gelegenheit wieder, beobachte sie erneut. Mach das ständig, tue es unauffällig, denn manche Menschen neigen dazu, sich zu verstellen, wenn sie sich beobachtet fühlen. Werde zu einer

Art Profiler. Ich machte das früher sehr oft. Ich saß in Cafés rum und beobachtete die Leute. Ich beobachtete alles und jeden. Manchmal machte ich mir im Kopf eine Liste der Reize, die mir an bestimmten Personen vordergründig auffielen nach dem Motto: Was unterschied diese Person von anderen? Warum zog genau sie meine Aufmerksamkeit auf sich? War es die Kleidung, ein Geräusch, der Geruch, die Art, sich zu bewegen? Dann suchte ich mir immer eine Person aus, die völlig unscheinbar daherkam. Ich stellte mir die Frage, was machte diese Person so unauffällig?

Nach einer gewissen Zeit kannte ich jeden in meiner Stadt. Und jeder hatte seine – ihm eigens zugewiesene – Schublade. Mit der Zeit wirst auch du sie alle kennen. Du hast ihr Muster in deinem Kopf. Du kennst den Tonfall ihrer Stimme, ihre Bewegungen. Du weißt, wem du nachts nicht begegnen möchtest, wer grundehrlich, grundwiderlich oder verlässlich ist. Und du kennst den Lügner. Das alles zu erkennen, erfordert Zeit, und am besten ist es, du fängst noch heute damit an.

In der Worst-Case-Situation

Lass dich, wenn es um wichtige Dinge oder besondere Situationen geht; weniger von Worten, sondern eher von Taten, Gesten und von teilversteckter Mimik dazu verleiten, Maßnahmen zu ergreifen, die eventuell Schaden von dir fernhalten. Handle sofort, wenn es in den Schubladen mit der Aufschrift *auweia, gefährlich* oder *unberechenbar* rappelt. Hör auf dein Bauchgefühl und geh dann einfach weg. Dies gesagt, ist es sehr wohl möglich, dass du dich in deiner Einschätzung, was die Schubladen angeht, täuschst. Manchmal liegst du sicherlich auch tierisch daneben, denn selbst wenn du denkst, dass du jemanden sehr gut kennst, gibt es da noch diese bedrohende Krise. Was der Stress in Notfallzeiten mit deinem Bekannten im Kopf anstellt, weißt du nicht. Er könnte sich so verändern, wie er selbst es nicht für möglich hält. Das habe ich oft gesehen. Aber dein Bauchgefühl ist schon ein recht zuverlässiger Gradmesser.

Bevor es jetzt hier weitergeht, möchte ich dir sagen, was für mich mit das Schlimmste ist, was mir passieren könnte. Mein persönliches Worst-Case-Szenario eben. Ich habe eine Frau, zwei Teenage-Stiefkinder und drei eigene Kids. Die Kleinen sind fünf und drei. Das schlimmste für mich wäre, wenn meinen Lieben etwas zustößt. So zum Beispiel bin ich immer sehr besorgt, wenn meine kleine Emmylou, Emmy ist fünf, allein das Haus verlässt und niemand bekommt das mit. Ich kann dir nicht sagen, wie oft ich daheim den Satz raushaue, ja fast brülle: *Hat jemand die Emmy gesehen?* In meiner Stimme schwingt dann immer der Unterton einer gewissen Panik. Ich mache mir Sorgen, ja ich komme um vor Sorgen, wenn alle nur ratlos den Kopf schütteln. Emmylou hat einen Abenteuergeist. Sie übertreibt es ziemlich oft mit: *Ich bin dann mal weg und sage keinem Bescheid.* Woher sie das wohl hat? Auf jeden Fall gilt bei uns jetzt folgende Regel. Wer das Haus verlässt, sagt persönlich Mama und Papa Bescheid. Das gilt für die kleinen, aber auch für die beiden Teenager. Letztere stehen ganz besonders in der Pflicht. Verlassen sie das Haus und wir sind gerade nicht da, schreiben sie auf einem Zettel an der Pinnwand eine Message. Sechs Punkte sind Pflicht:

- Wo gehe ich hin?
- Mit wem?
- Wie komme ich dorthin?
- Wann komme ich ungefähr zurück?
- Wie kann man mich erreichen?
- Wo kann man mich treffen (abholen), wenn die Welt zusammenbricht?

Das sieht dann in etwa so aus: *Ich bin mit Stefan zum Italiener Eis essen. Wir fahren mit seinem Auto. Sind bis spätestens halb sechs zurück, Stefan hat sein Telefon dabei. Ich meins auch. Geht was schief, findest du mich an der Bushaltestelle gegenüber vom Kino.*

Natürlich kenne ich Stefan und ich weiß auch genau, welchen Italiener meine Große meint. Das Nummernschild seines alten Schrottautos kenne ich auswendig, seine Telefonnummer und die meiner Tochter sind eingespeichert und bis zum Kino sind es zehn Minuten zu Fuß. Verstößt einer gegen die Regel, gibt's Ärger. Und zwar mächtig. Geh ich mit Emmylou in den nahen Supermarkt, so entwickelt sie stets eine gewisse Eigendynamik. Sie steuert zuerst schnurstracks zu den

Regalen mit den Süßigkeiten, nur um sich drei Minuten später, ihren kleinen Einkaufswagen schon verdächtig vollgepackt, in die Spielzeugecke zu verkrümeln. Und zwar allein. Papa ist da Nebensache, herrlich. Wir haben aber abgemacht, dies auch mehrmals getestet, dass, sollten wir uns nicht mehr finden, Treffpunkt immer Kasse Nummer eins ist. Komme ich nicht, ist was schiefgelaufen. Wir treffen uns dann am Eingang zum Supermarkt und zwar innen. Auf keinen Fall verlässt sie den Laden allein.

Warum sage ich dir das alles? Es ist einfach. Geht das böse Spiel mal richtig los, ist es von essenzieller Bedeutung, sich zunächst auf das Wichtigste zu fokussieren oder wie Paulo Coelho sagen würde: Das Geheimnis des Glücks ist, die Herrlichkeit der Welt zu sehen, ohne das Öl auf dem Löffel zu vergessen. Der Alchimist von Paulo erschien bei uns im Jahr 1991. Das ist schon eine Weile her. Aktualisiert und umgemünzt auf das Jahr 2022 würde es heißen: Sei auf der Hut und pass vor allem auf deine Lieben auf! Ständig. Tag und Nacht.

Bricht die Hölle los, sind Handy und Co. möglicherweis nicht mehr einsatzbereit. Du könntest folgendermaßen mit deinen Lieben kommunizieren. Nehmen wir an, ihr musstet ganz schnell euer Haus verlassen. Gründe dafür gäbe es wie Sand am Meer. Ein Mitglied der Familie ist aber abwesend, also draußen unterwegs. Wie sähe das dann aus? Sicher! Er kommt zurück, alle sind weg, andere Leute haben das Haus besetzt. An der Außenwand der Garage aber ist ein knallrotes **X**, gefolgt von einem kleinen **m** zu sehen. Jemand hat sich die Mühe gemacht, die Buchstaben mit einer Sprühdose dort zu verewigen. Die Nachricht ist fett und ergibt nur für dich und jedem deiner Lieben einen Sinn. Sie heißt: *Komm nicht rein!!! Wir sind wohlauf, bewegen uns zu Fuß oder mit Fahrrädern Richtung Stadtrand Nord. Dort warten wir auf dich.* Natürlich habt ihr das vorher abgesprochen. So könntest du die zehn wahrscheinlichsten Situationen im Vorübergehen lesen. Ein Blick genügt. Die Message auf einen banalen Zettel zu schreiben und im Briefkasten abzulegen, wäre gegebenenfalls unvorsichtig. Andere könnten sie lesen. Auch musst du erstmal zum Briefkasten kommen, würdest somit auffallen. Und dann weißt du nicht, ob du überhaupt Zugang hast. Der Schlüssel befand sich schließlich im Haus. Das mit dem X und dem kleinen m ist nur ein Beispiel. Lasst euch was einfallen.

Bevor es an dieser Stelle weitergeht, setz dich mit deiner Frau hin. Wappnet euch mit einem guten Kaffee oder Caffè Latte und erwägt zusammen gedanklich folgende Möglichkeit: Wir verzichten einen Monat lang auf alles, was nicht wirklich wichtig ist und uns nicht weiterbringt: *Restaurant. Pizzeria. Kino. Eisdiele. Neue DVDs oder irgendwelche Spiele. Autowaschanlage. Süßigkeiten. Zeitungen. Geschenke. Licht in drei Zimmern gleichzeitig. Fleisch. Zigaretten. Alkohol.* Überlegt, welche Vorteile und welchen Nutzen ihr aus diesem Verzicht ziehen könntet. Wieviel Geld kann gespart werden? Würde sich der Körper über weniger oder gar keinen Alkohol freuen? Stellt euch diese Frage auch bei Süßigkeiten und Tabak. Öffnet ein Verzicht möglicherweise Türen, die in eine andere Bewusstseinsstufe führen? Ist es möglicherweise eine gute Übung für schlimmere Zeiten? Zeiten, in denen es eben all das gar nicht mehr gibt oder dies oder jenes eben gar nicht mehr möglich ist?

Indianerterritorium – Die dreckige Phase der ungemütlichen Situation

Einer Sache solltest du dir bewusst sein. Vor allem dann, wenn du ältere Kinder hast. Im Teenager- oder Jugendalter etwa. In unseren großen Städten herrschen zu Normalzeiten bereits die Gesetze der Stärkeren. Zumindest in den Bannmeilen oder in den schwierigen Vierteln. Du kennst sie. Es sind die Quartiere, um die selbst unsere Polizei einen großen Bogen macht, wenn es geht. Dort ist tiefster Dschungel. Im Dschungel findest du Shit, Crack, Methamphetamin und Heroin. Soll ich mehr auflisten? Wie wäre es mit so banalen Sachen wie Alkohol und Prostitution? Mit Geldwäsche, rechtsfreien Räumen, Waffenschmuggel, Menschenhandel, Schwarzarbeit? Mit Menschen, die zu zehnt zusammengepfercht in Wohnungen hausen, die für drei gedacht sind?

Es sind diese Viertel, in denen Familienclans ganze Straßenzüge für sich reklamieren. Alles ist da. Mitten unter uns. Viele schauen weg. Ist doch okay, ich meine, was wir nicht sehen, existiert nicht. Was glaubst du, welche Dimensionen all die aufgezählten Miseren, denn Miseren sind es, in Zeiten der absoluten Krise annehmen werden? Was dann am wenigsten zählt, ist ein Menschenleben. Aus dem heute existierenden Dschungel wird morgen Barbarenland. Und es ist dann absolut sicher, dass keine Polizeistreife mehr da durchfährt, geschweige denn zu Fuß eine Patrouille losschickt, die mal schnell nach dem Rechten schaut. Ich möchte, dass du dir dessen ständig bewusst bist. Halte dich und deine Kids vom Barbarenland fern. Nicht mal die Suche nach Wasser rechtfertigt, dass du dein Leben oder das Leben der dir Anvertrauten aufs Spiel setzt.

Indianerterritorium

Ich war privat, aber auch dienstlich sehr oft in französischen Großstädten unterwegs. In fast allen dieser Städte gibt es wie bei uns die sogenannten Banlieues (Bannmeilen). Hörst du die Menschen in Frankreich über die Banlieues reden, fällt dir auf, dass allerlei Namen dafür verwendet werden.

Armenviertel, Ghetto oder noch Cités. Einige nennen die Banlieue auch Indianerterritorium. Was sicherlich zutrifft, ist, dass es sich hier um Brutstätten von Wut und Hass handelt. Ob im Quartier Nord von *Marseille*, in der Cité 3000 in *Aulnay-sous-Bois* oder im berüchtigtsten Quartier der Stadt *Toulouse le Mirail,* ich scheue mich nicht zu sagen, dass die meisten der Banlieues in Frankreich Krisengebiete sind. Heute schon. All diese Viertel verbindet man bei uns mit Ausdrücken wie *No-go-Area, Sperrgebiet, Problem- oder Gewaltkiez.* Wenn die zu erwartende Krise aus dem Ruder gerät, werden der größte Unmut, die meisten Krawalle und die heftigsten Ausschreitungen in diesen Stadtvierteln ihren Ursprung haben. Nochmal: Solltest du mitten in einem Blackout raus aus deinen vier Wänden müssen, dann halte dich von den Bannmeilen sowie größeren Menschenansammlungen fern. Halte dich auch von Menschen fern, die mit Majorität einem anderen Kulturkreis angehören. Menschen, das trifft auch auf uns zu, helfen im Chaos zuallererst ihrer Familie. Dann Bekannten aus ihrem Kulturkreis. Danach kann erstmal die Sintflut kommen und dann der Rest. Das ist ein normales Verhalten, was dir aber nicht weiterhilft, wenn es wirklich hart auf hart kommt. Gnade dir Gott, wenn du die Sache anders siehst.

Verhalten bei Pöbeleien

In den Jahren zwischen 2004 bis 2008 arbeitete ich in Riad, Saudi-Arabien. Auch dort gab es Viertel, in denen du dich als Europäer nicht blicken lassen solltest, zumindest nicht an gewissen Tagen. Da meine Neugier von Geburt aus aber sehr ausgeprägt ist, ging ich nach einiger Zeit der Vorbereitung auch dorthin. Ich ließ mir einen Bart wachsen, zog alte verhunzte Turnschuhe und meine ältesten Klamotten an, frischte meine Arabischkenntnisse auf und los ging es. Keine graue Maus war je so grau wie ich in diesen Momenten. So konnte ich ungehindert, vor allem aber völlig unbehelligt meinen Geschäften nachgehen.

Auch in anderen Bereichen lohnt es sich absolut diskret zu sein. Stell dir vor, wir haben seit langen Tagen einen generellen Stromausfall. Nach Einbruch der Dunkelheit ist es, mit einer Ausnahme, überall zappenduster. Die Ausnahme bist du. Besser gesagt deine Wohnung oder dein Haus. Warum? Weil du so unvorsichtig bist und mit den dir zur Verfügung stehenden Mitteln alles ausleuchtest. Im Umkreis von Kilometern zieht das Licht Neider, Banditen und Abzocker an. Also. Sei diskret, bleib diskret und sage deinen Lieben, sie sollen es auch sein. Solltest du draußen unterwegs aus irgendeinem Grund plötzlich im Mittelpunkt stehen, spiel sofort die Karte der Deeskalation. Begegnet man dir aggressiv, so hüte dich davor, sofort mit Aggression zu antworten. Lasse dich am besten erst gar nicht in diese Ecke drängen. Folgendes Szenario: Du bist aufgefallen. Man hält dich an. Es kommt zu verbalen Ausschreitungen und schließlich zum Handgemenge, man schubst dich herum.

Bleib ruhig und gelassen.

Lass dich auf nichts ein, denn noch ist nichts Schlimmes passiert. Deine Gegner warten in solchen Augenblicken nur auf eines, nämlich dass du dich auf ihr Niveau herablässt. Sie wollen, dass du ihr Spiel spielst. Tust du das nämlich, so ist das für sie ein Freibrief für maximale Brutalität. Vermeide das um jeden Preis. Es ist immer die Schlacht am besten, die erst gar nicht geführt wird. Deeskalierende Kommunikation und – oder – Flucht, nichts anderes erwarte ich jetzt von dir. Du hast nur einen Auftrag: überleben! Spiel also nie den Helden, kämpfe erst, wenn du keine andere Option hast. Und jetzt: *Rein ins Eingemachte!*

Bevor es aber definitiv weitergeht, möchte ich, dass du dir einer Sache völlig im Klaren bist. Du liest und lebst in diesem Buch zwei Zeiten, ja zwei Welten. Beide sind so unterschiedlich wie Tag und Nacht. Es handelt sich zum einen um **Normalzeit (aktueller Zustand)** und zum anderen um **Krisenzeit (möglicher Ausnahmezustand)** beziehungsweise um Urban-Survival-Total. Es versteht sich von selbst, dass du im Normalfall alle gängigen Gesetze einhältst. Dasselbe gilt auch für Krisenzeiten. Nur mit dem feinen Unterschied, dass du in Krisenzeiten möglicherweise um dein Überleben kämpfen musst. Wenn es ums Überleben geht, verschieben sich die Parameter, denn es liegen Menschenleben auf der Waagschale. Man kann von niemandem, auch von dir nicht, verlangen, ein Gesetz einzuhalten, wenn diese Gesetzestreue deinen Tod oder den Tod deiner Lieben bedeuten würde. Demzufolge rate ich dir zu nichts. Schiebe meine Tipps und Anleitungen einfachheitshalber in die Schublade: Was wäre, wenn?

NORMALZEIT ENDE: Spiel dein Spiel, stell deine Regeln auf; plane richtig

Ein Blackout, so lass dir gesagt sein, ist nicht romantisch. Er ist in jeder Hinsicht brutal. Nach drei Tagen Blackout wird in den Städten geplündert. Das absolute Horrorszenario wäre ein flächendeckender Stromausfall in ganz Europa, denn niemand weiß, wie lange es dauern würde, bis wieder Strom da ist. Es könnte Wochen dauern. Etwas kriminelle Energie direkt ins Herz dieser Weltuntergangsstimmung und aus die Maus. Das willst du nicht. Des Weiteren sage ich dir, dass es ganz normal ist, unter Worst-Case-Bedingungen Stress und etwas Angst zu haben. Du wirst von jetzt ab jeden Tag, jede Stunde und jede Minute Stress – um nicht zu sagen „Angst" – haben: Psychologisch und körperlich! Bleib ruhig, mit dir ist alles in Ordnung, denn Stress und Angst zu haben ist verdammt nochmal NORMAL!!!

(Thomas Gast).

Planspiel – So organisierst du dein Überleben nach Plan und Priorität

Wo soll ich anfangen? Was hat Priorität? Und wenn ich nicht rechtzeitig fertig werde? Diese Frage stellen sich dieser Tage sehr viele Menschen. Überall in Europa. Folgender Satz sagt in etwa, was Phase ist:

Wenn du kein Wasser hast, ist es kontraproduktiv und völlig irrsinnig, dich zuallererst mit Kerzen und Batterien einzudecken!

Es geht los. Der größte Fehler, den du jetzt machen kannst, ist sofort loszurennen, um Klopapier, Notfallnahrung und Solarpanels zu kaufen. Du könntest feststellen, dass diese Dinge noch gar nicht zwingend an der Tagesordnung sind, weil es Klopapier, Notfallnahrung und Solarpanels vielleicht auch noch in vier Wochen zu kaufen gibt. Organisier dich lieber. Denke gleichzeitig an Dinge, die intern geregelt oder betrachtet werden müssen wie auch an äußere Gegebenheiten. Wenn ich sage intern, dann meine ich zunächst deine Familie und deine eigenen vier Wände. Aus wem besteht deine kleine Familie? Welches Geschlecht hat jeder Einzelne und was könntest du daraus ableiten? Nimm dir für jeden Einzelnen fünf Minuten Zeit und frag dich, wo Stärken und Schwächen liegen. Vielleicht ist deine Frau Krankenschwester? Ihre Stärken lägen auf der Hand. Sie trägt wie du Brille oder Kontaktlinsen. Das ist nicht unbedingt eine Schwäche, benötigt aber besondere Reflexionen in Bezug auf eine mögliche Ersatzbrille und viel mehr Kontaktlinsen, als ihr beide im Normalfall bräuchtet.

Wie individuell verschriebene Medikamente sind auch Brillen und Kontaktlinsen etwas sehr Persönliches. Es geht um Komfort und Lebensqualität. Beides muss in der Krise nicht unbedingt fehlen. Fehlt es doch, dann hast du dich schlecht vorbereitet. Du bist Brillenträger? Besorg dir schleunigst eine Ersatzbrille. Zwei wären besser.

Dein elfjähriger Sohn versteht immer sofort, was du ihm sagst. Er ist wahnsinnig reaktiv, macht die Dinge genauso, wie du sie ihm aufträgst, während die zehnjährige Tochter ständig überzeugt werden muss und selbst dann nicht in die Gänge kommt. Solche Überlegungen sind wichtig. Das alles weißt du bereits, aber du bist dir dessen nicht immer voll bewusst.

- Wer benötigt was ganz besonders?
- Über welches Budget verfügst du?
- Gibt es jemanden, der chronisch krank oder psychologisch instabil ist?
- Benötigt ein Familienmitglied Medikamente auf täglicher Basis?

Knoten im Ohr? Aufgeschrieben? Gut. Gehe jetzt nach draußen, setz dich auf eine Bank und schau dich um. Übe dich in einer Disziplin, die du so vielleicht noch gar nicht kennst. Zeichne in deinem Kopf eine virtuelle Karte und mach dein persönliches, handlungsorientiertes Planspiel. Gehe dabei methodisch vor.

Die Nachbarn: Sind sie verlässlich? Gleichgültig euch gegenüber? Wohnst du in einem Viertel mit hohem Ausländeranteil, wenn ja, welche Menschen sind das? Woher kommen sie? Mit wem könntest du dich verbünden, mit wem auf gar keinen Fall? Könntest du sie als Freunde bezeichnen oder eher nicht? Wo tun sich hier für dich deiner Meinung nach die größten Gefahren (oder Chancen) auf?

Wo liegt deine Wohnung: Im zweiten Stock eines Hochhauses? Im vierten Stock eines Hochhauses? Schau hoch. Wie kämst du schnellstens runter auf die Straße, ohne die Treppe oder den Aufzug zu benutzen? Gibt es überhaupt eine Alternative? Wo führt diese Straße hin, gibt es Alternativrouten? Wo sind das nächste Krankenhaus, der nächste Supermarkt, der nächste Park?

> *Überlegung am Rande:* Sollte gewarnt werden, dass ein Blackout unmittelbar bevorsteht, dann meide Aufzüge wie die Pest. Oder hast du Lust, Weihnachten, Ostern und Pfingsten im Aufzug zu verbringen?

Schau dich bewusst um: Vor deinen Augen tun sich Chancen und Möglichkeiten auf. Gibt es Häuser, die nicht bewohnt sind? Tunnel? Zugang zu Wasser in Form von Hydranten, Bächen oder Seen? Ist dein Auto dort, wo es steht, sicher? Gäbe es eine Garage, die du nutzen könntest? Hätte vielleicht einer deiner Nachbarn eine Garage, die er nicht nutzt, die er aber an dich vermieten könnte? Saug alles in dich auf wie ein Schwamm und merk dir, was du siehst.

Die Zufahrtswege: Liegt dein Haus bzw. das Haus, in dem du wohnst, in einer Sackgasse? Wenn ja, macht jemand den Pfropfen drauf (versperrt die einzige Zufahrt), welche Möglichkeit gäbe es, mit dem Pkw trotzdem raus und hin zu den großen Verkehrsadern zu kommen? Falls nein, wo genau führen Zu- und Abfahrten hin, welche Möglichkeiten tun sich auf?

Zu meidende Viertel: Müsste ich, um mit dem Auto die nächste Bundesstraße oder Autobahn zu benutzen, durch sogenannte Bannmeilen, No-go-Areas oder Viertel, in denen Randgruppen wohnen?

Besondere Zeiten, besondere Maßnahmen: Geh wieder zurück ins Haus. Zuerst stößt du auf die Eingangstür. Da, wo alle rein oder durch müssen. Gäbe es eine Möglichkeit, diese Tür so abzusichern, sodass nur diejenigen Zugang haben, die auch im Haus wohnen? Sprich mit den Nachbarn unter und über dir. Sprecht auch mit dem Besitzer des Hauses. Eine alte, leicht zu öffnende Tür könnte durch eine neue, stabilere ersetzt werden. Überlegt euch, ob der Einbau einer gepanzerten Tür (Widerstandsklasse 4) Sinn macht. Sträubt sich der Besitzer, versucht ihn zu überzeugen. Die Kosten könnten unter den Anwohnern aufgeilt werden. Es frisst kein Brot, sich die Überlegung mal durch den Kopf gehen zu lassen, bei fortgeschrittenen Unruhen oder allerhöchster Kriminalität unten an der Tür eine Wache aufzustellen. Ich höre deinen Aufschrei, Kamerad, aber für mich ergibt das Sinn. Vielleicht ist die Lage so, dass zeitweise niemand mehr auf die Arbeit gehen kann. Hast du im Haus vierundzwanzig Parteien, sind zwölf Männer im wehrfähigen Alter schnell gefunden. Vierundzwanzig geteilt durch zwölf ist gleich zwei Stunden: Bingo! Zwei Stunden für die Sicherheit aller zu opfern, dürfte nicht zu viel verlangt sein. Der eingeteilte Wachmann sitzt bequem hinter der Eingangstür im Parterre des Hauses. Kaffee in der Hand lässt er nur den rein, der auch wirklich hier wohnt. Oder den, der mit Ansage eingeladen ist. Gibt es Ärger, ruft er drei, vier oder fünf von den anderen zu Hilfe. Passt doch.

Geh jetzt zurück in deine eigene Wohnung und mach ein Inventar. Du wirst feststellen, dass du eine Menge nützliche Dinge besitzt, aber auch viel Schrott, der niemals benötigt wird. Zu den nützlichen Dingen gehören Behälter wie zum Beispiel Eimer, große Töpfe und Wannen. Du stößt auf Werkzeuge, Feuerzeuge und Streichhölzer, aber auch auf Dinge, die eine Waffe darstellen könnten: Messer, Äxte, Hämmer. Merk dir, was du siehst oder besser noch, schreib es dir auf. Welche Stelle im Haus eignet sich am besten dafür, Minitomaten, Kresse oder Peperoni zu züchten? Unterm Küchenfenster? Auf dem Balkon vielleicht? Und wo könntest du ein oder zwei kleine Solarpanels anbringen, ohne dass sie gestohlen oder von Wind und Wetter davongetragen werden?

Bevor du jetzt weitermachst, stell dir folgendes Szenario vor. Dein
 Telefon klingelt. Es sind die Stadtwerke. Sie stellen in einer Stunde den

Strom ab. Für vierundzwanzig Stunden. Was für Probleme täten sich jetzt für dich auf? Denkst du sofort an *dunkel, kalt, leise, Sachen in Kühlschrank und Gefriertruhe können auftauen, kein Internet, Handy laden geht bald nicht mehr, Aufzug auch nicht, Fernseher funktioniert ebenso wenig wie Herd, Kaffee- oder Waschmaschine, genau wie Klima- oder gar Alarmanlage* – dann liegst du schon mal goldrichtig. Such in Gedanken nach Lösungen, um diese Probleme einzeln anzugehen oder in der Gesamtheit zu betrachten und dann stell dir weiter vor, der Strom wäre nicht für einen Tag, sondern für einen ganzen Monat weg. An was müsstest du denken, wo wäre der richtige Ansatz, was hätte mit Bezug auf den drohenden Stromausfall absolute Priorität?

Natürlich ist das sicher auch eine Frage des Klimas. Haben wir gerade Winter oder sind täglich dreißig Grad Hitze angesagt? Mach dir Gedanken. Da davon auszugehen ist, dass der Blackout und das Chaos dich nicht sofort brutal aus dem Hinterhalt angreifen werden (obwohl ich mir da gar nicht so sicher bin), bleibt dir möglicherweise etwas Zeit. Nutze sie. Geh dazu über, jeden Tag – JEDEN TAG – eine wichtige Aufgabe zu erledigen. Zum Beispiel:

Tag eins: Hebe genügend Bargeld ab.

Tag zwei: Trage dich und deine Frau in einen Kurs zur Selbstverteidigung ein.

Tag drei: Kaufe Kerzen, Feuerzeuge und genügend Gas für die zwei Campingkocher.

Tag vier: Bereite den Ort vor, an dem die Notfallnahrung aufbewahrt wird.

Tag fünf: Tätige die ersten Einkäufe – Notfallnahrung, Nudeln und Reis.

Tag sechs: Mach Photokopien von allen wichtigen Dokumenten und sichere sie.

Tag sieben: Besprecht zusammen, was alles in den Notfallrucksack rein muss.

Tag acht: Besorge die Sachen für den Notfallrucksack deiner Frau.

Tag neun: Zweiter Einkauf im Supermarkt – Notfallnahrung, Kaffee, Schokolade.

Tag zehn: Bestelle oder kaufe dir Wasseraufbereitungstabletten.

Tag elf: Stelle einen umfangreichen Erste-Hilfe-Kasten zusammen.

Tag zwölf: Kümmere dich um einen Zahnarzttermin für jeden von euch.

Tag dreizehn: Besorge fünf Plastikkanister von jeweils fünf Liter Volumen.

Tag vierzehn: Besorge die Sachen für den Notfallrucksack deiner Tochter.

Tag fünfzehn: Bessere das Schloss an der Eingangstür aus oder mach ein neues, stärkeres rein – insofern der Vermieter es zulässt.

Tag sechzehn: Sag all deinen Lieben, sie sollen sich mit den Winterklamotten im Wohnzimmer treffen. Mach eine Checkliste, was jeder noch vor dem Winter bräuchte (bevor es diese Dinge nirgends mehr zu kaufen gibt). Ich rede von Handschuhen, Winterjacken, Winterschuhen, warmen Schals und Mützen.

Ist das getan, bestelle peu à peu all diese Dinge. Beginne mit den Kleidern der Jüngsten zuerst und denke an dich erst zum Schluss. Aber vergiss dich nicht.

Muss ich weitermachen? Kaum! Du bist ein Genie, hast deinen eigenen Kopf und vielleicht auch die besseren Ideen. Mach dreißig Tage lang nur das. Unternimm jeden Tag, *Step by Step,* einen wichtigen Schritt in Richtung Unabhängigkeit. Und dann, nach diesen dreißig Tagen, heb den Kopf und schau dich um. Was du geschaffen beziehungsweise geschafft hast, ist enorm. Ziehe Bilanz und mach weiter so. Hör nicht auf.

Was ich bisher nicht erwähnt habe, ist die Erkenntnis, dass Wasser eigentlich schon am Tag null beschafft werden sollte. Also gestern. Natürlich komme ich auf die Wichtigkeit von Wasser noch mehrmals zu sprechen. Vorab nur so viel. Deine Kinder können locker ein paar Tage ohne richtiges Essen auskommen. Aber bereits nach einem Tag ohne Flüssigkeit werden sie krank, am dritten Tag ohne Flüssigkeit sterben sie. Ich sag das pragmatisch und ohne Firlefanz. Sei davon überzeugt, dass meine Aussage richtig ist und agiere noch heute. Besorg einfach mal frech für zwei Wochen Wasser. Und wenn es nur zwei Liter pro Person und pro Tag sind. Um deutlich zu sein, die Rede ist von Trinkwasser. Also kein Wasser zur Körperpflege oder zum Kochen. Kleine Matheübung gefällig? Bei fünf Personen wären das 140 Liter. Zur Veranschaulichung: insgesamt etwa 94 PET-Flaschen mit jeweils 1,5 Liter. Da diese immer im Sechserpack einherkommen, wären das Pi mal Daumen 16 Sechserpacks Wasser. In den Plastikflaschen kannst du dieses Wasser ein Jahr lang lagern, sei also beruhigt. Das wäre jetzt nur mal die Spitze vom Eisberg, denn in der Realität (Worst Case) bräuchtest du natürlich viel mehr: Sehr viel mehr! Schaff es erstmal beiseite, so dass niemand rankommt und geh dann zur Tagesordnung über. Und genau das mache ich jetzt auch.

Krankenhäuser werden hoffnungslos überfordert sein. Notärzte und Zahnärzte auch. Darüber sind wir uns schon mal einig. Diese Überforderung ist einer Krise zu schulden, in der es einfach gefährlich ist, sich mal ebenso auf die Straße zu begeben. Aber das ist ja nur die halbe Wahrheit. Die ganze Wahrheit ist, dass gerade in Deutschland die Krisenvorbereitung ganz gewaltig vernachlässigt wurde. Notfälle wurden nur selten über einen längeren Zeitraum hinaus geprobt. Was passiert denn, wenn der Strom tatsächlich mal für einen Monat ausfällt? Wenn es für dreißig Tage keine Computer, kein Internet und noch weniger eine nachführende Logistik (Verbände, Blutkonserven, Medikamente, Nadeln, Spritzen, Sauerstoff und Plasma) gibt? Vom überforderten, teils fehlenden Personal noch nicht mal zu sprechen? Die eiserne Devise ist jetzt, gesund bleiben um jeden Preis. Verletzungen vermeiden. Risiken gar nicht eingehen. Aber wie bewerkstelligt man es, gesund zu bleiben? Hier meine Antwort.

- **Hygiene absolut.** Dazu gehört in aller erster Linie Disziplin. Disziplin ist, wenn ich auf Tabak und Alkoholkonsum ganz verzichte. Wer viel raucht und trinkt, riskiert Schäden an Speiseröhre, Leber, Bauchspeicheldrüse, Magen und Herz. Außerdem besteht ein deutlich höheres Risiko, an Krebs zu erkranken. In diesem Sinne hast du auch Vorbildfunktion. Disziplin heißt auch, wenig Zucker in Form von Süßigkeiten zu sich zu nehmen. Auch hier sei bitte Vorbild. Dreimal am Tag Zähne putzen, Hände waschen, so oft es geht (Wassermangel?), Schuhe vor der

Tür stehen lassen und Hände weg von Tierkadavern und Exkrementen jeglicher Art. Oft sauber machen, Fenster auf und lüften, Decken ausschütteln, Ordnung halten, Maus- und Rattenfallen aufstellen. Wenn notwendig, Haustiere untersuchen (lassen), Toiletten desinfizieren, so gut es geht und so weiter. Muss ich ein Bild malen, damit du verstehst? Nein, sicher nicht!

- **Bewegung / Sport.** Man hat immer Ausreden. Als ich 92/93 in Sarajevo im Einsatz war, gab es Tage, an denen wir das Gebäude nicht verlassen durften. Zumindest die nicht, die gerade im Stand-by-Modus waren. Um uns körperlich fit zu halten, sprinteten wir im Kampfanzug – den Rucksack auf dem Rücken – die Treppenaufgänge hoch und runter. Wir machten überall Liegestütze und hatten Klimmzugstangen, die man in die Türrahmen spannen konnte. Bankdrücken gefällig? Dafür hielten schwere Munitionskisten her. Du siehst, wer Sport machen will und kann, für den gibt es keine Grenzen. Sei Vorbild. Mach Sport zur Tagesordnung!
- **Gesunde Ernährung.** Mach es dir einfach, stell dir Regeln auf. Erste Regel: Iss nicht so viel. Ein hungriger Wolf läuft länger und schneller. Wohlstandskrankheiten sind meist auf zu wenig Bewegung (Sport) und schlechte Essgewohnheiten zurückzuführen. Zweite Regel: Nimm drei Mahlzeiten am Tag mit Maß und ausgeglichen in der Zusammenstellung ein. Viel Obst und Gemüse, etwas Eiweiß. Kohlenhydrate und Fette nicht vergessen, passt so. Dritte Regel: Trink genug Wasser. Wie viel, darauf komme ich im Kapitel *Wasser und Wasseraufbereitung* noch zu sprechen.
- **Positives Denken.** Alles wird gut. Kannst du deine Lieben und dich selbst davon überzeugen, dass selbst der schlimmste Sturm mal ein Ende hat, hast du gewonnen. Sei mit dem zufrieden, was du hast und freue dich darüber, wer du bist und was du darstellst. Sag einfach – Danke. Du sollst nicht zum Meditationsfreak werden, Gott bewahre. Aber übe dich in Demut und Dankbarkeit. Du kommst da raus, du schaffst das!

Wenn sich Katastrophen, Unruhen, ein Kollaps der allgemeinen Ordnung und andere ähnlich gelagerte Krisen andeuten, ist der erste und richtige Instinkt, an die Sicherheit im eigenen Zuhause zu denken.

Es ist zwingend erforderlich, dass dein Haus oder deine Wohnung es dir ermöglichen, dich bei Bedarf von der Außenwelt abzuschotten. Zumindest für eine Weile. Je länger du diese *Weile* nach hinten schieben kannst, desto besser. Meinen Worten entnimmst du, worauf ich hinaus will. Dein Heim, deine vier Wände ... : Mache sie zu deiner Festung. Deine Wohnung soll kein Bunker werden, das geht nicht. Dazu hast du nicht die Mittel. Auf jeden Fall aber ist sie dein letztes mehr oder weniger sicheres Refugium. Hier kannst du dich angstfrei bewegen, dich wohlfühlen und Kräfte sammeln. Nirgendwo anders auf Erden solltest du dich sicherer fühlen als hier. Beachte aber, dass *Sicherheit* mit Sicherheit dein Sparschwein anknabbert. Auf Deutsch: Du musst Bares berappen, um in den Genuss der relativen Sicherheit zu kommen. In normalen Zeiten verschwendet unsereins kaum Gedanken an die Sicherheit der eigenen vier Wände: Wir leben doch in einem sicheren Land, wird dann immer argumentiert – was natürlich ein faustdicker Trugschluss ist. Eine Krise kommt manchmal mit Ansage (so wie diese), meist jedoch ohne. Ist es dann aber so weit, beginnt ein regelrechter Ansturm auf Alarmanlagen, Stromaggregate, Kameras, Baumaterialien sowie auf diverse technische Hilfsmittel. Und auf Klopapier und Wasser. Die Preise steigen. Die Angst auch. Gegebenenfalls muss es dir gelingen, dich geistig auf einer Ebene zu bewegen, die du durchaus als unabhängig beziehungsweise autark bezeichnen darfst. Wir sind uns beide darüber einig, dass die totale Unabhängigkeit, gerade in Städten, nicht existiert. Sie ist flüchtig, ein feuchter Traum. Aber darauf kommt es zunächst nicht an. Es kommt darauf an, dass du das Spiel spielst. Dein Spiel. Daheim stellst du die Regeln auf. Du bist der Boss. Der Boss macht seinen Plan und der könnte folgendermaßen aussehen.

1. Einer für alle, alle für einen: Vernetze dich.
2. Mach dich unabhängig von Apotheke, Arzt, Supermarkt, Bäcker, Metzger, Bank, Baumarkt und Co.
3. Erkenne deine Urban-Survival-Attitüden und wende sie an.
4. Sichere deine vier Wände vor kriminellem Zugriff.
5. Der nächste Winter kommt bestimmt: Sorge für Alternativen zu Strom und Gasheizung.

6. Setze auf mentale Stärke für die ganze Familie.
7. Denke daran, dass alles noch viel schlimmer kommen kann: Denke an Flucht.

Einer für alle, alle für einen: Vernetze dich

Die einzigen Festungen, die wirklich Bestand haben, sind die in deinem Kopf. Die Zitadellen deines Geistes und deines Willens bleiben länger bestehen als feste Mauern aus Stein. (Hélie Denoix de Saint Marc, französischer Widerstandskämpfer und Offizier der Fremdenlegion.)

Sei dir einer Sache sicher. Immer wenn schwerwiegende Ereignisse zu großen Krisen, Unruhen und Gewalt führen, generieren sie im Gegenzug auch wunderbare Dinge wie gegenseitige Hilfe, Beistand und eine vorbildliche Solidarität. Du hast es erst kürzlich wieder mitbekommen, denke nur an die Hochwasserkatastrophe Mitte Juli 2021. Beruhigt dich das? Das sollte es. Angst, ich habe es bereits erwähnt, ist in Notsituationen ein schlechter Ratgeber. Zuversicht und die Gewissheit, dass man eine schwierige Situation meistern wird, geben Kraft. Der Wille ist fast immer das Zünglein an der Waage, wenn es darum geht, auch weniger gute Zeiten zu meistern. Gemeinsam den richtigen Weg gehen, ergibt Sinn. Man kann Waren tauschen, sich gegenseitig zu Hilfe eilen, gemeinsam Ideen entwickeln und Probleme lösen. Hege und pflege ein gut funktionierendes soziales Netzwerk bestehend aus Familie, Freunden und engen Bekannten, aber lasst euren Alltag nicht nur von gegenseitiger Hilfe, tiefstem Zusammenhalt und engster Solidarität geprägt sein, sondern auch von Wärme und Empathie. Jeder einzelne Bürger sollte sich bereits jetzt darum bemühen, Teil eines solchen Netzwerkes zu werden. Natürlich ist uns allen die Jacke näher als die Hose, aber vergiss nie die Alten. Vergiss nie diejenigen unter uns, die allein sind. Kümmere dich auch stets um die Schwächsten. Auch ist es wichtig, selbst aktiv zu werden. Es kann nicht falsch sein, individuelle und kollektive Verantwortung zu übernehmen. Visiere in Sachen Urban Survival kleine Etappenziele an. Je höher du deine Ziele steckst, desto geringer wird die Wahrscheinlichkeit, dass dein Wille groß genug ist, sie zu erreichen. Nichts ist desaströser für dich, als abends vor dem Scherbenhaufen deiner früh morgens getroffenen Pläne und Wünsche zu stehen. Ist das Ziel zu groß oder so weit entfernt, dass du Mühe hast, es mit bloßem Auge zu erkennen, dann taugt es nichts.

Zusammen gegen Einbrecher & Co.: Das Urban-Survival-System

Frage: Wann hat Noah seine Arche gebaut?
Antwort: Bevor die Sintflut kam!

Noch bevor die Situation ins Dramatische übergeht, ist Handeln angesagt. Am besten ist, du wirst aktiv, sobald du die letzte Seite dieses Buches gelesen hast, denn dir bleibt nicht viel Zeit.

Es gibt Gangs, die sich auf Einbruch spezialisiert haben. Meist sind international organisierte Banden am Werk. Diese Burschen werden sich in Krisenzeiten nicht lange bitten lassen. Hohe kriminelle Energie ist ihr Markenzeichen. In diesem Fall heißt das leider, dass sie sehr gut ausgerüstet, sehr gut informiert und bestens organisiert sind. Woher ihre Informationen stammen? Die Frage zu beantworten ist einfach: Wir selbst geben sie ihnen. Gewöhnlich oder allenfalls als Handwerker gekleidet, fahren oder laufen sie Straßenzüge von unscheinbaren, normalen Wohnvierteln ab. Du liest richtig, ich sagte normale Wohnviertel. Warum nicht die der Reichen? Die Antwort ist einfach. In den Wohnvierteln der oberen Zehntausend ist oft alles zu kompliziert, da dort die Sicherheitsstandards ungleich höher sind.

Diese ‚Handwerker' beobachten scheinbar völlig desinteressiert die Häuser, die Gärten, die Menschen und diverse Bewegungen. Sie sind auf der Suche nach leichten Targets. Wann gehen die Menschen zur Arbeit, wann kommen sie nach Hause? Wohnt hier oder dort ein Ehepaar, eine alleinstehende alte Frau, ist ein Haus nur zeitweise oder gar nicht bewohnt, sind die Einwohner möglicherweise auf Urlaub? Gibt es Bewegungsmelder, sichtbare Kameras? Hunde? Zäune und

Mauern? Sie achten auf jedes noch so kleine Zeichen deiner Abwesenheit (Urlaub zum Beispiel). Volle Briefkästen, abends und nachts kein Licht, Fenster selbst bei dreißig Grad plus ständig geschlossen, Zufahrten im Winter nicht geräumt und so weiter.

All das und noch viele andere kleine, völlig unscheinbare Details registrieren sie mit einem Blick. Entdecken sie zum Beispiel, dass in einem Haus ein großer Hund im Garten rumläuft, fällt dieses Haus durch das Raster. Ein junges, dynamisches Ehepaar, wo er Polizist oder Ex-Militär ist und sie Kampfsportlerin, gibt auch kein geeignetes Ziel ab. On Top of the List stehen natürlich Häuser und Wohnungen alter Menschen.

> *Als ich im Jahr 2016 nach Bayreuth zog, überfielen nur kurze Zeit später zwei Männer einen damals 88-jährigen Rentner in seinem Haus. Es stellte sich heraus, dass es eine Gang von Kriminellen war, deren Mitglieder ganz genau wussten, wo er wohnt, dass er allein zu Hause ist, wem er die Türe öffnen würde und wem nicht. Er wurde so lange geschlagen, bis er verriet, wo er seine Wertgegenstände versteckt hatte. Danach brachten sie ihn um. So oder ähnlich passiert es in Deutschland bereits heute schon auf täglicher Basis. Und wie gesagt: Wehe, wenn die dicke Krise kommt! Für Banditen ist die Krise der Weckruf.*

Und so geht es munter weiter in ihren Recherchen. Sie achten auf gekippte Fenster, ständig heruntergelassene Rollläden, werfen diskrete Blicke hinter Zäune, auf Namenschilder an Briefkästen, in offenstehende Garagen und in Gärten. Auch googlen sie im Zweifelsfall nach Namen, die sie den Briefkästen leicht entnehmen können. So finden sie zum Beispiel heraus, dass Müller, Maier und Schulze gut betucht sein müssten, er von Berufs wegen aber fast nie zu Hause ist. Sie sind clever, denn jedes Mal taucht ein anderer auf. Klar, sonst fällt ihre Aktion zu schnell und zu vielen Leuten auf. Auch benutzen sie verschiedene Fahrzeuge. Die gesammelten Informationen bringen sie ihrem Chef, der wertet sie aus und macht seinen Plan. Irgendwann später tauchen andere Männer auf. Sie machen Zeichen an ausgewählte Hauswände oder unter und neben den Briefkästen. Diese Zeichen sind unauffällig, so als hätte ein Kind etwas völlig Sinnloses gekritzelt. Sinnlos auf den ersten Blick, sind diese Kritzeleien doch ein Freibrief für das zweite Team. Und das kommt mit Sicherheit innerhalb der nächsten zwei Tage vorbei. Hat es seine Arbeit vollbracht, ist entweder das Haus ganz leergeräumt oder sämtliche Wertsachen (Kreditkarten, Bargeld, Laptops, Kameras und Schmuck) sind verschwunden. Im schlimmsten Fall hinterlassen sie einen Toten.

Es ist ein Irrtum zu glauben, dass die meisten Einbrüche nachts geschehen. Das Gegenteil ist der Fall. Die Teams schlagen dann zu, wenn Vater und Mutter auf der Arbeit und die Kinder in Schule oder Kindergarten sind. Also am helllichten Tag. Die bevorzugten Zugänge sind nicht etwa die oft zu exponierten Hauseingangstüren, sondern Terrassentüren, gekippte oder offene Fenster im Erdgeschoss und Lichtschächte, die in den Keller führen. Oft ist es so, dass den Einbrechern eine leise laufende Bohrmaschine oder gar ein Schraubenzieher genügen, Türen und Fenster zu öffnen. Schaffen sie das innerhalb von zwanzig bis dreißig Sekunden nicht, verschwinden sie wieder. Sie gehen dann einfach ein Haus weiter.

Worauf will ich hinaus? Diese Banditen sind bereits jetzt sehr aktiv – in Zeiten, in denen die Krise uns noch lange nicht in ihrem vollen Ausmaß erreicht hat. Ein Blackout würde ihnen voll in die Hände spielen. Sie sind mitunter die einzigen Personen, die voller diebischer Vorfreude hoffen, dass es so weit kommt. Es ist zu vermuten, dass ein Großteil der Alarmanlagen während eines Blackouts nicht mehr funktionieren wird. Straßenbeleuchtung? Lächerlich! Wer weiß, vielleicht sind wir nicht mal mehr in der Lage, die Polizei anzurufen. Und überhaupt: Könnte man sich in solchen Situationen auf die Polizei verlassen? Ich bezweifle das. Fakt ist nämlich, dass diese selbst unter den besten Bedingungen immer erst eintrifft, wenn alles schon vorbei ist. Zu spät für dich. Außerdem brauchen Polizeiautos Treibstoff, um ins Einsatzgebiet zu kommen. Und wenn es keinen Treibstoff mehr gibt, weil die Pumpen (die ja samt und sonders elektrisch betrieben werden) nichts mehr hergeben? In solchen Fällen ist auch die Polizei nur noch bedingt handlungsfähig. Auf Deutsch: Es werden nur noch die Einsätze gefahren, die von allergrößter Wichtigkeit sind. Und wer entscheidet, ob etwas wichtig ist oder nicht? Auf jeden Fall nicht du oder ich. Egal. Wenn es im ganzen Land rappelt, ist die „ausführende Gewalt“ hoffnungslos überfordert. Es gibt nicht mal annähernd so viele Polizisten, wie es bräuchte, die Ordnung einigermaßen aufrecht zu halten. Und lass dir noch eines sagen. Die Ordnungskräfte, die Soldaten und die Polizisten haben auch Familien. Sie alle sind mit denselben oder mit ähnlichen Problemen konfrontiert wie du und ich. Kommt es zum Blackout, werden sich allein aus diesem Grund die Reihen der Polizei schon gewaltig lichten. Einige kämen gar nicht zu ihrem Einsatzort, weil ihr PKW-Tank leer ist, andere bleiben aus oben genannten Gründen einfach daheim.

Das Urban-Survival-System

Du kannst also davon ausgehen, dass ein solches Krisenumfeld der ideale Nährboden für eine exorbitante Kriminalität sein wird. In Zeiten wie diesen sollten wir uns besinnen und ein Urban-Survival-System auf die Beine stellen. Du könntest Teil davon sein. Oder gar der Initiator? Warum nicht! Besuche Nachbarn, zu denen du Vertrauen hast. Besuche aber auch die, die du gar nicht kennst. Dein Ziel ist es, sie von der Dringlichkeit zu überzeugen, dass euer Straßenzug oder euer Viertel unter keinen Umständen der Willkür fremder Menschen dienen oder Aufmarschgebiet für Bad Boys werden darf. Mach Namenslisten. Wer wohnt wo, mit wem und was gibt es über jeden einzelnen Nachbarn zu wissen. Wo leben Freunde mit Handicaps, wo alleinstehende Frauen, alte Menschen, bedürftige Menschen. Wer ist am meisten exponiert, wer hat welchen Beruf und so weiter. Mach es wie die oben genannten Banditen, nur dass du eben keiner bist. Zu dieser Einsicht sollten auch die anderen im Netzwerk sehr schnell kommen, du hast also nicht wenig Überzeugungsarbeit zu leisten. Das Urban-Survival-System basiert auf gegenseitigem Beistand, auf dem Austausch von Informationen und auf der Beobachtung. Auf Deutsch: Augen auf, wir wachen! Ich komme gleich darauf zurück.

Strategisch denken

Dinge mit anderen zu teilen, kann dir auf Dauer nur Vorteile bringen. Denk also jetzt schon strategisch. Bald ist die Rede von Nahrungsmitteln, die einen enormen Tauschwert haben. Kaffee und Tabak zum Beispiel. Kaufe, horte und hüte diese Dinge. Wenn du eines Tages – eine Stange Zigaretten unterm Arm – ganz unverhofft beim Nachbarn klingelst, von dem du weißt, er raucht gerne und viel, hat aber der Logik des Marktes folgend keinen Tabak mehr, dann hat das einen Impakt, als würde eine Hundertzwanzig-Kilo-Bombe einschlagen. Dieser Nachbar wird zukünftig seine ganze Energie darauf verwenden, dir behilflich sein zu können. Du hast dir da den besten Freund gesichert, denn es geben kann. Das ist jetzt nur eines von vielen möglichen Beispielen.

Tauscht vorsorglich Telefonnummern aus. Gut, Handys stecken möglicherweise bald in der Schublade – *war mal, ist nicht, geht nicht mehr* -, aber das kannst du zu diesem Zeitpunkt noch nicht wissen. Schaut hin und wieder bei den schwächeren Gliedern in eurem Urban-Survival-System vorbei. Kümmert euch. Alarmiert alle im nahen Umkreis, wenn nachts um vier beim Nachbarn Dinge geschehen, die höchst ungewöhnlich sind. Trefft euch einmal die Woche. Tauscht Erfahrungen aus, gebt Informationen weiter, sagt, was euch auffällt und versucht, Probleme gemeinsam zu lösen. Dementsprechend weise ich ausdrücklich darauf hin, dass das alles unbewaffnet und friedlich geschehen soll. Beim Urban-Survival-System geht es nicht darum, Polizei oder die Ordnungskräfte zu ersetzen. Allerhöchstens könnte man sich darauf besinnen, die sogenannten Jedermannsrechte in Anspruch zu nehmen.

Es steht auch ganz außer Frage, dass Mitglieder des Urban-Survival-Systems persönliche Daten offenlegen, sich in irgendeiner Weise abhängig machen oder Abhängigkeiten kreieren. Diskretion ist Pflicht.

Vielmehr geht es um Präsenz. Und darum, diese Präsenz nach außen hin auch zu demonstrieren. Öfter mal einen Blick aus dem Fenster werfen. Öfter mal den Nachbarn besuchen, zusammen 'nen Kaffee trinken. Häufiger eine Runde mit dem Hund drehen oder mal die schwere Einkaufstüte für die Oma nebenan aus dem Auto laden und für sie reintragen. Öfter völlig unbekannte Gesichter registrieren und auch darauf hinweisen. Es geht darum, jedem Einzelnen die Gewissheit zu vermitteln: Du stehst nicht allein da!

Es gibt Männer, die haben gar keine Freunde, doch das sind die wenigsten. In der Krise einen echten Freund zu haben, ist Gold wert. Der unbeirrbare Glaube an die Macht einer echten Männerfreundschaft ist wie eine Droge. Sie betäubt, macht dich stark. Diese Stärke sieht man dir an. Nur darfst du es nicht verpassen, die Freundschaft mit Aufmerksamkeit, Aufrichtigkeit und vor allem mit Zeit zu pflegen. Mach das. Jetzt bereits. Anderen Zeit und Aufmerksamkeit zu schenken, ist mehr wert als alles Geld der Welt. Außer du legst Wert auf falsche Freunde.

In der Legion habe ich gelernt, über den Tellerrand zu schauen, es mir verboten zu essen, wenn neben mir in der Nachbarschaft ein Kind hungern muss. Lieber was abgeben und selbst leiden wie ein Hund, als Kinder oder alte Menschen hungern zu sehen. Solange es dir gut geht, solltest du das auch tun. Teile. Gib was ab. Trenn dich von Dingen, die du nicht brauchst. Deine Aktion wird nicht ungesehen bleiben, glaub mir, nichts wird vergessen. Nicht die guten, auch nicht die schlechten Taten. Oft dauert es nur eine Weile, denn die Wahrheit muss sich immer erst ihren Weg suchen. Hier, in der Aktion des von dir ins Leben gerufenen Urban-Survival-Systems, könnten sich alte Werte wieder bewähren. Zum Beispiel, dass die Interessen des Einzelnen immer erst hinter den Bedürfnissen der Gemeinschaft kommen. Zusammenhalten macht Sinn. Es macht vor allem auch dann Sinn, wenn untereinander verschiedene Meinungen vorherrschen. Wir müssen weggehen vom idiotischen Narrativ: Du denkst anders als ich, also können und dürfen wir keine Freunde sein.

> *Wenn Meinungen uns spalten, solltest du dir Gedanken machen, warum dem so ist und wer davon profitieren kann!*

Das Gegenteil sollte an der Tagesordnung sein. Die Diversität im Denken, im Wissen, in Kunst, Handwerk und Intellekt macht, dass aus vielen verschiedenen Menschen ein starkes Urban-Survival-System entsteht. Eines, das krisensicher ist und auch dem größten Sturm standhält. Das Schlimmste, was uns geschehen kann, ist Gleichgültigkeit. Das Desinteresse für andere. Die Herzlosigkeit bedürftigen und in Armut lebenden Menschen gegenüber. Das impliziert eine Prise Demut und Verzicht unsererseits. Eigentlich ist es verrückt, denn alles, was ich hier sage, sollte zu jeder Zeit und überall der Normalfall sein. Zumindest stelle ich mir so eine gut funktionierende Nachbarschaft oder ein Netzwerk von Gleichgesinnten auf Augenhöhe vor. Leider aber findet das in heutigen Zeiten nicht mehr in dem Umfang statt, wie es für alle gut wäre. In anderen Ländern schon. Nicht aber bei uns. Unsere Gesellschaft ist leider geprägt von Abstumpfung und gegenseitigem Misstrauen. Die Ereignisse der letzten drei Jahre haben dafür gesorgt, dass es so weit kam, aber sie waren nur der Auslöser. Sie haben das in Gang gesetzt, was bereits tief im Menschen schlummert und eine Gelegenheit suchte, endlich ans Licht zu kommen.

Die Krise zeigt dir, wer du bist

Heulst du nicht mit den Wölfen, bist du sofort verdächtig. Es wird denunziert, gemeldet, beschuldigt und ausgeschlossen. Das ist leider die Welt, in der wir leben. Nun ist es aber an der Zeit umzudenken. *Wir* – nicht *ich* – ist angesagt. Und wir sollten jetzt genau hinschauen und versuchen, gewisse Dinge zu verstehen, wenn sie denn verständlich sind. Vielleicht ist es jetzt auch an der Zeit, an Verwandte oder an Freunde zu denken, die allein wohnen, schon alt sind (Oma und Opa), die möglicherweise ein Handicap haben oder einfach jemanden brauchen, der ihnen beiseitesteht. Hol einen dieser Menschen zu dir. Sicherlich fügt er sich gerne in deine kleine Gemeinschaft ein. Dich schreckt dieser Gedanke ab? Denk nach, Bruder. Einem alleinlebenden Menschen (deine Oma? Der Nachbar?) kann es unmöglich gelingen, all die Aufgaben zu meistern, die eine gewaltige Krise – und um nichts anderes geht es im Augenblick – mit sich bringt. Selbst gut vorbereitet ist das ein Ding der Unmöglichkeit. An die eigene Sicherheit denken, hier etwas reparieren, kochen, Wasser aufbereiten (nach Wasser suchen), Körperhygiene betreiben, sich ständig über die Lage informieren, anderen helfen, sich darum kümmern, dass es warm in der Bude ist und so weiter. Kurzfristig schaffen sie es, aber nicht über einen längeren Zeitraum hinweg.

Was zeigt uns denn die Krise? Ich meine, vielleicht hat ja alles seinen Grund. Vielleicht ist sie für dich und für mich, für uns alle, ein Spiegel? Wenn ja, reinschauen. Kopf hoch. Brust raus und Angriff. Aber bitte lass diese lebensbejahende Offensive, deren Ziel das Überleben ist, auch zu einem Akt größter Solidarität werden. In Zeiten, in denen es uns wirklich gut geht – und hier unterscheidet sich der ganze Kerl (ein echtes Mannsbild) von einer Platzpatrone (bemitleidenswerter Mann) –, sind wir dazu geneigt, der Arroganz zu frönen. Wir sind gesund, der Rubel rollt (oh, natürlich der Euro), wir sind die berühmte Made im Speck. Was kümmern uns da schon die anderen? So zumindest denkt die Platzpatrone. Der authentische wahrhaftige Mann hingegen schaut sich jetzt bereits um. Er hilft, setzt seinen ganzen Einfluss und auch sein Vermögen dazu ein, andere zu unterstützen. Sie zu schützen. Er hilft sozial schwachen und bedürftigen Menschen auf die Sprünge. Und wie gesagt, in Zeiten der Krise – dann, wenn Solidarität angezeigt ist – erinnert man sich. Der Platzpatrone wird niemand unter die Arme greifen, wenn sie Hilfe benötigt. Dem echten Mannsbild aber ist Hilfe gewiss. Er ist es, den man dann auch als Anführer eines Urban-Survival-Systems bedingungslos anerkennt. Er wäre so was wie der Bürgermeister des Viertels. Er ist auf jeden Fall der Bürgermeister der Herzen.

Anmerkung des Verfassers: Ich betone den Begriff Urban-Survival-System ziemlich oft. Eine große Familie, in der jeder jedem beisteht? Das wird kommen, Brief und Siegel. Einige Kapitel später ist in diesem Buch aber die Rede von Flucht. Die möglichen Gründe werden benannt. Ab dem Zeitpunkt, an dem du deine Wohnung, dein Haus, deinen Straßenzug oder dein Wohnviertel verlässt, bist du zunächst mal raus aus der großen Familie und genießt nicht mehr die Vorteile, die das Urban-Survival-System dir bieten kann. Du begibst dich auf Abwege (nicht unbedingt auf Irrwege), wirst Menschen treffen, die du nicht kennst. Und sie kennen dich nicht. Kommt es tatsächlich so weit, dann tu dir selbst den Gefallen und vertraue niemandem, den du nicht kennst. Du hast die verdammte Pflicht, deine Familie zu schützen. Das kannst du aber nicht, wenn dir was passiert, weil du zu leichtgläubig warst oder weil du Menschen den Rücken zugedreht hast, von denen du nicht weißt, was sie im Schilde führen. Fakt ist, alle sitzen mehr oder weniger im selben Boot, nur eben, dass jedem Einzelnen die Jacke näher ist als die Hose. Das generiert kriminelle Energie. Du bist gewarnt. Sei auf der Hut.

Mach dich unabhängig von Supermarkt, Bäcker, Metzger, Baumarkt, Apotheke, Arzt, Bank und Co

Die Logistikkette ist sehr effizient und gut koordiniert. Das ist nicht immer ein Vorteil. Diese Effizienz schreit richtiggehend nach Verlässlichkeit aller Beteiligten und aller noch so kleinen menschlichen und maschinellen Komponenten. Alles greift perfekt ineinander. So enthält der klassische Supermarkt in deiner Nähe genug Nahrungsmittel, um den Grundbedarf für sein Einzugsgebiet für maximal 72 Stunden abzudecken. Das zumindest wäre der Idealfall. Oft aber ist es so, dass das, was du in den Regalen siehst, auch schon alles ist, mit was der Supermarkt aufwarten kann. Die Lieferung erfolgt oft auf täglicher Basis. Im Falle einer Störung oder Unterbrechung der Lieferkette – was bei einem Blackout der Fall sein wird – ist damit zu rechnen, dass die Regale nach 36 Stunden leer gefegt sind. Das eigentliche Problem liegt aber woanders. Das eigentliche Problem ist, dass fast alle Stadtmenschen davon abhängig sind, dass das Supermarktsystem funktioniert.

Was das im Einzelnen bedeutet, ist einfach. Wer nicht vorgesorgt hat, dem droht die Nachlässigkeitsschelte in Form von Hunger und Durst, das bedeutet es! Es gibt keine Entschuldigung, nicht vorbereitet zu sein. In normalen Zeiten stehst du früh auf. Du gehst dich duschen, machst dein Frühstück, fährst zur Arbeit. Unterwegs telefonierst du noch mit dem Boss und mit deiner Frau.

Rückblick: Das Wasser war warm, der Kühlschrank voll, dein Tank auch. Es gab kein Problem mit dem 4G Netz, die Verbindung stand. Auf den Straßen war zwar alles etwas hektisch, aber okay. Alltag halt.

Etwas später: Jetzt Augen zu, Hirn an. Es ist Mittwoch früh. Ein normaler Werktag kündigt sich an. Du stehst auf, willst dir die Zähne putzen und dir das Gesicht waschen. Aus dem Hahn kommt kein einziger

Tropfen Wasser. Oder eben nur eine braune, eklige Brühe. Du pinkelst, bedienst die Spülung, es funktioniert. Aber nur einmal. Du schickst deine Frau zum Nachbarn: *Hey, wie sieht es denn bei euch aus?* Resultat – Alle haben dasselbe Problem. Es gibt kein Wasser mehr. Ein Blick aus dem Fenster sagt dir, dass es gar nicht gut ist, da rauszugehen. Überall sind aufgebrachte Menschen unterwegs. Noch aber hat der morgendliche Horrortrip nicht mal annähernd so richtig begonnen. Du stellst mit Entsetzen fest, dass es keinen Strom gibt und dass angeblich sämtliche Supermärkte, alle Läden und Tankstellen geschlossen haben. Es gab keine Ankündigung. Für nichts. Und jetzt? Glaubst du, das ist Utopie? Wach auf, denn das ist es nicht!

Angenommen die Misere oder der oben genannte Zustand dauert und dauert. Was denkst du, wie viel Zeit es braucht, bis die Menschen – deren Kühlschränke und Lager leer sind – sich aktiv auf die Suche nach Wasser und etwas Essbarem machen? Ich kann es dir sagen. Sechs Stunden. Und das, obwohl eine normale Familie in der Regel für zwei oder drei Tage Essen und Wasser zu Hause hat. Die Neugier treibt sie aus den Häusern. Und die Angst. Oder die Profitgier.

Game Over

Sind deine Drei-Tage-Essensvorräte aufgebraucht, wird's eng. Ganz anders sieht es mit Wasser aus. Sicher, man hat immer ein paar Flaschen auf Lager, aber ich denke Mal, dass gerade wenn's um Wasser geht, nach vierundzwanzig Stunden bereits Game Over ist. Meiner Einschätzung nach gehen die Menschen also nach einem Tag auf die Straße. Wenn nicht schon früher. Doch lass uns noch einen Schritt weiterdenken. Wie werden die Menschen reagieren, wenn sie auf ihren Streifzügen weder Wasser noch etwas zu essen finden? Nun, ich sagte es bereits. Sie werden plündern. Es wird noch am ersten Tag eines Blackouts zu maßloser Gewalt kommen. Hunger und Durst haben das Potenzial, aus einem friedlichen Familienvater einen Mörder zu machen. Das ist keine Utopie, das ist knallharte Realität. Und die ist umso wahrer, wenn dieser Vater hungrige Münder zu stopfen hat. Wie viele verantwortungsbewusste Väter wird es auf den Straßen einer Großstadt wie Berlin geben? Bingo!

Drei Monate und keinen verdammten Tag weniger

Doch aufatmen. Ein erneuter Blick aus dem Fenster genügt, um festzustellen, dass es noch nicht so weit ist. Wir leben noch den Normalzeitmodus. Beginne du also damit, dir heute schon zu überlegen, wie lange du es in deiner Wohnung (Haus) aushalten könntest, ohne diese verlassen zu müssen. Und deine Frau? Die Kinder? Frag sie, denn sicherlich hast du Familie. Ich rede von der mentalen Komponente. Du, wie auch all deine Lieben, ihr werdet schnell an den Punkt gelangen, an dem ihr euch sagt: Raus, raus, raus, sonst fällt uns die Decke auf den Kopf. Verarbeite diese zusammengefassten Gedanken für dich, schieb sie in eine Schublade. Denk ab und zu darüber nach. Jetzt überlege dir, was ihr bräuchtet, um indoor längere Zeit durchzuhalten. Wer hat welche Bedürfnisse? Das ist nämlich von Person zu Person verschieden. So hat ein kleines Kind andere Bedürfnisse als ein großes. Deine Tochter muss am Morgen Butterkekse und Milch haben, deine Frau Müsli, sie trinkt O-Saft. Du bist genügsam, isst nur eine Handvoll Erdnüsse, trinkst schwarzen Kaffee dazu. Der Sohn mag eine oder zwei Scheiben Brot mit Nugat obendrauf, dazu ein Glas Kakao. Lunch und Dinner? Gleiches Spiel! Du hast einen Hund? Eine Katze? Vergiss sie nicht! Wasser, Säfte (Sirup), Kaffee und Tee benötigt man sowieso. Setz dich mit deiner Familie zusammen und erstell Listen von den Dingen, die absolut nicht wegzudenken sind. All das könntest du zu einem späteren Zeitpunkt nicht mehr bekommen, weil die Straßen feindliches Gebiet und die Märkte und Läden definitiv geschlossen wären. Jetzt – JETZT – ist der Zeitpunkt gekommen, dass du dir überlegst, welchen Zeitraum du abdecken möchtest, wenn es um Wasser und feste Nahrungsmittel geht. Nahrungsmittel, das lass dir gesagt sein, sind in Krisenzeiten Luxusartikel und hier beginnt das eigentliche Problem. Wie bereits erwähnt, kann niemand vorhersagen, wie lange die Krise dauert. Aber was sagen denn andere dazu? Nun, verschiedene Behörden raten Verbrauchern, sich für Notfälle einen Lebensmittelvorrat von zehn, maximal aber von vierzehn Tagen anzulegen. Vierzehn Tage? Papperlapapp sage ich! Kommen wir mal bitte schön in die knallharte Realität, denn genau dafür möchte ich dich vorbereiten. Wenn das schlimmste anzunehmende Urban-Survival-Szenario wahr wird, kann es sein, dass du deine Wohnung ein paar Wochen lang nicht verlassen kannst. Ganz abgesehen davon, dass sämtliche Nahrungsmittel verramscht werden (du stündest vor leeren Regalen, die Kühlketten sind bei Stromausfall ja auch hinfällig) oder Supermärkte (so wie alle anderen Läden auch) geschlossen sind. Also, der abzudeckende Zeitraum beträgt definitiv drei Monate. Das ist zumindest meine Empfehlung. Vergiss eines nicht. Wenn das böse Spiel erst richtig beginnt, ist auch die Zeit gekommen, zu rationieren. Jeder Einzelne muss seine Erwartungen, seine Wünsche und seinen Appetit etwas runterschrauben. Dieser Prozess kann allerdings bereits lange vor der Krise sorgsam beginnen. Es ist deine Aufgabe, ihn einzuleiten. Du bist der Boss. Verpacke das Ganze aber um Himmelswillen, als handle es sich dabei um ein Spiel. Damit kommen die Kids eher zurecht, als wenn du autoritär an die Sache rangehst, ganz im Stil … *und ihr müsst das jetzt und sofort und überhaupt läuft ab heute alles anders!*

Das zweite Problem ist, dass du in deiner Dreizimmerwohnung zu wenig Platz hast, all diese Dinge zu lagern. Check nach. Wie sieht es mit Keller und Dachboden aus? Das wäre die Idee. Schaff dir Räume. Mach Platz, räum auf, suche nach Lagerungsmöglichkeiten. Du wirst erstaunt sein, welche Möglichkeiten sich selbst auf kleinstem Raum ergeben.

Du hast jetzt also eine konkrete Vorstellung davon, was du brauchst und für wie lange und wo du das Zeug unterbringst. Beginne rechtzeitig mit dem Einkauf. Am besten nimmst du bei jedem Einkauf einige Sachen mehr mit, als du unmittelbar benötigst. Und wenn es nur jeweils Dinge für drei, vier Euro sind. Dieses *mehr* wird sofort abgesondert, etikettiert und eingelagert. Einmal die Woche ziehst du ganz gezielt los und investierst etwas üppiger. Oder du kaufst die wichtigsten Grundnahrungsmittel immer doppelt. So bekommst du mit der Zeit deine Kammer voll. Achte aber auch hier darauf, nur das einzukaufen, was ihr sonst auch esst. Es bringt zum Beispiel nichts, wenn du dir zwanzig Kilo Kichererbsen besorgst, weil die richtig gesund sind und lange halten, wenn niemand aus deiner Familie Kichererbsen mag. Auch solltest du dir überlegen, wie viel Kilokalorien jeder von euch täglich so braucht oder haben muss, damit es ihm gut geht. Zwei wie Rugbyspieler gebaute Söhne im Teenageralter verputzen, besser gesagt, benötigen schon einiges mehr als die fliegengewichtigen Töchter, die noch mit Barbiepuppen spielen. Du weißt, was ich meine. Ich denke, wenn du von 2500 Kilokalorien pro Person ausgehst, kannst du nichts falsch machen. Denk lieber etwas generöser als zu bescheiden.

Ganz am Anfang des Buches hatte ich ein sehr wichtiges Wort erwähnt. *Disziplin.* Sei beim Einkauf diszipliniert. Kaufe nur das, was wirklich Sinn macht, denn das Sparen hat begonnen. Kaufe so ein, dass nicht alle Nachbarn sofort wissen oder ahnen können, dass deine Speisekammer bald aus allen Nähten platzt. Das erzeugt Neugier und Neid. Von hundert Menschen, die dich beim Einkauf beobachten, hast du immer einen, der auf seiner Liste einen Haken setzt und sich denkt: *Hier kann ich Nahrungsmittel finden, wenn es mir selbst dreckig geht!* Du stehst bei dem Typen auf dem Schirm und es bliebe zu beweisen, dass es sich bei ihm nicht um ein Mitglied einer ganzen Bande von Dieben handelt. Also lass Disziplin walten und sei diskret. Hier meine Empfehlung, was unbedingt in deine persönliche Urban-Survival-Kammer muss.

Hülsenfrüchte wie Linsen, Trockenerbsen, Kichererbsen: Neben Fetten, Kohlenhydraten, Vitaminen und Mineralien sollte pflanzliches Eiweiß ein Hauptbestandteil unserer Mahlzeiten sein. Unser Organismus braucht Eiweiße für die wichtigsten Aufgaben und Funktionen im Stoffwechsel. Per Definition ist Eiweiß ein Protein. Zur Aufbewahrung habe ich Linsen, Erbsen (auch Kichererbsen) in Plastikbehälter (5 kg Fassungsvermögen) mit Deckel eingespeichert. Bevor sie gekocht werden, sollte man sie einweichen und einige Stunden quellen lassen. Und nicht vergessen: Das Quellwasser nicht wegschütten. Es könnte dir noch nützlich werden, Stichwort Klospülung.

Kartoffeln: Kartoffeln gehen immer! Als ich ein Kind war, lagerte meine Mutter kurz vor Wintereinbruch zwei Zentner Kartoffeln im Keller ein. Sie hielten – kühl und dunkel gespeichert – viele Wochen, obwohl es zahlreiche Münder zu stopfen gab.

Hier ein kurzes trauriges Beispiel mit Bezug auf Kartoffeln. Februar 1993. Sarajevo Airport. Kurz vor Sonnenaufgang. Wir haben Minusgrade im zweistelligen Bereich. Nach einer Mission Crossing fahre ich die Piste ab. Unweit vom Checkpoint Nord finde ich ein totes Mütterchen in einem Graben. Schneeflocken fallen auf ihr kleines, rundliches Gesicht. Man hat sie angeschossen, dann ist sie erfroren. Allein dort draußen in der Nacht. Noch jetzt hat sie ihre starren Hände um einen Sack gekrallt, in dem einige Kilo Kartoffeln sind. Für ihre Kinder? Ihren Mann? Damit sie überleben? (Auszug aus meinem Buch *Eine Frage der Ehre*)

Getrocknetes, gepökeltes und eingelegtes Fleisch: Wir waren arme Leute. Bei uns gab es nur einmal die Woche (immer sonntags) Fleisch. Gutes Fleisch ist auch heute noch sehr teuer, stellt aber eine enorm wichtige Eiweißquelle dar. In der Krise wird Fleisch Mangelware sein. Es frisch oder gefroren zu halten, wird dir nicht immer möglich sein, da weder Kühlschrank noch Gefriertruhe (Strom ist Mangelware) rund um die Uhr funktionieren werden und weil man ggf. Strom sparen muss. Trockenfleisch zu kaufen ist ein sehr kostenintensives Vergnügen, aber eines, das sich auf jeden Fall lohnt. Greife auf gut verpacktes Dörrfleisch vom Schwein, Beef Jerky (Rind) und Bauchspeck (Schwein) zurück. Schwarzwälder und Tiroler Schinken, Rindersalami, Walliser Trockenfleisch und Bündnerfleisch zum Beispiel halten sich sehr lange. Zum Thema Stromausfall und Kühlschrank oder Gefriertruhe. Letztere fallen aus, wenn gar kein Strom da ist. Herrschen im Winter Minustemperaturen, kannst du vieles im Freien auf dem Balkon oder in der Garage frisch oder gar gefroren halten. Oder du packst die Sachen in Kisten und stellst diese ganz diskret in eine Ecke deines Gartens. Achtung: Zweibeinige Wölfe könnten schon auf der Lauer liegen.

Kleiner Tipp: So machst du dein eigenes Jerky. Friere das Fleisch (Rindfleisch) vor der eigentlichen Zubereitung an. So fällt es dir hinterher leichter, es zu schneiden. Schneide das halbgefrorene Fleisch quer zur Faser in feine Streifen. Diese sollten nicht dicker sein als fünf Millimeter. Entferne möglichst viel Fett. Bereite eine Marinade vor. Halte sie einfach: Knoblauchsalz, Sojasoße und schwarzer Pfeffer. Wenn du möchtest, mach auch einen Schuss leckere Worcestersoße rein. Lege das Fleisch dann in die Marinade und lass das Ganze einige Stunden ziehen. Jetzt ab auf den Herd. Bring die Marinade bei mäßiger Hitze mit den Fleischstreifen darin zum Kochen. Stell sicher, dass Letztere völlig mit der Marinade bedeckt sind. Erhitze das Ganze noch ein paar Minuten, dann hole die Streifen wieder aus der Pfanne. Lege sie nebeneinander (Vorsicht, nicht überlappen) in den Herd auf einen Grill. Lass das Jerky gerne sechs Stunden bei achtzig Grad im Herd. Hole einen Streifen raus, lass ihn abkühlen und mach den Test. Er sollte beim Biegen leicht knacken, aber nicht brechen. Auch sollten keine nassen oder feuchten Stellen mehr zu finden sein. Ist alles gut, pack das Jerky in einen Gefrierbeutel und lass es über Nacht im Kühlschrank. Teste dann das Ganze noch einmal, indem du sicherstellst, dass es wirklich trocken ist. Danach ab damit in die Gefriertruhe, falls Strom vorhanden. Aber auch so ist dein Jerky mindestens drei Monate lang haltbar.

Mehl: Meine Frau lagert sehr viel Buchweizen-, Dinkel- und Roggenmehl ein, damit immer genug frisches Brot auf den Tisch kommt. Natürlich macht sie es selbst und das Resultat ist zweimal besser als das Brot des besten Bäckers. Mehl muss trocken lagern. Und kühl. Kein Strom? Kein Problem! Sich einen Brotofen in den Garten zu bauen, ist keine Kunst. Geht das nicht, weil du keinen Garten oder kein eigenes Grundstück hast, so kannst du immer noch meine Survivalmethode anwenden. Du nimmst Mehl, Wasser, Kräuter, Olivenöl und eine Prise Salz.

- 300 Gramm Mehl.
- 150 ml Wasser.
- 1 EL Olivenöl.
- 1 EL Salz.
- 1 EL Herbes de Provence.
- 0,5 TL Backpulver.

Vermische das Ganze, forme Fladen, lass sie eine halbe Stunde gehen, lege sie in die Pfanne, auf einen im Feuer erhitzten Stein (meine bevorzugte Variante) oder noch direkt in die gerade noch heiße Glut deines heruntergebrannten Lagerfeuers (Feuerwanne auf dem Balkon?). Warte jetzt, bis sie knackig braun sind: Mahlzeit! Ein anderes Rezept erfordert etwas mehr Aufmerksamkeit bezüglich der Zutaten, ist aber ansonsten ruckzuck gemacht. Nimm Mehl, Haferflocken, ganze Kürbiskerne, Joghurt, Backpulver, Zitronensaft, Salz. Mische alles gut durch, forme einen Laib und rein damit in den Four (Ofen). Hast du keinen Strom, benutze die Gulaschkanone. Bau dir auf dem Rost derselben einen einfachen Backsteinziegelofen. Wenn ich sage, besorge dir Mehl, dann meine ich auch: Vergiss Backpulver und Trockenhefe nicht.

Apropos Gulasch: Ich wünsche dir natürlich, dass du selbst in Notzeiten über Fleisch verfügst. In Notzeiten Fleisch zu haben, fühlt sich an wie: *Schau mal, so schlecht sind die Zeiten dann doch mal nicht.* Lass dir aber gesagt sein, dass der Geruch von einem leckeren Gulasch, von einem Ragout oder von einem Steak weit trägt. Dieser delikate Duft zieht Menschen an wie Aas den Geier. Vor allem dann, wenn es allen schlecht geht und Fleisch absolute Mangelware ist. Ein offenes Fenster, während du kochst, ist wie ein Aushängeschild, auf dem steht: *Kommt Alle Vorbei, Hier Gibt Es Umsonst!*

In den Köpfen vieler (Banditen) steht geschrieben: Fleisch in schlechten Zeiten = Reichtum und wo man reich ist, ist mein präferenzielles Jagdrevier.

Taguella

Anbei noch ein Rezept, das ich von einem Tuareg meiner Einheit gelernt habe.

Es geht um die Herstellung von Aschebrot, der sogenannten Taguella. Hierbei gibst du Mehl, Wasser und etwas Salz in eine Schüssel oder in einen ausgehöhlten Stein. Umrühren und kneten. Das Ganze soll eine teigartige Konsistenz haben. An einer sauberen Stelle, am besten im Sand, machst du jetzt ein Feuer. Du wartest jetzt, bis es fast ganz heruntergebrannt ist und fegst dann Asche und Glut vorsichtig beiseite. Beides brauchst du noch. An der Stelle, an der die Glut eben noch war, hebst du nun eine vier bis fünf Zentimeter tiefe Mulde aus. Sie soll so breit sein, dass der ganze Teig hineinpasst. Leg den zu einem dicken Fladen geformten Teig in die Mulde. Nimm trockenes Gras, zünde es an und fahre damit kurz über die Oberfläche des Teiges. Ziel ist es, diesen etwas anzutrocknen. Ist das geschehen, bedeckst du das Ganze mit der Restglut und mit Asche. Nach etwa zwanzig Minuten entfernst du Glut und Asche wieder, wendest das Brot und deckst es erneut mit Glut und Asche zu. Wieder nach zwanzig Minuten kannst du das fertige Brot herausholen. Mahlzeit!

Zucker

Besorge dir Xylit. Das ist Birkenzucker. Achte darauf, nicht den zu nehmen, der aus Reststoffen wie Maiskolben, Stroh oder was es sonst noch so auf dem Markt gibt, erzeugt wird, sondern tatsächlich nur den, der aus der Rinde von Birken und Buchen (also ohne Mais) stammt. Damit wird oft und gerne betrogen. Warum Xylit und keinen herkömmlichen Zucker? Das ist einfach erklärt. Birkenzucker hat nur etwa die Hälfte der Kalorien im Vergleich zu normalem Zucker. Zudem reduziert es das Wachstum von Kariesbakterien. In meinem Lager stehen mehrere 4,5-Kilo-Eimer mit Xylit Premium. Das Zeug dient unter anderem auch zur Herstellung von Konfitüren oder Getränken. Wichtig war mir, dass es ohne Zusatz von Rieselhilfen hergestellt ist. Mein Xylit kommt aus Finnland. Bekommst du kein Xylit, dann greife auf unraffinierten Vollrohrzucker zurück. Unraffinierter Vollrohrzucker ist reich an wertvollen Mineralstoffen und somit etwas gesünder als der ganz normale weiße Zucker Marke Aldi, Edeka und Co.

Fertiggerichte in Form von Konserven, Dosen, Gläsern oder eingeschweißt in Beutel – auch gerne gefriergetrocknete Gerichte (Astronautenfutter)

Den Vorteil Letzterer sehe ich darin, dass sie leicht und fast unendlich lange haltbar sind. Der Nachteil? Du benötigst viel Wasser. Konserven hingegen wiegen schwer. Variiere die Gerichte so, dass keine Langweile auf dem Tisch entsteht und es aus diesem Grund nicht zu einem Putsch in deinen eigenen vier Wänden kommt. Der allgemeine Vorteil von Fertiggerichten liegt auf der Hand. Du musst dich nicht lange in die Küche stellen und kochen oder Essen zubereiten. Ist ja alles schon fertig. Natürlich fehlen diesen Fertiggerichten fast gänzlich die Vitamine. Auf Vitamine komme zu einem späteren Zeitpunkt noch zu sprechen.

Brot in Dosen, Zwieback und Knäckebrot

Brot darf nicht fehlen. In Dosen ist es meist ein bis zwei Jahre haltbar. Die Rede ist von Dauer- und Vollkornbrot Typ Pumpernickel. Knäckebrot (max. 10 % Feuchtigkeit) und Zwieback sind in der Regel ein Jahr haltbar. Zeigt sich Schimmel, sollte immer der gesamte Bestand entsorgt werden, insofern er derselben Packung angehört.

Salz, Honig, Essig, Öl und Tomatenmark

Ohne Salz schmeckt das Essen fade. Salz kannst du lange lagern, denn es verdirbt nicht. Auch Honig hält sich jahrelang. Gereinigter Honig kann sogar bei der Wundbehandlung eingesetzt werden. Er wirkt antiseptisch und antibakteriell. Essig wirkt antiseptisch und kann als Würzmittel und gleichzeitig als keimtötendes Hausmittel verwendet werden. Wenn es ans Öl geht, rate ich dir zu Olivenöl. Es hält sich gut, kann zum Kochen, Braten und Backen verwendet werden. Es ist gesund und gibt in Verbindung mit Tüchern, Pappe und Holz einen hervorragenden Brennstoff. Wenn du Tomatenmark kaufst, dann in Dosen. Es ist sehr gesund und sehr lange haltbar.

Erdnussbutter: Besorg dir einfach mal frech zwanzig Gläser davon. Erdnussbutter hält lange und ist sehr kalorienreich. Zwei Teelöffel enthalten acht Gramm Eiweiß und circa 200 Kilokalorien. Ungesättigte Fettsäuren, viel Kalium, etwas Magnesium, nicht wenige Ballaststoffe und eben viel pflanzliches Eiweiß machen Erdnussbutter zum absoluten Power-Imbiss.

Milch, Vollei- und Vollmilchpulver

Keine Notreserve ohne Vollmilchpulver! Das Zeug hält lange (sechs Monate) und ist erste Sahne, wenn es um Inhaltsstoffe und Nährwerte geht. Das alles trifft auch auf Volleipulver zu. Es liefert Fett, Eiweiß, Kohlehydrate und Mineralstoffe wie Eisen und Kalzium. Besorg dir auch richtige Milch. Denke hier zuallererst an UHT-Milch. Die gibt‘s bei Aldi & Co. und hält sich ungeöffnet locker drei Monate, auch ohne Kühlung. UHT steht für Ultra-Hoch-Temperatur.

Getreide: Die Rede ist von Reis und Nudeln. Deine Kinder sind verrückt nach Spaghetti und Milchreis? Also los! Beachte aber, dass Reis und Nudeln kühl und trocken gelagert werden wollen.

Fleischextrakt, Brühe, Brühwürfel und Brühpulver

Ein absolutes Muss. Ist es draußen kalt und du hast keine Zeit oder Lust, groß zu kochen, dann mach einfach Wasser warm, füge Brühpulver und Würste aus der Dose hinzu: Mahlzeit! Eine warme Brühe geht immer, denn das gibt Wärme von innen. Zur Auswahl stehen Bouillon, Gemüsebrühe, Geflügelbrühe oder Fleischbrühe. Die meisten von ihnen haben Suppengrün, Kräuter und Pilze drin. Eine gute Bouillon als Notvorrat ist ein guter und aktueller Tipp. Zwischen der klassischen Bouillon und einer Brühe gibt es keinen allzu großen Unterschied außer eben in Art und Länge der Herstellung. Bouillon ist eigentlich nur das französische Wort für Brühe, geht aber in der Anwendung eher in Richtung Kraft- oder Knochenbrühe auf Rinderbasis.

Schwarze Schokolade, Alkohol, Tabak und Kaffee

Alkohol, Tabak, schwarze (dunkle) Schokolade und Kaffee zu horten, ergibt vor allem eins: Sinn! Warum? Im Krisenfall musst du sehr weite Wege gehen, diese Sachen zu bekommen. Diese Dinge sind teuer, drängen sich aber als ideale Tausch und Handelswaren richtiggehend auf. Es gibt Menschen, die werden böse und gemein, nur um in den Besitz von Tabak, Alkohol oder Kaffee zu kommen. Hier musst du aber wissen, dass genau diese Menschen ständig auf der Suche nach Tabak und Alkohol sind. Sage deshalb niemandem, dass du diese Schätze bei dir zu Hause hast. Ich verrate dir sicher kein Geheimnis, wenn ich dir sage, dass du aus gerösteten Eicheln und Gerstenkörnern eine Art Ersatzkaffee machen kannst? Ich komme drauf zurück.

Kleine Story am Rande: 1992-93 war ich als Blauhelmsoldat in Sarajevo. Es herrschte Krieg. Ich war u. a. dazu eingeteilt, Nahrung und Wasser des UNHCR vom Airport nach Butmir zu bringen. Um das zu tun, musste ich die Frontlinie überqueren. Das war Routine. Vor der ersten Fahrt ließ mich der Kompaniechef in sein Büro rufen. Unsere Einheit brauchte Informationen bezüglich der Kräfte der Bosnier in Butmir. Während meine Männer die Waren in Butmir ausluden, stattete ich dem Bürgermeister einen Besuch ab. Sein Haus und sein Garten waren eine einzige Bunker- und Kampfanlage. Überall sah ich Stacheldraht, Sandsäcke, Schützengräben und MG-Nester. Der erste Kontakt war herzlich. In seinem Büro sitzend unterhielten wir uns zunächst über Gott und die Welt. Dann über den Krieg. Er hatte ein halbvolle Flasche Slibowitz auf dem Tisch stehen, trank zögerlich und bot mir an, mit ihm zu trinken. Es war neun Uhr morgens. Ich lehnte ab, holte meinerseits eine Literflasche kanadischen Whiskey aus meiner Musette (kleines Sturmgepäck der Legionäre). Den hatte ich von den Kanadiern, die im Nachbar-Bataillon Dienst taten. Als ich eine Stunde später ging, war die Flasche leer. Ich war halb besoffen, hatte aber alle Informationen, die ich haben wollte. Das Gute an der Sache war, alle Infos waren real, echt. Happy Life. Damit möchte ich sagen, dass Alkohol, gut dosiert und an den richtigen Mann gebracht, ein exzellenter Türöffner sein kann.

Ohne Geld wäre das Leben in der Krise undenkbar?

Pustekuchen! Beispiel: Alle Banken sind geschlossen. Geldautomaten auch. Geld ist deshalb wertlos, weil du nirgends was damit kaufen kannst. Was liegt näher, als sich darauf zu besinnen, wie es früher war? Die Menschen machten Tauschgeschäfte. Du hast Fleisch, ich Schnaps. Du möchtest ins Nirwana, ich einen vollen Bauch, lass uns einfach tauschen. Die besten Geschäfte machst du, wie bereits erwähnt mit Alkohol, Tabak, Schokolade, Salz, Zucker und Mehl, aber auch mit gewissen Medikamenten wie Antibiotika, Paracetamol und Aspirin. Was immer gefragt ist, sind Dinge wie Seife und Zahncreme. Hast du in deinem Vorratskeller alte EPAs (MREs), bist du der Tauschkönig deines Wohnviertels. In Bosnien 1992 war ich persönlich Zeuge davon, wie Soldaten (einer Nation, die gerne der EU beitreten möchte, sich zurzeit aber im Krieg befindet) der UNPRFOR ihre Rationen zu horrenden Preisen an hungernde Bosnier verkauften. Von hundert Mark pro Einheit war damals die Rede. Diese Soldaten, die diesen Namen eigentlich nicht verdienten – weil ich, wenn ich an das Wort Soldat denke, immer auch einen Ehrenkodex vor Augen habe –, schlugen aus dem Hunger der Menschen Kapital. Ich fand das ekelhaft und skandalös, konnte aber nichts dagegen tun. Ich kenne keinen einzigen Fremdenlegionär, der das so gemacht hätte. Im Gegenteil. Wir haben unsere Rationen hergeschenkt, doch ich schweife ab. Zurück also zu den Tauschgeschäften. Sicherlich fallen dir noch einige Produkte ein, die andere gerne hätten und die sich deshalb zum Tausch anbieten.

Wie wäre es mit Werkzeug, Nägeln und Schrauben, Beton und Zement? Vielleicht hast du auch Nahrungsmittel gehortet, deren Mindesthaltbarkeitsdatum bald ausläuft. Du möchtest sie nicht in den Mülleimer werfen, sondern tauschen. Das ergibt Sinn.

Süßigkeiten

Jetzt kommt der Moralfaktor ins Spiel. Kekse, Schokoladenriegel, Lakritze und Co. können den Kids den grauen Alltag etwas heller erscheinen lassen. Hier ist Rationieren Pflicht, denn der Zahnarzt hat sicherlich auch gerade Zwangsurlaub. Die Zahnärzte unterliegen denselben Restriktionen wie du und ich. Ihr Kabinett bliebe gegebenenfalls geschlossen. Süßigkeiten und gesunde Zähne? Das beißt sich. Achte also strikt darauf, dass deine Kids eine anständige Zahnhygiene betreiben. Bekommen sie Karies oder gar eine größere Entzündung an den Zähnen, ist buchstäblich Zähneknirschen angesagt. Etwas weiter oben im Text hatte ich dir empfohlen, schnellstmöglich noch einen Zahnarzttermin zu ergattern. Mach das zu einer Priorität. Du kennst den Zahnarzt gut? Umso besser. Und wenn du ihn dir zum allerbesten Freund machst? Einen, der allen Gefahren zum Trotz doch mal sein Equipment schnappt und dir einen Besuch abstattet, weil Not am Mann ist? Vielleicht mag er als Gegenleistung etwas Kaffee oder Schnaps? Oder zwei Pfund Mehl? Lass dir in diesem Zusammenhang gesagt sein, dass Zahnseide, von der du doch hoffentlich genug daheim hast, sich auch ausgezeichnet zum Nähen kleiner Wunden eignet. Zahncreme wiederum ist wie bereits erwähnt, ein sehr begehrtes Tauschmittel. Ganze Nelken können Zahnschmerzen lindern. Zerkaue sie und schmiere den Brei mit deinem Finger an die vom Schmerz befallenen Stellen. Das wirkt manchmal Wunder und viele kleine Wunder machen, dass die Tage doch nicht ganz so grau sind, wie es auf den ersten Blick den Anschein hat.

Nüsse

In meinen Notfallnahrungsregalen fehlen sie nicht. Ich habe Walnüsse, Haselnüsse und kandierte Erdnüsse zu Hause. Und das reichlich. Wir haben sie in Ein-Liter-Plastikdosen gefüllt. Bei Nüssen allgemein und insbesondere bei Erdnüssen solltest du aufpassen, nicht ständig mit der bloßen Hand in die Dosen oder in die Gläser zu fassen. Sie beginnen dann zu schimmeln. Der Schimmel ist krebserregend.

Besorge dir einen oder zwei Kartons der typischen Notverpflegung, Typ Krisennahrung, NRG-5

Was an denen so gut ist? Wenig Gewicht, hoher Nährwert! Diese Rationen wurden für Expeditionen, Extremsport, aber auch als Notverpflegung entwickelt. Die Langzeitnahrung enthält rein pflanzliche Kohlenhydrate, wertvolle Fette und Proteine. Aber damit noch nicht genug, enthalten sie auch alle wichtigen Vitamine und Mineralstoffe.

Vitamine

Ernährst du dich zu einseitig und nur von Dosen und MREs, steuerst du unweigerlich einem faustdicken Skorbut entgegen. Meine Frau Diana und ich haben in weiser Voraussicht überall im Haus Blumenkästen stehen. Darin ziehen wir alle nur möglichen Sprossen sowie Kräuter, Kresse, Pflücksalat, Rucola und ich erspare mir den Rest. Selbst im Winter bietet uns dieses satte Grün Vitamine en masse. Alles, was diese Pflanzen brauchen, um zu gedeihen, kannst du in deiner Wohnung selbst kreieren: Wärme, Feuchtigkeit und Licht. Stell sie ans Fenster, gieße nach Bedarf und versuche, die Kälte von ihnen fernzuhalten. Als Ergänzung dazu nehmen wir NEMs, also Nahrungsergänzungsmittel, um vitamintechnisch der Wahrheit auf der Spur zu sein. NEMs enthalten außer Vitaminen auch Mineralstoffe. Wäre das eine gute Idee für dich?

Kurz zurück zu den erwähnten MREs. MRE ist das Kürzel für *Meal Ready To Eat*. Das ist das Pendant zum deutschen EPA – *Einmannpackung*. Ouups! Natürlich meinte ich die *Einpersonenpackung*. Neulich fragte ich einen sehr guten Freund, wie denn seine Notvorsorge in Sachen Nahrungsmittel aussieht. Er führte mich in seine Vorratskammer. Dort lagen tatsächlich sauber bis unter die Decke gestapelt amerikanische MREs. Es mussten Hunderte gewesen sein. „Drei Jahre Lunch und Dinner", sagte er und grinste mich an.

Anmerkung des Verfassers: Apropos Kaffee. Wusstest du, dass Kaffee in früheren Zeiten, besonders während des Krieges und in der Nachkriegszeit, Luxus war? Unsere Eltern und Großeltern brühten Kaffee und nannten ihn Muckefuck. Muckefuck hatte die Partikularität, dass er nicht aus Kaffeebohnen hergestellt wurde, sondern aus Eicheln oder gar aus den Wurzeln des Löwenzahns. Hier die jeweilige Prozedur.

Eichel-Kaffee. Sammle genügend reife (bereits braune, am Boden liegende) Eicheln. Knacke sie, um die Schale zu entfernen. Dafür bietet sich ein Nussknacker an. Hast du keinen, übertrage die Aufgabe den Kids, die machen das schon. Schäle dann die braunen Häutchen ab, viertle die Eicheln. Rein in den Topf damit, warmes Wasser drauf und den Wässerungsprozess starten. Wechsle das Wasser zwei bis drei Mal am Tag. Nach zwei Wochen sind sämtliche Gerbstoffe herausgewaschen. Ist das Wasser noch nicht klar, also immer noch etwas gelblich, verlängere den Prozess um einen Tag. Jetzt trocknest du die Eicheln. Schneide die trockenen Früchte in kleine Stücke und röste sie ohne Öl in einer Pfanne oder im Kochtopf schön braun an. Zermahle die Portionen in einer Mühle oder zwischen zwei Steinen. Zwei gehäufte Teelöffel des Pulvers rein in die Tasse, heißes Wasser aufgießen: *No Coffee. No workee.* Das Gebräu ist angerichtet. Verfeinern kannst du diesen Kaffee-Ersatz mit Zucker, Kardamom, Zimt, Milch oder mit Haferdrink.

Löwenzahn-Kaffee. Stich den Löwenzahn mitsamt seiner Wurzel aus. Schneide die Wurzel ab, säubere sie so gut es geht und schneide sie klein. Im Anschluss legst du sie zum Trocknen direkt in die Sonne. Du kannst sie auch im Herd oder in der Küchenhexe trocknen. Ist die Wurzel trocken, ab damit in die Pfanne oder auf einen im Feuer liegenden, flachen Stein. Rösten ist angesagt. Ohne Öl bitte schön! Das Resultat wird fein zermahlen, proportioniert und kommt in eine Kanne. Heißes Wasser aufgießen und fertig ist der Kaffee.

Jetzt aber schnell zurück zu deinem Notproviant. Lagere alle Nahrungsmittel mit System und nach Kategorie. Bring Etiketten mit dem jeweiligen Haltbarkeitsdatum an. Fast alle halten sich am besten trocken, bei niedrigen Temperaturen und in leicht abgedunkelten Räumen. Lagere lieber zu viel als nicht genug! Wegschmeißen, weil nicht gebraucht oder verdorben, geht immer. Kriegen, wenn nichts da ist, könnte dagegen problembehaftet sein.

Stell Regeln auf. Nimmt sich jemand was von der Notfallnahrung, soll er es bitte auf der bereitstehenden Liste eintragen. So hast du immer einen Überblick, was genommen wurde beziehungsweise was noch da ist. Verbrauche nach Bedarf, aber auch nach System.

First In – First Out

Das ist dir sicher ein Begriff. Was zuerst eingelagert wird, kommt als Erstes wieder raus, indem du es nach und nach verbrauchst. Frisch eingekaufte Nahrungsmittel werden in den Regalen nach hinten gestellt, die schon etwas älteren nach vorne geschoben. So kannst du dir sicher sein, dass es keine Nahrungsmittel gibt, die ein halbes Jahrhundert einliegen, während es andere nicht mal auf drei Tage schaffen. Es gäbe nichts Dümmeres, Hunger zu haben und dann auf bereits abgelaufene Rationen oder Lebensmittel zu stoßen.

Im Zweifel denke daran, dass das Mindesthaltbarkeitsdatum nicht gleich das absolute Verfallsdatum deiner eingelagerten Waren ist. Fast alle Lebensmittel kannst du noch mehrere Tage bis hin zu mehreren Monaten über das Mindesthaltbarkeitsdatum hinaus bedenkenlos verzehren. Es gibt sogar Lebensmittel, die praktisch gar nicht verderben. Dazu zählen Weißweinessig, Zucker, getrocknete Hülsenfrüchte, Salz, Honig, Reis und Nudeln. Sardinen in Dosen, heute hergestellt, kann sicherlich noch der Sohn deines Enkels gefahrlos genießen.

Du hast von Botulismus gehört? Botulismus wird durch Toxine verursacht, die vom Bakterium Clostridium botulinum produziert werden. Die Nervengifte verursachen Lähmungen, die bis zum Tod führen können. Clostridium botulinum gedeiht unter Luftausschluss z. B. auch in Konserven, Einmach- oder Einweckgläsern. Wenn du selbst einkochst oder einweckst, halte dich an die Prozedur. Tust du das nicht, dann riskierst du nichts weniger als eine Fleisch- oder Lebensmittelvergiftung. Was sagt die Prozedur? GEH AUF NUMMMER SICHER, sagt sie! Um zu verhindern, dass sich Toxine bilden, müssen deine Lebensmittel auf Temperaturen von über 100 Grad erhitzt werden. Punkt. Gewisse Gemüsesorten wie Bohnen oder Spargel solltest du innerhalb von zwei Tagen gleich zweimal auf 100 Grad erhitzen. Das stellt sicher, dass zuerst die Botulismus-Bakterien abgetötet werden und bei der zweiten Erhitzung auch die Bakterien, die sich aus keimenden Sporen entwickeln. Am besten ist, du verwendest einen Schnellkochtopf. Das geht nicht nur schneller, auch die Temperaturen sind höher. Direkt vor dem Essen solltest du den Inhalt der Dosen und Einweckgläser auf 100 Grad erhitzen. In Öl eingelegte Lebensmittel dürfen nicht zu lange lagern, weil sich hier die Botulismus-Bakterien wohl fühlen und sich gut vermehren können.

ACHTUNG – NORMALZEIT ENDET HIER DEFINITIV.
Oder – Barbaren überleben. Weicheier und Moralapostel nicht

Der größte Fehler, der dir und deiner Familie zum Verhängnis werden kann?

Das ist der, immer linientreu und traditionell nur und ausschließlich der guten alten deutschen Küche frönen zu wollen. Ganz nach dem Motto: Was der Bauer nicht kennt, frisst er nicht. Bei einigen Stämmen der nordamerikanischen Indianer gilt Ratte als Delikatesse. Bei Schwein, was nicht wenige Menschen aus unserem Kulturkreis als Delikatesse bezeichnen – Schnitzel, Kotelett, Kopfsülze und ich erspare mir den Rest –, würden die Indianer womöglich kotzen. In Indien sieht man aus religiösen Gründen davon ab, Kühe zu verspeisen. In China, Vietnam und Korea sind Hund und Katze auf dem Teller nicht selten. Spatzen sind im Winter überall zu finden, du kannst sie mit einer Angelschnur plus Haken, mit einem breit ausgelegten engmaschigen Netz (Köder nicht vergessen) oder mit einem Papierhörnchen fangen, dessen Innenseiten mit Leim beschmiert sind. Sekundenkleber eignet sich bestens dafür. Du nennst mich jetzt sicher einen Barbaren. Gerne. Aber Barbaren überleben. Weicheier und Moralapostel nicht. Um es mal in aller Deutlichkeit zu sagen. Es ist alles nur Fleisch. Fleisch hat Eiweiß. Eiweiß hilft dir, am Leben zu bleiben. Survival, Freund. Survival!

Im Rahmen der zu erwartenden Krise kann es durchaus dazu kommen, dass viele Menschen sich bestimmte Nahrungsmittel einfach nicht mehr leisten können. Sie sind schlichtweg viel zu teuer. Das wenige Geld geht vornehmlich für Licht und Wärme drauf. Was liegt da also näher, als den Speisezettel den Umständen Tribut zahlend anzupassen?

Kleine Tipps am Rande. Oft genug konnten Soldaten und Zivilisten während einer langen Belagerung von Städten ein ungewöhnliches Phänomen beobachten, das sie sich zuerst nicht erklären konnten. Es gab in den Straßen plötzlich keine Hunde und Katzen mehr. Natürlich sind diese Vierbeiner in den Bäuchen hungernder Menschen gelandet. Du weißt, was ich damit sagen will? Nein? Doch, du weißt es! Nur erlaubt dir deine gute Erziehung nicht zu akzeptieren, was auch auf dich zukommen könnte. Lass dir sagen, lieber Freund, dass die Tatsache, den Ekel zu überwinden, so manchem schon das Leben gerettet hat. Sei moralisch gefestigt, und sag dir gegebenenfalls *ich will, ich kann, ich werde* vielleicht auch mal etwas essen müssen, was nicht ganz meinen Vorstellungen entspricht. Vielleicht hilft es etwas, wenn ich dich daran erinnere, dass es mal einen Kameraden namens Nehberg gab, der platt gefahrene Igel vom Asphalt kratzte und aß. *Sir Vival* würde sich über Ratte oder Hund in der Gulaschkanone sehr freuen.

„Alles, was vier Beine hat, kann man essen – außer Stühle und Tische", sagen die Chinesen. Ich muss ihnen darin recht geben.

Kurz noch ein Wort zu unseren lieben Vierbeinern, den Ratten. Was in Kriegs- oder Krisenzeiten in den Straßen (und Häusern) niemals fehlt, sind Ratten. Sie zu fangen ist einfach. Besorg dir einige dieser guten alten Rattenfallen. Du weißt schon, das zuschnappende Holzbrett. Also. Ratte gefangen? Gut. Kopf ab, Haut abziehen, ausnehmen, in Stücke schneiden (in sehr kleine Stücke!), ab in die Pfanne, gut würzen, bei großer Hitze durchbraten, ein gutes Ratatouille oder Bratkartoffeln dazu: Guten Appetit. Da Kinder und Frauen nicht wissen, wie Ratte schmeckt, könntest du sie durchaus täuschen, indem du sagst, im Supermarkt ein paar Straßen weiter gab es noch ein Ragout oder ein Gulasch zu kaufen. Ist die Krise mal rum, werden sie dir diese Lüge verzeihen, glaub mir. Sei dir einer Sache gewiss. Es gibt Schlimmeres auf dem Teller. Frag mal die Überlebenden der Mannschaft des Old Christian's Club – (Fuerza-Aérea-Uruguaya-Flug 571, Oktober 1972.).

Solltest du auf Kaninchen oder Meerschweinchen stoßen, töte sie sie nicht. Sie vermehren sich sehr schnell, also züchte sie lieber! Spatzen und Tauben kann man essen, wobei Letztere ziemlich zäh sind. Hast du einen Teich in der Nähe, fang Frösche. Wie? Nimm einen Damenstrumpf, binde ihn an eine Schnur, wirf das Ende mit dem Strumpf ins Wasser und warte ab. Der Frosch – neugierig, wie er ist – wird früher oder später näherkommen und zuschnappen. Seine Zähne verfangen sich sehr leicht im engmaschigen Gewebe. Du musst nur noch an der Schnur ziehen. Auch einige Schnecken kannst du essen. Am besten sind die allbekannten Weinbergschnecken. Du findest sie an Wegrändern, in Hecken und im Gebüsch, aber oft auch in der Wiese im eigenen Garten. Heb sie auf, ziehe sie aus dem Gehäuse, koche, salze und pfeffere sie, füge etwas Essig und Öl hinzu: Mahlzeit!

Wasserbeschaffung – Wasseraufbereitung

Man schüttet kein dreckiges Wasser weg, solange man kein sauberes hat.

(Konrad Adenauer.)

Im Juni 1997 war ich im Kongo (Brazzaville) im Einsatz. Unser Tag hatte zwanzig Stunden. Ständig kam es zu kleinen Scharmützeln: Ein Hinterhalt hier, ein Begegnungsgefecht dort. Unsere Gesichter, ja unsere ganzen Körper waren hager, die Wangen eingefallen. Wir aßen kaum etwas. Von größter Wichtigkeit waren Wasser und Munition. Und das in derselben Reihenfolge – Wasser und Munition!

(Der Autor.)

... stellten wir zu unserer größten Verwunderung fest, dass das UNHCR, deren Konvois wir eskortierten und schützten, zwar Reis und Nudeln lieferte, es aber kein Wasser und kein Holz oder Gas gab, um die Gerichte zuzubereiten. Es existierten zwar eine Wasserstelle und einige Wasserabholpunkte, doch das Wasser dort reichte bei Weitem nicht für alle. Der einfache Bürger riskierte nichts weniger als sein Leben, um an Wasser heranzukommen. Um zur wichtigsten Wasserstelle zu kommen, benutzten viele Bosnier die Sniper Alley. Sich ohne ein gepanzertes Fahrzeug auf diese Todesstraße zu wagen, war Russisch Roulette. Die Suche nach Wasser wurde vielen zum Verhängnis.

(Auszug aus meinem Buch – Eine Frage der Ehre.)

Im Jahr 1993 war ich mehrmals an einer dieser Wasserabholstellen. Die Menschen standen dort stundenlang in der eisigen Kälte, nur um etwas Wasser zu bekommen. In ihren Händen hielten sie Flaschen, Kanister aus Plastik oder aus Metall und nicht selten sah man Schubkarren mit einem kleinen Fass obendrauf. Ich wusste, dass einige von diesen armen Menschen es nicht bis zurück nach Hause schaffen würden. Serbische Scharfschützen lagen auf der Lauer, die Artillerie der Tschetniks wachte! Ich erzähle dir das, um die Lage, die wir bei uns haben werden, und die dir vielleicht sehr schlimm vorkommen wird, etwas zu relativieren. Weder befinden wir uns in einem *direkten* Krieg, noch liegen Scharfschützen und Sniper auf der Lauer. Ersetze die Wörter *Krieg* und *Scharfschütze* durch *Unruhen* und *aufgebrachte, durstige Mitbürger*, unter die sich einige Ganoven mischen, dann hast du unser mögliches Szenario. Und auch das ist nicht ganz ohne.

Wasser oder gar Trinkwasser zu finden, ist in Krisenzeiten eine sehr große Herausforderung. Kein Wasser, kein Überleben. So einfach ist die Sache. Im Augenblick haben wir alle noch das gute alte Trinkwasser aus der Leitung. Was aber, wenn uns jemand sprichwörtlich den Hahn zudreht? Das kann schneller passieren, als uns allen lieb ist. Da Wasser schwer und auch voluminös ist und du viel Wasser für deine Familie benötigst, besteht zunächst Mal das Problem der Lagerung. Du hast nicht so viel Platz, wie du gerne hättest. Unter Notfallbedingungen bräuchtest du pro Tag und pro Kopf sieben Liter Wasser. Für drei Monate: Wahnsinn! Du solltest den Wasserverbrauch also runterschrauben auf zwei Liter pro Tag/Kopf (bitte nicht weniger) und für zwei Wochen Wasser lagern. Allein das ist eine Herkulesaufgabe. Wasser, so sei dir einer Sache bewusst, benötigst du nicht nur zum Trinken, wobei die Wasseraufnahme natürlich absolut vorrangig ist. Du musst damit auch kochen, den Abwasch machen, Körperhygiene betreiben, vom Klosett noch gar nicht zu reden. Wir sind verwöhnt, halten es für ganz natürlich, den Hahn aufzudrehen und sauberes kühles Wasser hervorsprudeln zu sehen. Kommt keines, ist es so, als bräche die Welt über unseren Köpfen zusammen. Oft, eigentlich viel zu oft, war ich in Situationen, in der ich den Wert des Wassers schätzen lernen durfte. Bei Gewaltmärschen im Tschad 1991, mehrmals in der Zentralafrikanischen Republik, in Gabun, im Kongo und in Djibouti, um nur die bekanntesten Orte zu nennen. Dort lernst du, sparsam mit Wasser umzugehen. Duschen mit 1,5 Liter Wasser? Das geht! Ich habe es hundert Mal selbst und zu meiner vollsten Zufriedenheit praktiziert. Zurück zum Thema.

Wasser zu finden und aufzubereiten hat also oberste Priorität. Du solltest dich auf zwei grundverschiedene Fallsituationen einstellen

- Fall 1 – Die Krise kommt nicht so dick, dass man nicht raus vor die Tür könnte. Supermärkte und Läden, Tankstellen usw. haben trotzdem geschlossen. Eine Wasserverteilung von Seiten der Behörden ist aus irgendwelchen Gründen nicht vorgesehen oder nicht jeden Tag möglich.
- Fall 2 – Alles ist schlimmer als angenommen, draußen ist es in höchstem Grad unsicher. Du kannst nicht raus aus der Wohnung.

Sei dir einer Sache sicher. Es wird niemand kommen, um dir oder euch die täglich benötigte Wasserration vorbeizubringen. Selbst im ersten Fall (Fall 1) ist es schwierig, an Wasser zu kommen, wenn du in einer Großstadt wohnst. Alle Menschen hätten gegebenenfalls denselben Gedanken und natürlich dasselbe Problem. Stell dir Folgendes vor. Tausende von Männern, Frauen und Kindern begeben sich in etwa zur gleichen Zeit, vornehmlich in aller Frühe, auf Wassersuche (so gesehen 1992-1993 in Sarajevo). Stell dir das Chaos vor. Und wo gehen sie suchen? Dort natürlich, wo es Wasser gibt. An Stellen, an denen Wasser ausgegeben oder verteilt wird. In Seen, Flüssen und Bächen. Für dich heißt das, dass du auf deiner Einkaufsliste auch Eimer oder leere Kanister stehen hast. Kein Benzin oder Diesel, um das Auto als Transportmittel zu benutzen? Dann muss auch eine Schubkarre oder ein Fahrrad her. Du darfst dich niemals von der falschen Idee in die Irre leiten lassen, dass Wasser zu finden, immer ein Leichtes sein wird.

Hier eine kleine Aufgabe für dich. Nimm eine Karte deiner Region – oder fertige selbst eine an – und trage heute schon alle Wasserquellen in deiner unmittelbaren Umgebung ein. Gib den Stellen eine Nummer. Schreib zu jeder Nummer einen Vermerk. Zum Beispiel: Zugang, Gelände, mögliche Gefahren und alle anderen Daten, die helfen können, deine Chancen einzuschätzen, sicher und schnell dorthin und wieder zurückzukommen. Beschreibe kurz, ob es sich um einen See, einen Fluss, einen Hydranten, eine Quelle oder einen Teich handelt und gib Punkte für die Qualität des Wassers ab. Und wenn du schon beim Erkunden bist, halte Ausschau nach Hydranten.

Wo gibt es Feuerwehranschlüsse, wo einen Außen-Wasserhahn im Garten einer Familie, die sich längst nach Paraguay verpisst hat? Die Idee, sich einen Schlüssel für den Überflurhydranten um die Ecke zu besorgen, ist exzellent, meinst du nicht auch? Die einfachste Version kostet 30 Euro, ist knapp 60 Zentimeter lang und wiegt 2 Kilo.

Diskretion ist Gold wert, höchste Vorsicht immer und zu jeder Zeit geboten

Wenn du dann tatsächlich raus musst, um Wasser an einer dieser Stellen zu holen, dann mach das so *safe* wie nur irgend möglich. Geh nicht dorthin, wo du vorher schon weißt, dass es für dich gefährlich werden könnte. Falls möglich, geht zu zweit. Das hat zum einen den Vorteil, dass ihr mehr Wasser tragen könnt und zum anderen, dass eben vier Augen mehr sehen als nur zwei. Zu zweit seid ihr auch wehrhafter. Bewegt euch sehr diskret und geht keine unnötigen Risiken ein. Wenn du allein gehst, sei dir bewusst, dass du nur langsam vorankommst, wenn du schwer beladen bist. Je mehr du zu schleppen hast – man sieht es von Weitem an deinem Gang –, desto mehr ziehst du Aufmerksamkeit auf dich. Ist Gefahr im Verzug, zögere keine Sekunde. Wirf deine Last ab und suche das Weite. Am besten wäre es, du gehst nachts. Nachts sind alle Katzen grau, du fällst weniger auf, weil weniger Leute dich sehen und beobachten. Lauf nicht mitten auf der Straße, sondern benutze kleine Wege, Gassen oder dunkle Geländeabschnitte eines Parks.

Diskretion und Vorsicht? Ich kann mich an meine Zeit in Haiti Ende des Jahres 2008 erinnern. Hätte ich mit Diskretion und Vorsicht Schindluder getrieben, säße ich heute nicht hier. Die Lage damals war für mich teilweise so bedrohlich, dass ich mit einer geladenen Glock unter meinem Kopfkissen schlief und jeden Tag einen anderen Weg ins Büro nahm. Ich lief immer zu verschiedenen Zeiten los, denn Routine hätte mir zum Verhängnis werden können. Ich traute niemandem mehr über den Weg. Das aber nur am Rande, lass uns wieder zurückgehen zu deinen Wasservorräten. Das von dir gesammelte Wasser sollte gefiltert und schließlich desinfiziert werden. Immer. Zumindest immer dann, wenn es als Trinkwasser herhalten soll. Du willst keine

Ruhr, kein Typhus und keine Cholera bekommen? Also behandle das Wasser oder, wie man so schön sagt, bereite es auf.

Nimm bitte einen Tipp noch mit. Kaufe dir einen riesigen Stapel Papp- oder Plastikteller und Besteck. Dafür gibt es zwei gute Gründe. Der erste wäre: Wasser sparen. Den Pappteller schmeißt du in den Mülleimer oder er wird verbrannt, was auch noch etwas Wärme bringt. Der zweite Grund ist psychologischer Natur. Solltest du mit deiner Familie euer trautes Heim fluchtartig verlassen müssen, dich in der Pampa oder im *No-Mans-Land* wiederfinden, so kommt Ravioli aus der Dose, sauber auf einem weißen Teller serviert, gleich dreimal besser rüber als aus einem Blechnapf oder einem eisernen Essgeschirr. Teller = zivilisiert = uns geht es doch gar nicht so schlecht! Das ist also in erster Linie ein moralisches Ding, und du, der Boss, musst an so was denken. Deine Kids glauben fest an die Moral. Dass das mit der Moral ein Irrglaube sein könnte, wissen sie nicht. Achte auch darauf, dich mit Lebensmitteln zu bevorraten, die zur Zubereitung wenig Wasser benötigen. Benutze Kochwasser zwei- oder dreimal und nimm Abstand von Alkohol, Tabak und zu viel Zucker. Das macht nämlich durstig.

Anmerkung des Verfassers: Die Grundausbildung in der Legion war sehr hart. Unser Sportanzug und ein oder zwei Kampfanzüge starrten jeden Tag vor Schweiß und Dreck. Manchmal klebte sogar etwas Blut dran. Nach der üblichen Tagesdosis Schweiß, Blut und Dreck (zwischendurch fand sich auch ein Tränchen) mussten wir, nachts und bei Kerzenschein, die Sport- und Kampfanzüge waschen und irgendwie wieder trocken kriegen. Das war eine Aufgabe, die nicht wenige von uns zur Verzweiflung trieb. Zum Klamottenwaschen benutzten wir ausschließlich die gute alte *Savon de Marseille* (Kernseife aus Marseille) und eine Wurzelbürste. Warmes Wasser gab es nicht, so dass die Hände unter dem kalten Wasserstrahl oft blau und aufgeweicht waren. Was ich damit sagen will, ist, dass ich es für eine gute Idee halte, dass du dir eine Bürste und einige Seifen zulegest. Wenn du nämlich Pech hast, gibt's weder Strom noch Wasser, defacto fällt die Waschmaschine aus. Okay. Wäsche waschen hat keine Priorität, aber irgendwann ist auch das angesagt. Dann heißt es schrubben. Wanne oder Eimer schnappen, Seife, Bürste und den Sack mit

Klamotten nicht vergessen und ab zum nächsten Brunnen, See oder Fluss. Unsere Devise war *marche ou crève*, marschier oder krepier. Lauf mal drei Tage durch Wüste, Steppe oder Urwald. Das Erste, was du lernst? Na? Richtig! Wasser ist mit Gold nicht aufzuwiegen. Doch da gab es noch eine Message und die war auch nicht ganz ohne. *Wenn deine Beine dich nicht mehr tragen, marschiere mit dem Kopf weiter.* Diese Message werde ich dir noch das ein oder andere Mal verklickern, denn sie ist Mentalpower. Marschier mit dem Kopf, Bruder! Wenn du den ganzen Stress nicht mehr erträgst. MARSCHIER MIT DEM KOPF DURCHS LEBEN!

Du bist Grundbesitzer, hast Haus und Garten? Dann könntest du dir einen einfachen Brunnen graben. Das geht recht schnell, aber eben nicht überall. Und es funktioniert auch nicht immer. Grabe zunächst ein trichterförmiges Loch in den Boden, bis du auf Sickerwasser stößt. In dieses Loch versenkst du ein Brunnen- oder Schachtrohr oder ein Fass, dessen Boden offen ist. Danach füllst du mindestens 45 Zentimeter Sand und feinen Kies in das Fass: fertig.

Sobald sich eine Krise abzeichnet, sorge dafür, dass das Regenwasser über deine Regenrinnen in vorher bereitgestellte Behälter oder Regentonnen fließt. Das so gesammelte Wasser kann nicht nur zur Körperpflege oder als Löschwasser benutzt werden, sondern auch als Trinkwasser insofern es gut aufbereitet ist. Aber auch ohne Aufbereitung kannst du es im Notfall trinken. Die Betonung liegt auf NOTFALL. Auf den Dächern liegen Staub, Dreck und eine Schicht Abgase von Tausenden von PKWs und LKWs. Sicherlich wirst du nicht gleich sterben, wenn du Wasser trinkst, das vom Dach kommt. Aber du wirst deinem Körper damit auch keinen Bärendienst erweisen. Du gibst dir nämlich Gift in vollen Dosen. Also auch Regenwasser immer schön aufbereiten. Da du vorher nicht hundertprozentig wissen kannst, wann der nächste Regen kommt, fang immer so viel Regenwasser auf, wie es dir möglich ist.

Leider ist unser Grundwasser nicht von allerbester Qualität. Industrie und Landwirtschaft haben es vergiftet. Gehe also grundsätzlich davon aus, dass Wasser, egal woher es in Krisenzeiten kommt, behandelt werden muss, damit krankheitserregende Keime oder toxische Substanzen (Pathogene) keine Chance haben, eure Gesundheit nachhaltig zu ruinieren. Wasser sollte selbst dann aufbereitet werden, wenn es geruchsneutral ist und klar und sauber aussieht. Desinfektion und Abkochen sind hierbei die bekanntesten Prozesse der Wasseraufbereitung. Wenn Wasser einen trüben, sichtbar verunreinigten und verschlammten Aspekt hat, solltest du es auf jeden Fall filtern, bevor die eigentliche Aufbereitung beginnt. Hast du keinen Filter und nur schlammiges Wasser zur Verfügung, lass das Wasser abstehen. Wichtig ist hierbei, dass der im Wasser befindliche Schlamm und die feinen Dreckpartikel zu Boden sickern, sich also deutlich am Boden deines Gefäßes absetzen. Für die folgende Prozedur brauchst du etwas Zeit und drei gleich große Gefäße. Gehe folgendermaßen vor.

Erster Tag, früh: Fülle Gefäß 1 mit dem verschmutzten Wasser, deck es ab und warte zwei Tage.

Zweiter Tag, früh: Fülle Gefäß 2 mit Schmutzwasser, bedecke es und warte zwei Tage, während sich im Gefäß 1 die Schmutzpartikel bereits absetzen.

Dritter Tag, früh: Fülle jetzt das nun klare Wasser aus Gefäß 1 vorsichtig in das leere Gefäß 3. Das Wasser in Gefäß 3 ist nun bedingt trinkbar. Das schlammige Wasser auf dem Grund in Gefäß 1 kann ausgeschüttet, das Gefäß gereinigt und neu mit Wasser gefüllt werden.

Vierter Tag, früh: Fülle das jetzt klare Wasser aus Gefäß 2 ins Gefäß 3.

... und so geht es in einer Tour immer weiter !

Das Wasser mit dem klaren Aspekt kannst du jetzt abkochen oder chemisch aufbereiten. Schlammiges Wasser grob zu filtern, geht auch mit einer Methode, die ich bei der Legion, sagen wir mal, unter besonderen Umständen gelernt habe. Das Prinzip ist, dass Wasser selbstständig von einem Behälter in den nächsten sickert. Nimm dazu irgendeinen einen Behälter (großes Glas oder deine Feldgamelle), füll ihn mit Schmutzwasser. Gleich daneben, nur 25 bis 30 Zentimeter tiefer, stellst du einen leeren Behälter. Nimm jetzt ein T-Shirt (gerne auch ein Handtuch) und drehe es zu einem Schlauch. Das erste Schlauchende tauchst du in das höhere und das zweite Ende in das etwas

tiefer platzierte Gefäß. Es passiert nun Folgendes. Das Wasser aus dem oberen Behälter saugt sich via T-Shirt oder Stoffrolle in den unteren. Auf dem Weg dorthin bleiben grobe Dreck-, Schlamm- und Schmutzpartikel im oberen Behälter zurück. Das alles dauert einige Stunden. Vergiss nicht, das gewonnene Wasser durch Kochen oder mit der Chemiekeule aufzubereiten. Sagte ich kochen? Richtig! Durch den Prozess des Abkochens werden – nicht alle, aber ziemlich viele – Mikroorganismen abgetötet. Das Wasser sollte drei Minuten sprudelnd kochen.

Interessant zu wissen ist, dass Wasser in geographisch höheren gelegenen Orten länger abgekocht werden muss, da es bei niedrigerem Luftdruck einen niedrigeren Siedepunkt hat. Der Richtwert ist: Eine Minute länger kochen pro 150 Höhenmeter.

Kommen wir zur SODIS-Methode: Nimm eine oder mehrere transparente (sie müssen wirklich durchsichtig sein) PET-Flaschen mit 1,5 Liter Fassungsvermögen. Entferne alle aufgeklebten Etikette, säubere sie von innen und fülle sie mit dem aufzubereitenden Wasser. Mach den Schraubverschluss wieder gut zu. Leg die Flaschen dann einfach fünf bis sechs Stunden lang in die pralle Sonne: fertig!

Dunstwasser von Pflanzen (nur möglich, wenn du deine Wohnung ohne Gefahr verlassen kannst): Bäume, insbesondere Birken können bis zu 100 Liter Wasser am Tag über Dunst abgeben. Wie viel genau ist abhängig von der jeweiligen Außentemperatur. Dieses Dunstwasser ist von der Natur bereits aufbereitet, wir können es bedenkenlos trinken. Eine Methode, an das Wasser zu kommen, ist, Plastikbeutel oder Plastiksäcke über Äste, Zweige und Blätter zu streifen und diese zuzubinden, so dass der Dunst deren Innenseiten benetzt und als Wasser zum tiefsten Punkt abfließen kann. Einen tiefen Punkt generierst du, indem du einen Stein mit in den Sack oder die Plastiktüte packst. Da diese Prozedur langatmig ist, mache das an mehreren Stellen gleichzeitig.

Wassergewinnung durch Auffangen: Wenn es regnet, stelle Eimer, Wannen und andere Behälter raus. Fang das Regenwasser auf. Du kannst auch eine Plane spannen. Nimm Micropur (Micropur Forte), Chlor oder Silberpräparate (Silberionen), um es aufzubereiten.

Vorsicht: *Erkundige dich unbedingt, wie Chlor zur Wasseraufbereitung angewendet werden soll. Ich persönlich fand mich einmal in der Situation (Notwendigkeit), keimbelastetes Wasser damit zu desinfizieren. Ich hatte für dieses Vorhaben eine kleine Flasche Eau de Javel. Das ist Chlor. Nicht wissend, wie ich damit umgehen soll, nahm ich instinktiv zwei Tropfen pro Liter Wasser. Dann wartete ich eine Stunde und trank den ganzen Liter auf einmal, ohne das Wasser vorher noch mit anderen Mitteln zu* *desinfizieren oder aufzubereiten. Resultat: Geruch und Geschmack des Wassers waren gut (es roch deutlich, aber nicht penetrant nach Chlor) und ich wurde nicht krank. Nur musst du eben schauen, welche Produkte es gibt und in welcher Konzentration.*

Um Tropfen dosieren zu können, nimm einen kleinen Löffel und einen 3 mm schmalen Streifen Plastik oder Papier. Gieße ein paar Tropfen Chlor auf den Löffel, halte den Streifen Papier mit Zeigefinger oder Daumen so am Löffel fest, dass er einen Zentimeter über den Löffel herausragt und kippe den Löffel dann langsam nach vorne Richtung offener Wasserbehälter. Die Tropfen im Löffel fließen auf den Streifen und von dort tropfenweise nach unten in den Behälter.

Pulverschnee besteht fast zu 95 Prozent aus Luft. Hagel beziehungsweise Eis wären eindeutig ertragreicher. Hat der Schnee eine gelbliche Verfärbung: weg damit! Er enthält möglicherweise zu viel Gift in Form von allen möglichen Schadstoffen.

Egal was kommt: Besorge dir unbedingt einen Wasserfilter. Die besten Erfahrungen habe ich mit Berkey, Aquamira und Katadyn gemacht.

Zu all dem noch ein kleiner Tipp. Schaff dir eine große Anzahl Kaffeefilter an. Hast du Zugriff auf Wasser, das aus einem Bach, einem See oder aus dem Brunnen stammt, kannst du es damit filtern, bevor du es mit Chlor, mit Micropur oder Oasis Wasseraufbereitungstabletten aufbereitest. Zudem kannst du dir selbst einen Wasserfilter basteln. Dazu brauchst du nur eine 1,5-Liter-PET-Flasche, Sand, grobe und feine Kieselsteine, Kohle und etwas Stoff – am besten Baumwolle. Schneide den Boden der Flasche ab, fülle sie mit den aufgezählten Bestandteilen, wobei du darauf achtest, fein zuerst (zum Schraubverschluss hin) und grob zum Schluss zu verwenden. Mach in den Schraubverschluss (Deckel) ein kleines, etwa zwei Millimeter dickes Loch, so dass die Durchlaufleistung nicht zu groß ist. Aufhängen, Boden nach oben und Deckel nach unten. Wasser rein: fertig!

Finanzen/Bargeldreserve. Geld könnte bald nichts mehr wert sein! Ich bin mal so frei, das so in den Raum zu stellen. Doch das ist Spekulation: Wir wissen es nicht. Aber noch ist es nicht so weit. Was aber bei einem totalen Blackout – mit all dem Rattenschwanz, den er im Kielwasser hinter sich herzieht – mit Sicherheit passiert, ist, dass Banken schließen und ATM-Cash-Maschinen kein Geld mehr ausspucken. Oder dass du zu diesen Maschinen keinen Zugang mehr hast. An dein Erspartes kommst du aus genannten Gründen also erstmal nicht mehr ran. Es kann auch sein, dass du deine Kreditkarte verlierst oder sie dir gestohlen wird. Ein Blackout, so lass dir gesagt sein, ist nicht romantisch, er ist brutal. Nach drei Tagen Blackout wird in den Städten geplündert. Das absolute Horrorszenario wäre ein flächendeckender Stromausfall in ganz Europa, denn niemand weiß, wie lange es dauern würde, bis wieder Strom da ist. Es könnte Wochen dauern. Etwas kriminelle Energie hinein in diese Weltuntergangsstimmung und es ist angerichtet. Das willst du nicht. Es ist aber dennoch nicht abwegig. Sorge also vor. Annahme: Du hast 10.000 Euro Erspartes. Teile den Betrag durch drei. Du wärst bei 3333 Euro. Ich würde Folgendes tun. Ein Drittel auf der Bank lassen und beten und hoffen, dass es dort sicher ist und ich später darauf zurückgreifen kann. Ein Drittel würde ich dafür verwenden, all die Dinge zu erstehen, damit meine Familie und ich in Sachen Urban Survival gut über die Runden kommen – also Nahrung, Wasser, Werkzeuge, Medikamente, Gulaschkanone und Co. Das letzte Drittel würde ich abheben und an einem sicheren Ort, auf den nur ich Zugriff habe, aufbewahren. An diesem Ort könntest du auch eine mobile Festplatte mit deinen wichtigsten Daten und Kopien deiner Ausweise verstecken. 10.000 Euro ist nicht genug, um in Gold zu investieren. Es lohnt sich nicht. Eine für dich vielleicht angenehmere Alternative dazu wäre, dass du zehn Prozent von dem, was du auf deinem Girokonto hast, abhebst. Heute noch. Sagt man nicht: Besser der Spatz in der Hand als die Taube auf dem Dach? Vergiss nie, dass in Sachen Geld mit Werten gehandelt wird, die real nicht vorhanden sind. Es ist Papier und wertloses Metall. Fehlt Geld, wird einfach welches nachgedruckt. Das allein schon sollte uns nachdenklich machen. Aber da wir gerade auf dem besten Weg sind, das Geld abzuschaffen, hat sich das Thema ja auch schon erledigt. Kein Bargeld = Kreditkarte = Daten hinterlassen = völlige Transparenz = 100-prozentige Überwachung = Cyberkriminalität! Meine Herren, es ist zum Kotzen. Wo zum Teufel geht die Reise hin?

Erste Hilfe/Hygiene

Es kann sein, dass ihr das nächste halbe Jahr auf Apotheke und Hausarzt verzichten müsst.

In bestimmten Situationen ist mit ärztlicher Hilfe wohl kaum zu rechnen. Leider aber kommt es immer mal wieder vor, dass du krank wirst. Du oder deine Kinder. Oder deine Frau. Auch kleinere Wunden, Bisse, Stiche, Magen-Darm-Probleme sowie andere Verletzungen sind hin und wieder an der Tagesordnung. Was tun?

So behandelst du kleinere Platz-, Schnitt- und Schürfwunden: Es kommt zunächst sehr darauf an, wie tief die Wunde, der Schnitt oder der Biss ist. Hast du es mit einer oberflächlichen, leicht blutenden Verletzung zu tun, musst du dieselbe zunächst reinigen, das heißt eventuelle Fremdkörper entfernen und dann desinfizieren.

- Lass die Wunde etwas bluten und entferne mit einer Pinzette größere Fremdkörper.
- Spüle die Wunde dann mit einer isotonischen Kochsalzlösung aus. Alternativ dazu bietet sich lauwarmes Wasser in Trinkwasserqualität an.
- Tupfe die Wunde mit einem sterilen Wundpad oder einer Kompresse trocken. Etwas Desinfektionsspray drauf. Pflaster oder Verband darüber – fertig.

Wie du eine tiefere Wunde behandelst, liest du etwas weiter unten im Text. Vorsicht: Wir arbeiten gerade im Kontext: *Es ist kein Arzt abkömmlich und das Krankenhaus hat Urlaub!*

Bisse: Es gibt hier sehr viele Möglichkeiten. Diese umfassen u. a. Bisse von Bettwanzen, Grasmilben, Flöhen und Zecken. **Bettwanzen- und Grasmilbenbisse** sind harmlos. Du musst nur darauf achten, dass der Juckreiz nicht überhandnimmt und die Betroffenen sich nicht aufkratzen. Das kann schnell zu Infektionen führen. Desinfiziere den Biss und trage am besten sofort im Anschluss eine juckreizstillende Salbe auf. **Flöhe:** Bei Flöhen sieht die Sache schon anders aus. Flöhe können Erkrankungen wie Borreliose, Schweinepest und Fleckfieber übertragen, doch die Chancen, dass genau das passiert, sind äußerst gering. Sicher aber ist, dass es zu Rötungen und mehr oder weniger starkem Juckreiz kommt. Du könntest nun, wozu die meisten Ärzte dir raten würden, irgendeine teure Kortisonsalbe auftragen. Das ist eine sehr kostspielige Lösung. Reich bist du möglicherweise nicht, also lege einfach eine frisch abgeschnittene Zwiebelscheibe auf den Biss.

Zecken sind schon eine andere Hausnummer. Sie übertragen FSME und Borreliose. Aber auch hier möchte ich, bevor es weitergeht, beschwichtigend eingreifen. Ich bin ein erfahrener Outdoorfreak. Eigentlich verbringe ich den Großteil meines Lebens draußen im Wald. Auch in sogenannten Zecken-Risikogebieten. Wie viele Zecken sich schon an meinem Blut gelabt haben, entzieht sich meiner Kenntnis. Ich habe sie nicht gezählt. Hundert? Tausend? Nie aber kam unter dem Strich etwas Schlimmeres als ein durchaus ertragbarer Juckreiz heraus. Was ich dir damit sagen will: Bleib gelassen. Beobachte den Biss. Das markanteste Erkennungszeichen einer Lyme-Borreliose ist die sogenannte Wanderröte. Du erkennst sie an einem roten Fleck (oder Ring) rund um den Zeckenstich, der sich langsam nach außen ausweitet. Die Lyme-Borreliose wird mit Antibiotika behandelt. Recherchiere schon im Vorfeld, welches Antibiotika du dafür bräuchtest und besorg es dir. Wie? Sei ein Genie und lass dir was einfallen! Einer meiner französischen Kameraden, ein äußerst spitzbübischer Fremdenlegionär (Experte in Sachen Tarnen und Täuschen), macht das folgendermaßen. Er besucht seinen Arzt (immer in der Zeit zwischen März und November, sonst klingt die Geschichte höchst unwahrscheinlich) und behauptet, eine Zecke hätte ihn gebissen. Sie sei schon groß gewesen und hat sich der Größe nach zu urteilen, schon vor länger als zwölf Stunden in seine Haut gebohrt. Er hat sie am Morgen entdeckt und sofort entfernt. Dann zeigt er dem Arzt das eigenhändig *manipulierte Wundbild* beziehungsweise die vermeintliche *Bissstelle*. Generell verschreibt sein Arzt ihm auf Wunsch das entsprechende Antibiotikum. Ob ein solches Unternehmen bei uns auch funktionieren würde, weiß ich nicht. Da du und ich aber Ehrenmänner sind, würden wir das erst gar nicht versuchen, nicht wahr? Gegebenenfalls könnte das auf diese Art erworbene Antibiotikum durch falsche Lagerung an Wirkung verlieren. Das Lager sollte daher kühl und dunkel sein. Wenn ich sage, kühl, meine ich damit nicht wärmer als fünf bis sechs Grad (Kühlschrank, Balkon?). Beachte das Haltbarkeitsdatum. Ist es abgelaufen, solltest du es nicht mehr anwenden. Entsorge es.

Hundebiss: Dich wird kein Hund beißen. Hunde sind zu diesem Zeitpunkt alle schon im Kochtopf gelandet!

So behandelst du Magen-Darm-Probleme: Wärme. Ruhe. Heidelbeeren. Kein Spaß. Fangen wir mal mit Heidelbeeren an. Getrocknete Heidelbeeren helfen gegen allerlei Probleme mit Magen-Darm-Bezug. Du bekommst sie im Internet oder im Bioladen. Sie sind nicht billig. Besorg sie dir, bevor der Blackout dir einen Strich durch die Rechnung macht. Kamillentee kann bei fast allen krampfartigen, entzündlichen Magen-Darm-Beschwerden eingesetzt werden. Am besten ist, du machst eine Rollkur. Trink dazu sitzend eine oder besser noch zwei Tassen starken Kamillentee, noch bevor du das Bett verlässt. Danach legst du dich wieder hin. Leg dich zuerst auf den Rücken und warte eine Weile. Danach legst du dich auf die linke, dann auf den Bauch und schließlich auf die rechte Seite. Zwischen den Wechseln warte immer so etwa zehn Minuten. Bist du fertig damit, ist dein ganzer Magen mit dem Tee, besser gesagt mit der Kamille benetzt. Das setzt voraus, dass du dir die unten aufgeführte Liste zu Herzen nimmst und dich ausreichend mit Kamillenblüten eindeckst. Auch Schafgarbe hilft. Greife hier zur Tinktur und/oder zum Tee. Was Wärme anbelangt, so sind Bett- oder Wärmflaschen genau das Richtige. Unsere Mütter wussten das. Hast du keine Wärmflasche, nimm eine normale Wasserflasche aus Metall von deinem Outdoor Equipment, fülle kochend heißes Wasser rein und stülpe eine Socke drüber. Das mache ich, wenn ich bei minus dreißig Grad Outdoor pofe.

Was jetzt noch fehlt, ist Ruhe und Schlaf. Schlafe bitte mit dem Glauben ein, dass die Welt auch ohne dich zu Grunde geht!

Um auszuharren sowie durchzuhalten – in einer mehr oder weniger angenehmen Art und Weise – ist es unabdingbar, gewisse Dinge daheim zu haben. Dazu zählt auf jeden Fall ein 1A ausgestattetes

Erste-Hilfe-Set. Wenn ich *sehr gut* sage, meine ich nicht nur ein paar Pflaster, eine Packung Paracetamol und zwei Verbände. Nein. Ich meine das volle Paket. Wenn jemand in deiner Familie an einer Krankheit leidet, die ständig oder periodisch unbedingt medikamentös behandelt werden muss, dann sorge für einen möglichst umfangreichen Medikamentenvorrat. Ein 1A ausgestattetes Erste-Hilfe-Set sollte Folgendes enthalten.

- **Ein Blutdruckmessgerät.** Das Wissen, dass mit deinem Blutdruck was gewaltig nicht stimmt, brächte dich in Notzeiten vielleicht nicht wirklich weiter. Das Gegenteil sollte dir aber zumindest eine Überlegung wert sein. Der Blutdruck von allen

Familienmitgliedern stimmt. Topmeldung. Allein die Aussage beziehungsweise diese Sicherheit, dass hier alles im grünen Bereich ist, ist Prädikat wertvoll. Nenn die Sache mal Placebo! Zur Erinnerung: Blutdruckwerte von maximal 120/80 im Ruhezustand gelten bei einem Erwachsenen als ideal. Beim Schulkind sind 100/60 gut und beim Jugendlichen liegst du mit 110/70 goldrichtig. Ich selbst habe die Erfahrung gemacht, dass kein Gerät misst wie das andere. Mein billiges OM50 von Visocor ist mir also gerade gut genug.

- **Breitband-Antibiotika.** Auch die Antibiotika, die normalerweise der ärztlichen Verschreibungspflicht unterliegen wie zum Beispiel Amoxicillin oder Moxifloxacin. Wie du da ran kommst, überlasse ich deinem Genie, sag dir aber, dass du das Zeug brauchst. Das soll nun aber auf keinem Fall ein Aufruf sein, sämtliche Apotheken in deiner Nähe zu plündern. Besteht wenig Hoffnung darauf, an Antibiotika heranzukommen, nimm natürliche Antibiotika. Geh heute noch in einen Bioladen. Ich sagte BIOLADEN! Kaufe dir ein paar Gläser Honig und je ein gemahlenes Pfund Kurkuma und Pfeffer – jeweils in Bio-Qualität. Bio ist teuer, okay. Aber es lohnt sich allemal. Dann mach Folgendes. Nimm eine kleine Schüssel, mach ein halbes Glas Bio-Honig (250 Gramm) rein, füge drei Esslöffel Kurkuma und etwas weißen Pfeffer hinzu und rühre um. Gib nun jeden Tag jedem deiner Kids einen Teelöffel dieser Paste. Vergiss deine Frau und dich nicht. Honig und Kurkuma (in einer Allianz mit dem Pfeffer) sind natürliche, sehr starke Antibiotika. Honig besitzt desinfizierende Eigenschaften und Kurkuma antioxidative, antimikrobielle sowie entzündungshemmende Wirkstoffe. Zu den weiteren und bekanntesten natürlichen Antibiotika gehören Knoblauch, rote Zwiebeln, Ingwer und Apfelessig.
- **Schmerz- und Fiebermittel.** Zum Beispiel ASS, Ibuprofen und Paracetamol. Mittel gegen Durchfall und Verstopfung. Mehrere Tuben Wund- und Heilsalbe.
- **Medikamente zur Behandlung von krampfartigen Beschwerden.** Arznei für Darm, Gallenwege, Blase und Gebärmutter etc. bietet sich an.

- **Fieberzäpfchen oder Fiebersaft für die Kleinsten.** Diese Zäpfchen sind verdammt wichtig. Nur Eltern, die ganze Nächte am Bett ihrer vom Fieberwahn gekrümmten Kinder wachten, haben Wissen um diese Wichtigkeit.
- **Getrocknete Kräuter.** Kamillenblüten. Samen der Mariendistel. Getrocknete Pfefferminzblätter.
- **Desinfektionsmittel, Gummihandschuhe, einfache Atemschutzmasken, Chlorbleiche und Jod**. Sehr viel von alldem.
- **Kolloidales Silber.** Z. B. zur Hilfe bei Erkrankungen der oberen Atemwege, bei Entzündungen im Mund-Rachen-Raum und bei Hauterkrankungen. Kolloidales Silber tötet verschiedene Krankheitserreger innerhalb von ein paar Minuten nach der Einnahme ab. Es lässt sich auch zur Aufbereitung von Wasser einsetzen.
- **Wundpflaster und Verbände in verschiedenen Größen.** Einige elastische Binden. Wundauflagen. Ein oder zwei Dreieckstücher, um daraus eine Armbinde zu machen. Eine Solution zur Wunddesinfektion. Eine kleine Schere, eine Pinzette sowie eine Zeckenzange. Ein paar Dutzend Einmalhandschuhe.
- **Defibrillator**. Wenn du über ausreichend Rücklagen verfügst. Ein Defibrillator ist dazu gedacht, den natürlichen Herzrhythmus wiederherzustellen. Dann zum Beispiel, wenn jemand lebensbedrohliche Rhythmusstörungen hat. Über Elektroden gibt das Gerät direkt auf der Brust des Betroffenen diverse Stromstöße ab. Bitte beachte, dass ein Defibrillator einweisungspflichtig ist.
- **Katheter**. Sich selbst (oder anderen) bei Bedarf einen zu Katheter legen, ist keine Teufelei. Darüber gibt es zahlreiche Videoanleitungen, du musst nur richtig recherchieren. Menschen mit Blasenentleerungsstörungen erlaubt dieses Wissen in der praktischen Anwendung einen Schritt in ein selbstbestimmtes Leben. Keinen Katheter zu haben, wenn dringend einer gebraucht wird? Das kann schlimme Folgen haben.
- **Ein Tourniquet.** Zum Stoppen des Blutflusses bei sehr stark blutenden Wunden.

Wunden selbst nähen und Herzdruckmassage

Zu wissen, wie man eine Wunde näht und eine Wiederbelebung (Reanimation) mittels Herzdruckmassage durchführt, frisst kein Brot. Überhaupt rate ich dir dazu, beizeiten deinen Erste-Hilfe-Kurs aufzufrischen oder gar den Lehrgang zum Ersthelfer zu absolvieren, wenn du den nicht schon hast. Ein Wort zum Wunden nähen: Nehmen wir an, dein Kind hat eine tiefe Fleischwunde. Ein Arzt kommt nicht, weil Ärzte nur noch in absoluten Hammernotfällen ausrücken. Die Krankenhäuser sind regelrecht belagert. Was also bleibt dir anderes übrig, als die Wunde selbst zu versorgen? Doch wie macht man das? Im Handel gibt es ein sogenanntes *Suture Practice Kit.* Dabei handelt es sich um nichts anderes als um ein komplettes Naht-Übungs-Set (chirurgisches Nahtset). Einmal ausgepackt siehst du ein Silikon-Nahtpad mit vorgeschnittenen Wunden sowie Nadelhalter, Pinzette, Nahtscheren verschiedener Größen, Skalpell-Klingen und Nähfaden. Natürlich wird explizit darauf hingewiesen, dass das Ganze nur für Medizinstudenten gedacht ist und ausschließlich Demonstrationszwecken dient. Ich jedoch rate dir, dir so ein Set zuzulegen und – vielleicht zusammen mit deiner Frau – zu üben, wie man eine Wunde sauber desinfiziert und näht. Es gibt dazu auch Videos, mach dich einfach schlau. Damit allein ist es natürlich nicht getan. Du solltest dir auch überlegen, wo du gegebenenfalls ein echtes Naht-Set herbekommst. Die Rede ist von Nahtmaterial, Pinzetten, Skalpellen und ich erspare mir den Rest. Doch das dürfte kein Problem sein. Vergiss Desinfektionsmittel und OP-Handschuhe aus Naturlatex nicht und denke auch daran, dass die Prozedur schmerzhaft ist. Bei oberflächlichen Wunden könnte ein Vereisungsspray zur Schmerzbekämpfung genügen.

Als Alternative zum Nähen gibt es Wundnahtstreifen, Klammern und Gewebekleber. In Frage kämen auch bestimmte Salben zur Anästhesie (Betäubung) der betroffenen Hautbereiche. Das alles machst du aber nur im Notfall oder wenn kein Arzt oder Sanitäter sich um deine Lieben oder um dich kümmern kann. Gehe bezüglich einer Herzdruckmassage folgendermaßen vor:

- Knie dich neben den Patienten ab.
- Lege den Ballen einer Hand auf das untere Drittel seines Brustbeins.
- Setze den Ballen der anderen Hand auf die erste Hand.

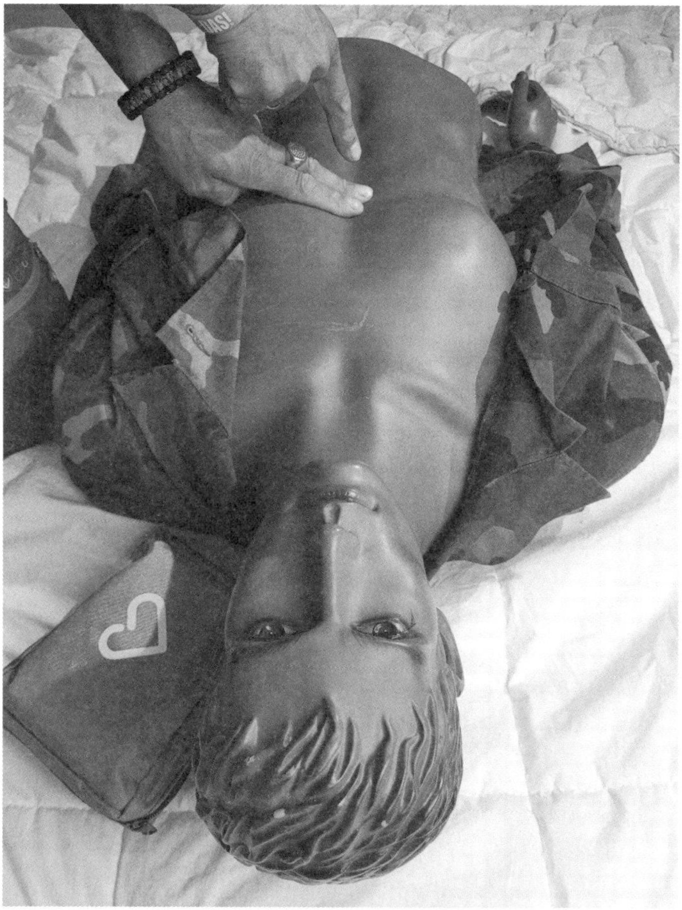

- Strecke deine Arme durch, verlagere dein Gewicht vertikal über den am Boden Liegenden und drücke stoßweise 30 x und mindestens fünf bis sechs Zentimeter tief mit einer Frequenz von bis zu 120/Minute.

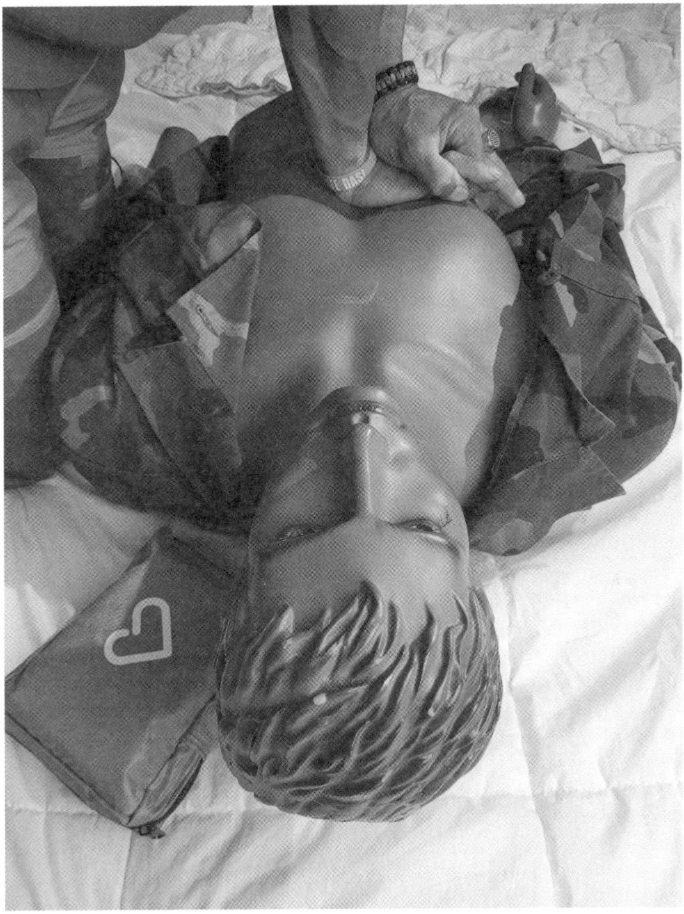

- Achte darauf, dass die Druck- und Entlastungsdauer immer gleich ist.

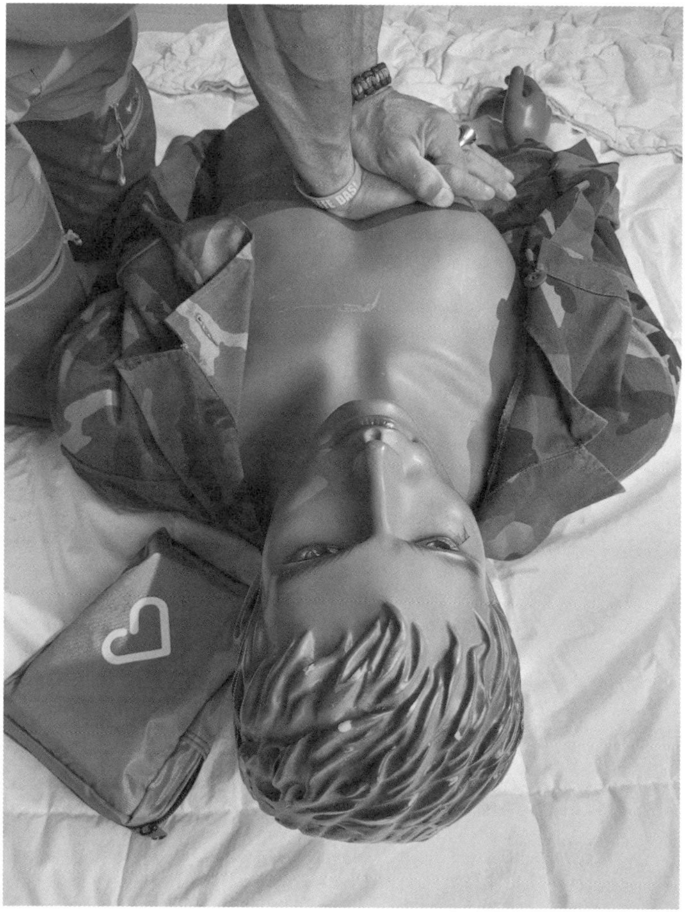

- Im Anschluss gehst du zur kombinierten Herzmassage über. 30 x drücken, 2 x beatmen.

Abhängig? Ja, aber …

Wir haben uns vom System *krank werden (Unfall haben) – Arzt besuchen – Überweisung zum Facharzt – Krankenhausbesuch* so ziemlich abhängig gemacht. Dabei geriet die einst hochgelobte traditionelle

Medizin völlig aus unserem Fokus. Auch die sogenannte Alternativmedizin löst bei vielen Menschen eher ein Kopfschütteln aus und erzeugt, läuft es mal nicht so wie erwartet, einen bitteren Nachgeschmack. Nichtsdestotrotz ist es genau diese Art von Medizin, die auf wundersame Art und Weise sehr oft Heilung bringt. Denk darüber nach. Im Internet kursieren Hunderte von PDF-Dokumenten diesbezüglich, die nur darauf warten, von dir heruntergeladen und gelesen zu werden. Mach das, *bevor* Krise und Blackout das gar nicht mehr zulassen. Mach es am besten gleich heute noch! Hast du das getan, setz dich hin und lese. Sauge Wissen in dich auf, denn Wissen ist Macht. Natürlich wirst du im Angesicht einer schlimmen Krankheit oder einer ernsthaften Verletzung sehr bald schon an deine Grenzen stoßen (es sei denn, du bist Arzt oder Krankenpfleger), aber zumindest kannst du mit deinem Wissen kleinere *Wehwehchen* behandeln.

Stell dir deine Ohnmacht in einer der folgenden Situationen vor. Eines deiner Kinder hat einen komplizierten, offenen Drehbruch am Unterarm. Es gibt weit und breit keinen Arzt. Alle Krankenhäuser sind hoffnungslos überfüllt oder bereits runtergefahren: Notstand! Notarzt? Pustekuchen! Sicher weißt du, wo du Ärzte in deiner Stadt findest. Da deren Kabinett aber womöglich geschlossen ist, erkundige dich, welche Ärzte ganz in deiner Nähe wohnen. Wichtig ist, zu erkennen oder dies zumindest zu versuchen, welche Krankheiten oder Verletzungen du selbst behandeln könntest und welche gar nicht. Durchfall lindern, liegt in deiner Macht, wobei du zeitnah klären müsstest, was ihn ausgelöst hat. Bei einer Blinddarmentzündung sieht es schon anders aus. Hier muss ein Arzt her – und zwar sofort! Eine Blinddarmentzündung kann dein Kind das Leben kosten. Zu erkennen, ob dein Kind oder deine Frau eine Gastritis oder eine Appendizitis haben, ist nicht leicht. Die Symptome sind sich sehr ähnlich. Bist du dir unsicher, dann warte nicht. Ziehe die Entscheidung, einen Arzt aufzusuchen, nicht auf die lange Bank. Ich glaube, wir verstehen uns.

Modus Operandi?

Ich stelle mir gerade vor, eines meiner Kinder würde sehr krank werden oder sich ernsthaft verletzen. Das Erste, was ich tun würde, wäre dem Arzt, der in meiner unmittelbaren Nähe wohnt, die Tür einzurennen: Notfall! Ich würde erst wieder gehen, wenn er seine Pflicht getan hätte. Würde er sich weigern ... gut, ich rede mich ungern um Kopf und Kragen!

Vergiss die Kleinsten nicht. Du hast ein Baby oder ein Kleinkind zu Hause? Dann besorg dir Windeln und Feuchttücher für einige Monate. Denk des Weiteren an Tampons und Binden für die weiblichen Mitstreiter.

Reden wir (weiter) über unangenehme Sachen. Nicht schön, sicher, aber es muss darüber gesprochen werden.

- Besorg dir drei oder vier 10-Liter-Plastikeimer. Sie dienen dem Transport von Wasser und Fäkalien. Ja, du hast richtig gelesen. Fäkalien! Sollte nämlich das Klo – *es läuft kein Wasser mehr* und *alles häuft sich an, weil das Zeugs nicht runter flutscht, wenn ich auf den Knopf drücke* – ausfallen, ist irgendwann der Punkt erreicht, an dem die Fäkalien aus der Toilette evakuiert werden müssen. Tust du es nicht, läufst du Gefahr, unter den Bergen eurer eigenen Kacke zu ersticken, vom Geruch mal ganz zu schweigen. Ein Erwachsener produziert am Tag etwa einen Liter Urin und ein Pfund Kacke. Zwei Erwachsene und zwei Kinder: wow! Sind die Leitungen nicht verstopft, könntest du jetzt hergehen und die Exkremente mit dem Wasser runterspülen, das du gehortet hast. Das wiederum würde unweigerlich zu Wasserknappheit führen. Überleg mal, wie viele Liter Wasser du pro Spülgang bräuchtest. Drei? Vier? Mehr? Egal. Deine Wasservorräte wären schneller erschöpft, als du denken kannst. Auf dem Land und möglicherweise in relativer Sicherheit wäre das alles kein Problem. Loch graben, Donnerbalken drüber, fertig. Selbst in der Stadt im Garten wäre das eine Option. Du aber wohnst im Hochhaus. Zweite, dritte oder vierte Etage. Entweder machst du jetzt die dicken, schwarzen Plastik- oder Müllsäcke in die Kloschüssel oder du steckst sie in einen Eimer. Hast du keinen von diesen dicken Säcken, steck einfach zwei dünnere ineinander. Die Säcke kannst du nach jedem Klogang mit Schnur zubinden. Sind sie voll, ab damit in die hinterste Ecke deiner gruseligsten Kammer. Das alles machst du natürlich nur, wenn es zu gefährlich ist, sich aus dem Haus zu wagen. Sicherlich bist du jetzt etwas geschockt, aber was hättest du denn für Alternativen? Einen kleinen Donnerbalken auf dem Balkongeländer, darauf hoffend, dass unten grad keiner vorbeiläuft? Gute Idee. Aber natürlich nur im Notfall. Jetzt kommt auch das gute alte Toilettenpapier wieder ins Spiel. Die Stunde der strikten Rationierung hat geschlagen.

- Wie viele Menschen sterben pro Tag in einer deutschen Großstadt? Zwanzig? Dreißig? Fünfzig? Ich weiß es nicht. Was ich aber befürchte, ist, dass es in Zeiten einer faustdicken Krise erheblich mehr sein werden. Das dürfte jedem klar sein. Kein Strom, keine OPs. Keine Dialyse. Keine Post. Kein Medikamententransport. Schleichende Gewalt. Marodierender Mob. Müll in den Straßen, Krankheiten häufen sich, hohe Kriminalität. Keine Notärzte oder gar Helikopter vom ADAC. Den Rettungswagen zu rufen ist längst reine Zeitverschwendung. Ja, es werden erheblich mehr Opfer sein. Hast du in diesen Zeiten einen Sterbefall, was glaubst du, wie lange es dauern wird, bis ein Arzt und/oder das Bestattungsinstitut bei dir auftaucht? Ich will es dir sagen. Möglicherweise wartest du umsonst. Was du also dringend benötigst: Tape und große Plastiksäcke mit einem Volumen von mindestens 150 Liter. Erweise im stillen Kreis und voller Respekt dem Verstorbenen die letzte Ehre, dann verpacke den Körper in Plastiksäcken und tape diese sauber zu. Alternativ dazu dienen auch Duschvorhänge oder irgendwelche Decken, wenn du sie entbehren kannst. Dein Keller könnte der ideale Ort sein, den Verstorbenen ein paar Tage aufzubewahren. Schreibe auf, wann und unter welchen Umständen das Opfer verstorben ist. Vergiss den Namen, das Geschlecht und das Geburtsdatum nicht. Ableitend davon: Wenn du deine Vorbereitung für die Krise triffst, vergiss die Bibel nicht!

  Wohnst du außerhalb der Stadt auf dem Land, dann begrabe oder verbrenne den Toten. Achte darauf, dass dies weit weg von irgendwelchen Wasserquellen geschieht, damit das Grundwasser nicht verunreinigt wird. Wenn du ihn begräbst, dann mach

das Loch mindestens zwei Meter tief. Tust du das nicht, graben ihn womöglich die Wildtiere aus. Merk dir genau, wo das Grab ist. Kennzeichne es. War der oder die Tote vor dem Ableben von einer Krankheit befallen, die du nicht zuordnen konntest, dann desinfiziere alles, was mit ihm Kontakt hatte. Wasche deine Hände mit einer Wasser-Chlorbleiche-Lösung.
Tipp: Fasse nie einen Toten, den du zu Lebzeiten mitnichten gar nicht kanntest, mit bloßen Händen an. Ja, das alle hört sich ziemlich mies an, aber wir könnten eben bald in verdammt miesen Zeiten leben.

Schwangerschaft und Geburt in Zeiten der Krise.

Tod und Leben sind sich oft sehr nahe. Es kann sein, dass deine Frau im neunten Monat schwanger, weder einen Arzt noch eine Hebamme oder gar ein Krankenhaus aufsuchen kann. Die Sicherheitslage lässt das möglicherweise nicht zu. Lass dir einfach gesagt sein, dass meine Frau und ich unseren heute 4-jährigen Sohn ohne ärztliche Hilfe und ohne Hebamme (ich war die Hebamme) daheim in unseren vier Wänden in einem Geburtspool zur Welt gebracht haben. Es war eine sanfte und schöne Geburt. Wir hatten keine Angst. Zu keiner Zeit. Wir hatten keine Zweifel. Zu keiner Zeit. Wir wussten jederzeit, was in welchem Moment der Geburt zu tun war. Ich selbst fing den Burschen auf. Ich wartete, bis die Nabelschnur nicht mehr pulsierte, schnitt sie dann durch und klemmte sie ab. Mach aus dieser Information, was du möchtest. Was ich möchte, ist klar: dir die Angst nehmen. Eine Geburt ist die natürlichste Sache der Welt. Nur machen viele Ärzte einen Brief mit sieben Siegeln daraus. Da hat sich eine ganze Industrie auf etwas völlig Natürliches gestürzt. Mamas und Papas Ängste schüren: Los geht's!

Es könnte zu Komplikationen kommen.

Nein, nein, das Kind muss im Krankenhaus zur Welt kommen, es sollten mindestens drei Ultraschalluntersuchungen gemacht werden. Und natürlich auch eine (am besten zwei) Blutuntersuchung auf Toxoplasmose,

Listeriose und Zytomegalie. Vor allem sollte es, wenn möglich (und wir machen es möglich), per Kaiserschnitt zur Welt kommen und überhaupt ist eine Geburt in den eigenen vier Wänden viel zu gefährlich! Das geht gar nicht!

Dass es aber doch geht, das haben nicht nur wir, sondern viele andere Paare par excellence bewiesen. Blick zurück: Meine Mutter hatte sieben Kinder. Fast alle erblickten ihr erstes Tageslicht daheim. Ohne Arzt. Dies gesagt, würde ich es mir heute zwei Mal überlegen, ob ich gerade in dieser Phase unserer Geschichte noch einmal Papa werden möchte. Da würde ich ganz gechillt noch etwas warten. Zumindest so lange, bis der kommende Winter rum ist.

Solidarität. War da was?

Dein Augenmerk sollte sich auch auf alleinstehende schwangere Frauen richten. Kennst du jemanden in deiner Verwandtschaft, auf den das zutrifft, dann überlege dir, sie zumindest für den Winter zu dir zu holen. Wo Platz und Essen für fünf ist, ist auch Platz und Essen für sechs. Na ja, dann wären es sieben.

Hast du schon Mal den Ausdruck Doula gehört? Nein? Frag deine Frau, die weiß sicherlich, um was es geht. Doulas sind eigens geschulte Frauen, die werdende Mütter durch Schwangerschaft und Geburt bis ins Wochenbett begleiten. Ist deine Frau schwanger, kontaktiere eine Doula. Es gibt sie in fast allen Großstädten. Lade sie zu euch nach Hause ein. Sie kann euch oben genannte Ängste nehmen und für eine Geburt zu Hause Sicherheit und Wissen vermitteln. Oder die Geburt in Person begleiten. Aber jetzt schnell zurück zur Tagesordnung.

Toilettenpapier, war da nicht was?

Toilettenpapier ist für die tägliche WC-Hygiene unerlässlich geworden. Hast du aber keines, ist das nicht lebensbedrohlich. Es gibt also keinen Grund dafür, sich der Paranoia mancher Menschen anzuschließen, die in Krisenzeiten einen Run sondergleichen auf Klopapier veranstalten und alle mit diesem dummen Gehabe anstecken. Manchmal habe ich das Gefühl, dass Klopapier einigen Leuten ein

Gefühl der Sicherheit verleiht. Ganz nach dem Motto: Mein Popo ist sauber, mir kann doch nichts passieren! Findet da etwa ein unterschwelliger Vergleich der eigenen Egos mit ihren Ärschen statt? Gegebenenfalls wären das Fälle für einen Psychiater. Klopapier zählt zu den Gadgets, um die ich mir keine Sorgen mache. Im Ranking von 1 bis 100 läge es bei mir so circa auf Platz 97. Klopapier lässt sich rationieren. Und zwar drakonisch. Mit etwas Disziplin schafft man es mit einer Rolle sehr weit. Diszipliniere deinen Clan, beobachte wie schnell die Rollen sich in Luft beziehungsweise in eine braune, undefinierbare Masse auflösen und geh dann mit Hirn und der nötigen Zurückhaltung das Minimalsoll einkaufen.

Eher würde ich das Geld in gute, schwarze und sehr dicke Müllsäcke und viel Schnur investieren. Oder zumindest einen Teil davon. Mit den Müllsäcken kannst du nicht nur Lebensmittelabfälle entsorgen beziehungsweise auch lagern, sondern wie bereits erwähnt die Fäkalien abfüllen, zubinden und entsorgen. Hier sei angemerkt, dass es eine gute Idee wäre, sich einige Flaschen Desinfektionsmittel für die Hände anzuschaffen. Doch damit nicht genug. Müllsäcke eignen sich besonders gut für den Transport von Wasser und/oder anderen Dingen. Sie schützen Dokumente, ersetzen eine kaputte Fensterscheibe und du kannst im ungünstigsten Fall damit eine behelfsmäßige regendichte Outdoor-Notunterkunft bauen.

Apropos Fensterscheibe. Ganz zu Beginn des Krieges in Sarajevo zerdepperten Artillerie- und Mörsergranaten alle Fensterscheiben, die es gab. Die Männer besorgten Plastikplanen (meist via Paletten von Nahrungsmitteln des UNHCR), die Frauen und Kinder schnitten sie zurecht und spannten sie vor die Öffnungen. Damit die Kälte draußen blieb. Überhaupt spielte sich das Leben in der Stadt auf zwei horizontal voneinander getrennten Ebenen ab. Es gab Über- und Untertage. Die oberirdische Stadt war ein äußerst gefährliches Terrain. Sich tagsüber zu zeigen, war mit hohem Risiko verbunden. Die Bewegungen der Menschen waren auf ein Minimum reduziert. Im Gegensatz dazu wurde die unterirdische Stadt immer mehr zu einem Ort, an dem die Menschen ihren Alltag verbrachten. Schlafen, essen, spielen, kochen, Kultur schaffen und von besseren Zeiten träumen – das fand abgeschirmt von den neugierigen Blicken anderer Menschen statt.

WICHTIG! Im Krisenkontext ist der Teufel oft ein Eichhörnchen. Vermeide es daher, jeden x-Beliebigen Freak darauf hinzuweisen, dass dein Zuhause krisenfest ist, dass du jede Menge Wasser (Alkohol und Tabak) und Nahrung hast und dich die Krise unberührt lässt, weil du der Mega-Prepper bist. Es wird sich rumsprechen und zieht unweigerlich das Böse an, so wie Gestank die Fliegen anzieht. Ebenso ist es wichtig, diejenigen sehr gut auszuwählen (dein soziales Netzwerk), denen du deine Pläne in Sachen Vorbereitung/Nahrung/Urban Survival mitteilst. Schenke dein Vertrauen nur denen, die es sich in der Vergangenheit auch reichlich verdient haben. Sonst könnte es sein, dass alle halbe Stunde jemand an deine Türe klopft, um nach Wasser, Mehl oder einer Handvoll Kartoffeln zu betteln. Das könnte dich in die Bredouille bringen, da du anderen Menschen ja gerne helfen möchtest. Sie tun dir leid, weil sie weniger haben als du oder gar nichts. Doch sei wachsam und sei stark. Du hast Familie. Einfach mal Nein zu sagen ist oft von großem Vorteil. Hüte dich vor dir völlig unbekannten Menschen und vor bekannten Manipulatoren. Um es mit den Worten des amerikanischen Generals James Mattis zu sagen: Sei nett, sei professionell, aber habe einen Plan, um jedem, der dir böse ans Leder will, das gleiche Schicksal widerfahren zu lassen! Mit anderen Worten: Sei misstrauisch und wehrhaft und richte dich darauf ein, dich im Ernstfall nur auf dich selbst verlassen zu können.

Raus aus der Abhängigkeit, rein in die Selbstbestimmung – Sei ein Steppenwolf: Du – und nur du – bist verantwortlich für dein Leben. Du bist, wie du bist, weil du durch deine eigene, freie Willensentscheidung, durch deine Gedanken, deine Gefühle, aber auch durch das Geben oder Verweigern deiner Aufmerksamkeit gewissen Dingen oder Personen gegenüber, einen inneren Entschluss gefasst hast. Den Entschluss, ein echter Mann zu sein. Unabhängig. Frei. Stolz. Einfach du. Unsere Männergesellschaft ist teilweise von einer sogenannten Weicheimentalität geprägt. Viele klagen über kleine Gebrechen und vielleicht auch (völlig zu Recht) über etwas Größere. Sie begeben sich dabei viel zu oft in die totale Abhängigkeit der Ärzte und Therapeuten. Ich sehe das sehr kritisch. Die Menschen haben verlernt, Eigenverantwortung zu übernehmen. Sie geben ihr Schicksal nur allzu sträflich in fremde Hände. Wenn ich sage Eigenverantwortung, meine ich eigene Verantwortung in Sachen Familie und Gesundheit. Einmal die Woche wegen Peanuts zum Arzt zu rennen, kommt einer Kapitulation vor dem Leben gleich.

Vielmehr solltest du gewisse Selbstheilungsprozesse abrufen. Sie schlummern in jedem von uns. Sei zutiefst davon überzeugt, dass du stärker bist als irgendwelche Geschwüre oder Infektionen. Möglicherweise ist dem nicht immer so, aber allein schon die Art, genau so und nicht anders zu denken, ist eine sehr große Lebenshilfe in Zeiten, in denen es dir nicht gut geht. Positives Denken, eine ansprechende Lebensweise (kein Tabak, kein Alkohol, weniger Stress), eine gesunde Ernährung, reichlich Bewegung und eine gute Portion Selbstwertgefühl sind Kapital. Führe ein einfaches Leben ohne Völlerei. Sei nicht träge, sondern immer aktiv, bleib in Bewegung *wie ein Steppenwolf*, der neugierig und hungrig stets auf der Suche nach neuen Abenteuern ist. Wenn du dich von früh bis abends immer nur satt fühlst, hast du den falschen Weg eingeschlagen. Vergiss das Staunen nicht. Freue dich über die kleinen Dinge im Leben. Hör dann auf zu essen, wenn du noch etwas essen könntest, wenn du noch hungrig bist. Glaube an dich. Wenn du in deinem Leben den Sinn erkennst und dankbar und voller Freude und Zuversicht deinen Weg gehst, brauchst du den Arzt nicht unbedingt jeden zweiten Tag. Männer werden krank, weil sie den Sinn ihres Daseins nicht finden können oder denselben verloren haben.

Der nächste Winter kommt bestimmt: Sorge für Alternativen zu Strom und Gasheizung

Wer in seinen eigenen vier Wänden einen Holzofen oder einen Kamin hat, sollte sich einen Holzvorrat anlegen – und zwar im Schweinsgalopp: Holz, Briketts aus Kohle und Pellets aus Holz werden bald unbezahlbar sein!!!

Zum Einstieg eine Nachricht aus Frankreich. Ende August 2022 sahen sich viele Franzosen gezwungen, Brennholz für den Winter zu horten. Strom wurde ihnen langsam zu teuer. Die Nachfrage nach gutem Brennholz war gleich so groß, dass die Holzhändler und einschlägige Unternehmen die Flut der eingehenden Bestellungen nicht mehr meistern konnten. Gleichzeitig stieg der Absatz von Holzöfen und Kaminen innerhalb eines Jahres um das 1,5-Fache. Nach Angaben der Händler müssen die Kunden zweieinhalb Monate (oder länger) auf die Holzlieferung warten. Selbst vor dem Hintergrund, dass der Preis für einen Kubikmeter Holz durchschnittlich um zwanzig Prozent gestiegen ist, gaben die meisten Franzosen zu, dass es rentabler ist, mit Holz zu heizen, als Gas oder Strom als Energie für Wärmequellen zu verwenden (Quelle: France Info). Back to the Future, war da was? Das eigentliche Problem ist, dass sich dasselbe (oder zumindest ein ähnliches Schema) in immer mehr europäischen Ländern abzeichnet. Holz ist ein Luxusgut. Und Luxus hat halt seinen Preis.

In letzter Minute: Zu dem Zeitpunkt, an dem ich diese Zeilen schreibe, flattern gleich mehrere Warnungen mit folgendem Inhalt auf meinen Tisch.

- *Der Bundesverband Brennholzhandel und Brennholzproduktion e. V. warnt vor Betrug beim Online-Brennholzkauf. Brennholz ist derzeit teuer, daher suchen viele Menschen nach Schnäppchen und werden im Internet fündig. Immer wieder werden uns Betrugsfälle gemeldet. Interessenten bezahlten das gewünschte Holz im Voraus, etwa per Kreditkarte oder Banküberweisung, erhielten die Ware jedoch nicht.* Quelle – https://www.bundesverband-brennholz.de/warnung-vor-betrug-beim-kauf-von-brennholz/

Und …

- *Betrüger nutzen die Angst vor knapper Energie. In Fake-Shops bieten sie billiges Brennholz oder Solaranlagen an. Kunden sollten vorsichtig sein.* Quelle – https://www.morgenpost.de/wirtschaft/

Und …

- *Der Trick mit dem Holz, das es nicht gibt. Eine Bande von Betrügern bietet im Internet Holz zum Verkauf an, das gar nicht existiert. Für die Opfer der Masche wird es teuer, schreibt der Beobachter.* Quelle – https://www.blick.ch/wirtschaft/

Oder…

- *Die Masche ist raffiniert: Wer auf der Verkaufsplattform Marketplace von Facebook nach Brennholz sucht, findet derzeit Dutzende von Angeboten. Das Holz lagert angeblich in Ortschaften wie Fehraltdorf ZH, Willisau LU und Füllinsdorf BL.* Quelle – https://www.beobachter.ch/konsum

Das sind einige Schlagzeilen von vielen. Vorsicht ist geboten!

Wie mache ich das mit dem Holz?

In meinem ersten Winter in Schweden legte ich mir fünfzehn Kubikmeter Holz zu. Das war verdammt knapp. Vor allem vor dem Hintergrund, dass wir teilweise mit Temperaturen um die fünfunddreißig Grad Minus kämpften. Diesen Winter habe ich dreißig Kubikmeter. Damit komme ich bis in den nächsten Sommer rein. Für das Holz – gute Birke, geschnitten (35 Zentimeter Länge) und trocken – zahlte ich etwas mehr als zweitausend Euro. Das ist ein verdammt guter Preis, wenn man bedenkt, dass ich damit mein ganzes Haus (ein Kamin, eine Küchenhexe und ein kleiner Holzofen) von September bis weit über den Winter hinaus heizen kann. Auch stiehlt mir hier keiner das Holz. Ich habe zwei Hunde und bin selbst auch ein sehr wachsamer und wehrhafter Geselle. Generell empfiehlt es sich jedoch, das Holz vor den Blicken anderer gut zu verstecken und es wegzuschließen.

Weiter zur Tagesordnung.

Zunächst habe ich noch einen Tipp für dich. Sicher hast du selbst schon daran gedacht, bei großer Kälte (kein Strom, keine Heizung) einen Raum in deiner Wohnung zu wählen, in dem sich das ganze Leben abspielt. Einen Raum, dessen Fenster und Türen (vor allem nachts aus Diskretion) mit Decken verhangen sind. Dort wird gegessen, gekocht und geschlafen. Sechs Personen in so einem Raum, das könnte den Unterschied ausmachen: Frieren oder nicht. In diesem Raum könntet ihr für die Kleinsten sogar ein Zelt aufschlagen.

Der Temperaturunterschied zwischen diesem und den anderen Räumen dürfte beträchtlich sein. Jetzt zeige ich dir einige Alternativen zur Strom- und Gasheizung. Am besten ist, du wählst ein Zimmer, das nach Süden ausgerichtet ist, so dass in kalten Tagen die Wärme der Sonne den Raum flutet. Hast du eine von diesen alten Wohnungen, in denen die Decken sehr hoch sind, dann spanne eine große Plane oder zusammengenähte Decken auf 2,5 Metern Höhe. Ziel ist es, dass der Großteil der Wärme sich darunter sammelt und nicht nach oben einfach so verpufft. Je weniger Raumfläche geheizt werden muss, desto besser. An den Innenwänden könntest du Umzugskartons zu einer Art Mauer aufbauen. Pack da deine ganzen Sommerklamotten oder anderes Zeugs rein. Auch wenn es schaurig kalt ist, lüfte drei, vier Mal am Tag richtig durch.

Petroleum-Heizung/Petroleumofen: Notheizungen mit Petroleum sind ideal für den Einsatz bei einem Stromausfall. Sieh es als Übergangslösung. Das Ganze geht auch legal und problemlos in Innenräumen, insofern du einige sicherheitsrelevante Dinge beachtest – Varianten mit Kippsicherung zum Beispiel und ausreichende Belüftung in allen Räumen (Vorsicht Brand- und Kohlenmonoxidvergiftungsgefahr!). Ein Viertelliter Petroleum betreibt einen kleineren Petroleumofen für eine Stunde. Wenn man acht Stunden pro Tag heizt, benötigst du 180 Liter für drei Wintermonate. Bei zwölf Stunden wären das 270 Liter. In der Wohnung ist das Lagern verboten? Dann lagere so viel wie erlaubt ist und lagere den Rest aus. Leg dir ein Outdoorversteck an und hol dir von dort jeden Tag so viel, wie du eben für diesen Tag benötigst. Geh allein. Zeige niemandem das Versteck und sprich nicht darüber. Die Preise für Petroleum-Heizungen schwanken zwischen 75 und 500 Euro. Es ist also für jeden Geldbeutel was drin. 25 Liter Petroleum kosten zu der Zeit, in der ich diese Zeilen schreibe, im Schnitt 100 Euro. Die Preise dafür steigen jedoch rasant, die Verfügbarkeit sinkt. Wer zögert, den beißen die Hunde.

Gasherd: Noch ist Zeit, sich einen freistehenden Gasherd zu besorgen, der von Gasflaschen gespeist wird. Ich denke hier an einen Druckminderer Gasherd, betrieben von 11, 19 oder 33 kg Butan- oder Propangasflaschen. Zwei oder drei größere Gasflaschen und du kommst, selbst wenn du zwei Kinder hast, locker über den Winter. Der Vorteil ist: Das Teil sowie die Gasflaschen dazu hast du. Sollen sie doch den Strom abstellen. Du bist safe. Tipp: Propan verträgt Kälte besser als Butan. Butan hingegen ist vielseitiger verwendbar. Meine Wahl wäre Butan. Ein Nachteil ist, dass du für diese großen Gasflaschen viel Pfand hinterlegen musst. Üblich sind zwischen 25 und 30 Euro pro Flasche.

Gulaschkanone: Die gute alte Gulaschkanone ersetzt dir den Gas- oder Elektroherd. Du kannst damit kochen, braten oder Wasser für Kaffee und Tee oder gar zum Waschen warm machen. Meine hat ein Fassungsvermögen von etwa zehn Litern. Ich verbrenne alles, was brennbar ist, beschränke mich natürlich auf feste Brennstoffe wie Holz, Rinde, Tannenzapfen, Pappe und Papier. Diese Dinger sind so effizient, dass du mit sehr wenig Brennstoff – zwei Scheite Holz genügen in der Regel – für die ganze Familie kochen kannst. Ich gehe damit raus in den Garten. Die Gulaschkanone ersetzt den Holzkohlegrill par excellence. Da Grillen auf dem Balkon von Mietwohnungen grundsätzlich erlaubt ist – frag beim Vermieter nach und check bitte die Rechtslage sehr genau –, sollte auch hier der Gulaschkanoneneinsatz kein Problem darstellen. Eine günstige Gulaschkanone kostet 70 Euro, teure Varianten circa 230 Euro.

Der Teelichtofen bzw. die Teelichtheizung: Es gibt hier mehrere Varianten. Die geläufigste ist wohl die Ein- oder gar die Zwei-Topf-Methode. Für die erste Variante nimmst du einfach einen Blumentopf aus Terrakotta sowie einen Untersetzer aus demselben Material (oder eben aus Ton). Bohre in den Untersetzer ein Loch. Stecke eine

Gewindestange durch das Loch und verbinde damit den Blumentopf aus Terrakotta in der angepassten Höhe. Benutze Kotflügelscheiben und zieh die Schrauben nicht allzu fest an. Der richtige Abstand zwischen Topf und Untersetzer ist etwa zehn Zentimeter. Mit vier Teelichtern darunter erhitzt sich der obere Topf so krass, dass sehr schnell Temperaturen von über hundert Grad an seiner Außenwand gemessen werden können. Als Alternative zum Untersetzer kannst du auch drei oder vier einfache Blumentopffüße nehmen.

In einem meiner YouTube-Clips habe ich eine andere (für mich stimmigere) Variante gezeigt. Nimm einen Kochtopf, stell Teelichter rein. Packe zwei Backsteine drüber und gut ist es. Das Resultat haut mich heute noch sprichwörtlich von den Socken. Die verwendeten Backsteine erhitzen sich progressiv und geben die Wärme langsam, aber beständig ab. Es kommt tatsächlich zu einer nachhaltigen Erwärmung des Zimmers. Je enger die Backsteine beieinanderliegen (idealerweise bleibt kaum ein Zwischenraum an den Seiten), desto geringer die Chance, dass die Wärme der Kerzen einfach nach oben verschwindet.

Schamottstein-Ofen

Ich führe hier mal das Beispiel von Tina, Paco und Darleen an.

Die drei Deutschen hat es im Winter 2021 nach Schweden verschlagen. Es war ein knochenharter, eisiger Winter mit Minusgraden bis an die Grenze des Ertragbaren. Sie lebten teils in einem Beduinenzelt, teils in einem alten baufälligen Haus. Sagte ich Haus? Okay. Es war eher eine Ruine mit Fenstern, Türen und alten Geistern. In dieser Hausruine gab es keine Heizung. Alles war eckig, kantig, kalt und dunkel. Vögel hatten sich über die Jahre hinweg immer wieder im Kamin eingenistet, ihre Nester darin gebaut, die Rohre mit Kot verstopft. So wurde der Kamin verklebt und auf ewig unbrauchbar gemacht. Regen, Eis und Schnee trugen weiterhin dazu bei, dass er nicht funktionierte. Einmal war ich bei Tina und Paco zu Besuch. Als ich ankam, betrug die Außentemperatur minus fünfundzwanzig Grad. Es führten keine sichtbaren elektrischen Leitungen zum Haus. Gas gab es nicht. Von Solarenergie keine Spur. Umso größer war meine Überraschung, als ich zuerst ins Zelt und dann ins Haus trat – doch eins nach dem anderen. Das Zelt war auf den ersten Blick als solches nicht sofort erkennbar, weil Paco in weiser Voraussicht eine einen Meter hohe Mauer aus Schnee darum gebaut hatte.

Das hielt den Wind ab und die Wärme verflog nicht allzu schnell. Bei dem Zelt handelte es sich um ein feuerfestes Glockenzelt mit Ofenloch und Klappe. Ganz aus Baumwolle war es wasserfest und atmungsaktiv.

Ich erkenne so etwas auf den ersten Blick. Im Zelt herrschte eine Bullenhitze. Zur Erinnerung: Die Außentemperatur betrug minus fünfundzwanzig Grad. Ich ging nach drinnen. Mein Blick fiel auf einen winzigen Ofen. „Das ist ein Poshehonka Zeltofen", sagte mir Paco. Das Modell war aus Edelstahl und Aluminium. Er wurde mit Holz geschürt, das aus dem nahen Waldstück kam. Von dem Ofen ging ein Rohr ab und führte durch die Zeltschräge ins Freie. Paco erzählte mir von einem Tag, an dem draußen minus dreißig Grad Celsius herrschten. Mit dem Ofen und etwas Holz hatten sie es geschafft, eine Innentemperatur von zehn Grad plus zu generieren. Der Boden war mit alten Holzpaletten, einer Plane und mit Decken ausgelegt.

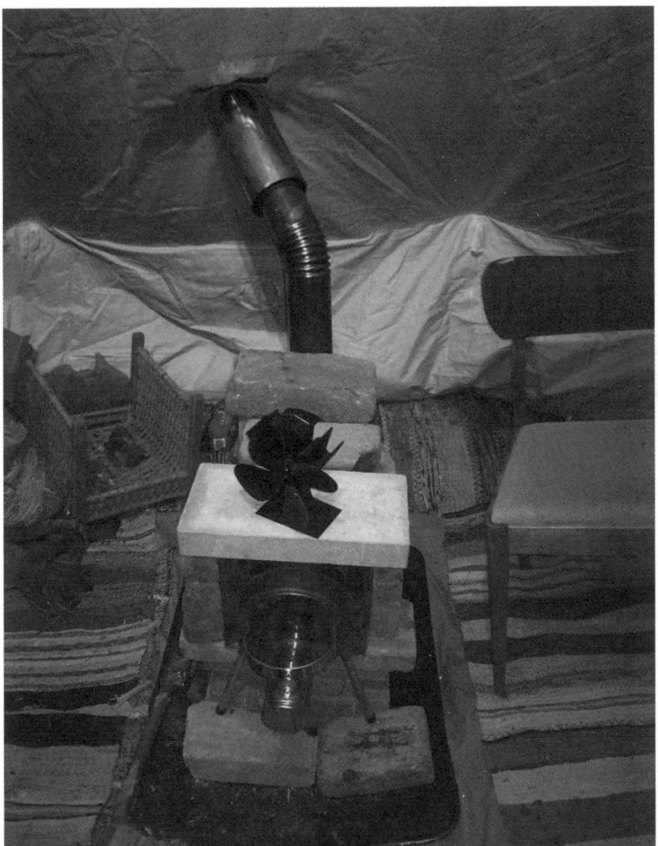

In einer Ecke des Zeltes standen ein Tisch und drei Stühle. Es roch angenehm nach Kaffee. Tina und Paco hatten wohl auch gehört, dass *No Coffee, No Workee* mein Slogan war. Nach dem Kaffee und einem sehr interessanten Gespräch führten sie mich ins Haus. In einem zentralgelegenen Zimmer im ersten Stock brannten Kerzen und Teelichtöfen. Tina hielt mir ein Thermometer vors Gesicht: Fünf Grad Celsius! Das war nicht sehr warm, sicher. Aber es war auch nicht so kalt, dass die beiden ständig mit Erfrierungen kämpfen mussten. Auf dem unbrauchbaren Küchenherd (alte Küchenhexe) lagen Backsteine im Quadrat. Obenauf sah ich zwei Schamottsteine und innen brannten vier Teelichter (mit acht Stunden Brenndauer, wie ich später erfuhr). Eine angenehme Wärme ging davon aus. „Schamottsteine erhitzen sich ziemlich schnell, halten aber die Hitze über lange Zeit und geben sie kontinuierlich wieder ab", erklärte mir Tina. Mit zwei solcher Öfen hatten Tina und Paco den Krieg gegen die Kälte eindeutig gewonnen. Aber dennoch: Während wir uns unterhielten, beobachtete ich vor unseren Mündern deutlich den von der Kälte in Eiskristalle umgewandelten Atem.

Nachts schliefen sie in Schlafsäcken auf alten Zeitungen, auf Pappe, Matratzen und eingemummelt unter zahlreichen Decken. Sie rückten eng zusammen, wärmten sich so gegenseitig. Survival pur, dachte ich! Ihr Wille, ihr Einfallsreichtum und ihr Mut trotzten selbst den widrigsten Umständen und ich zolle Tina, Paco und ihrer lieben Tochter Darleen an dieser Stelle den allerhöchsten Respekt. Den haben sie sich verdient.

Stell dir vor, du kommst aus einem Land, in dem die ambiente Innentemperatur der Wohnungen und Häuser auch im Winter nie unter neunzehn Grad fällt. Dann findest du dich plötzlich im verschneiten und vereisten Nordschweden wieder. Weißt du, welchen Kampf du stündlich gegen den eigenen inneren Schweinehund führen musst, um dich in dieser Kälte einigermaßen wohlzufühlen?

Das Glück der tüchtigen, ehrenhaften und auch erfolgreichen Schweinehundbekämpfer zog an Darleen, Tina und Paco nicht vorüber. Im Frühjahr fanden sie Hilfe bei anderen deutschen Auswanderern (Nicole und Christian, um die Namen zu nennen), was meine Ansicht über eine erfolgreiche und von Herzen kommende Solidarität nur bekräftigte.

Wusstest du, dass Franzbranntwein aufgrund seines Ethanolgehalts brennbar ist? Nein? Jetzt weißt du's. Wenn wir also schon bei Wärme sind, machen wir doch gleich weiter damit. Nimm dir eine leere Raviolidose. Bohre seitlich mit einem spitzen Messer drei oder vier kleine

Löcher rein. Stecke dann eine Klopapierrolle in die Dose. Nimm vorher bitte die Kartonage heraus. Gieße danach etwa 300 Milliliter Franzbranntwein über die Klopapierrolle und zünde das Ganze dann an. Du hast dir soeben einen genialen Miniofen gebastelt.

Und jetzt geht es weiter mit unserem roten Faden.

Wir sind uns einig. Wenn kein Strom aus der Steckdose kommt, hast du auch kein Licht. Deck dich also gut mit Kerzen und Teelichtern ein. Was heißt das für dich? Richtig! Du brauchst auch Feuerzeuge oder Streichhölzer. Bei Ikea bekommst du gute und auch billige Kerzen aller Größen. Du kannst sie in Verbindung mit Laternen einsetzen. Das verhindert, dass deine Wände schwarz vom Ruß werden und es ist sicherer. Leg dir zwei oder drei Taschenlampen zu und kauf ausreichend Batterien dafür.

Tipp: Besorg dir einige von diesen solarbetriebenen Gartenlampen. Sie benötigen acht Stunden Sonne, um dann im Gegenzug zwölf Stunden lang Licht abzugeben.

Bei allen Indoor angewandten Heizmethoden denke immer an Brandgefahr und an Kohlenmonoxid. Kohlenmonoxid ist eine chemische Verbindung aus Kohlenstoff und Sauerstoff. Dieses farb-, geruch- und geschmacklose Gas entsteht immer dann, wenn kohlenstoffhaltiges Material wie Gas, Holz, Kohle oder Öl unter unzureichender Sauerstoffzufuhr verbrannt wird. Das Einatmen dieses gefährlichen Atemgiftes kann zur Bewusstlosigkeit und in Folge zum Tode führen. Alarmierende Anzeichen sind Kopfschmerzen im Bereich der Stirn, Gliederzucken, Schwindel und Übelkeit. Denke also daran, ausreichend zu lüften. Lass zumindest ein Fenster immer einen kleinen Spalt offen. Besorge dir Rauch- und Kohlenmonoxidmelder. Sie geben Alarm und retten unter Umständen Leben. Und sie sind billig. Die billigsten Varianten von Rauchmeldern kosten 6,99 Euro, ein guter Kohlenmonoxidmelder etwa 30,00 Euro.

Ein oder besser noch zwei Feuerlöscher Typ ABC-Pulver ergänzen dein Rundum-Sorglos-Paket. Mit denen kannst du nicht nur Entstehungsbrände löschen, sondern auch ungebetene Gäste in Schach halten.

Mit dem Feuerlöscher einen Entstehungsbrand zu löschen ist keine Hexerei. Du solltest es aber ein oder zwei Mal geübt haben. Als ich 1979-1984 bei der Bundeswehr war, nahm ich an einer Selbst- bzw. Brandschutzausbildung teil. Das nannte sich damals SE-Lehrgang. Gefühlte hundert Jahre später wurde ich zum letzten Mal in Sachen Feuerlöschen unterrichtet. Das war 2014 im Jemen, als ich für YLNG auf einer sogenannten LNG-Gas-Plant arbeitete. In der Zeit dazwischen hatte ich mehrere Jobs in der Security-Branche. Bei den meisten Firmen, für die ich arbeitete, war es nicht nur üblich, sondern Pflicht, dass die Mitarbeiter in Sachen Brandschutz ausreichend eingewiesen wurden. Eine richtige Ausbildung diesbezüglich bekam ich aber erst am *Centre d'entrainement des techniques de survie,* kurz CETIS. Das CETIS hat seinen Sitz in L'Estaque, einem alten Fischerdorf in der Nähe von Marseille. Unsere Ausbilder waren professionelle Feuerwehrleute und ich nahm in diesem zweiwöchigen Kurs sehr viel Wissen mit. All dieses Wissen und die Erfahrungen im Gepäck kann ich dir guten Gewissens sagen, dass du erst in der Praxis schlau wirst. Das ist in allen Sachen so.

Auch in der Schweiz sowie in Österreich gibt es richtiggehend Lehrgänge dafür. Diese nennen sich einfach Feuerlöschtraining oder Brandschutzkurse. Ob es die in Deutschland gibt, entzieht sich meiner

Kenntnis. Soweit ich weiß, müssen hierzulande bestimmte Firmen ihre Mitarbeiter einmal im Jahr in Sachen Brandschutz schulen. Im Netz gibt es aber jede Menge Broschüren zum Runterladen in PDF-Form. Solltest du nicht fündig werden, nimm einfach einen Feuerlöscher, geh in die Pampa, mach ein kleines Feuer und übe es. Übung macht bekanntlich den Meister. In vielen schwedischen Küchen steht entweder ein E-Herd wie bei uns, oft aber auch die gute alte Küchenhexe. Wie bei mir. Rate mal, was rechts an der Wand meiner Küchenhexe hängt? Richtig. Eine Feuerlöschdecke. So ein Teil kostet 19,50 Euro und kann verhindern, dass aus einem satten Fettbrand ein schöner Hausbrand wird.

Noch ein Wort zu Holz, Kohle, Holzbriketts und Pellets. Insbesondere aber geht es mir um Holz. Stell dir vor, im kommenden Winter herrscht über längere Zeit ein totaler Blackout. Impliziert ist das völlige Fehlen von Gas und Strom. Was brauchen die Leute im Winter? Klar! Was zu essen, was zu trinken, Sicherheit und Wärme. Fürs Essen und Trinken hast du vorgesorgt. Sicherheit gibt es keine – zumindest nicht die absolute Sicherheit. Eine eventuelle Wärmequelle könnte dein Holzofen sein. Holz ist aber ausverkauft, du hast wenig oder gar nichts mehr auf Lager. Zur Stadt kommt keiner mehr raus, aber es gibt zwei Parks am Stadtrand sowie einen etwas größeren Park im Stadtzentrum. Weißt du, was da gerade abgeht? Ich sag es dir: Dort ist die Hölle los! Alle wollen sich dort Holz holen. Zwischenzeitlich ist man dazu übergegangen, Ordnungskräfte und Soldaten dorthin zu stellen, Auftrag: Das Absägen der Bäume um jeden Preis verhindern! Auf Deutsch heißt das weiter, dass die lieben Leute enttäuscht wieder heimgehen müssen. Zurück in ihren kalten Buden staut sich dann extremer Frust an. Die Menschen suchen nach Lösungen. Die Lösung könnte einfach sein: Das Holz im Schuppen oder in der Garage des Nachbarn drei Häuser weiter in Betracht ziehen. *Der hat doch vor zwei Monaten erst eine Lieferung Holzbriketts bekommen.* So oder ähnlich könnte die Lage aussehen. Wenn du also mit Kamin und Holzofen heizt, sichere deine Holzvorräte. In Großstädten ist diese Art Brennstoff teuer, ja fast unbezahlbar. Oder wie gesagt, gar nicht mehr vorhanden. Bad Boys werden Jagd auf diese Dinge veranstalten. Meine

Stieftochter, in Deutschland wohnend, hatte ihre Holzbrikettvorräte für den kommenden Winter in der etwas abseits liegenden Garage gelagert. Ich riet ihr, das Zeug in einer gut abgesicherten Kammer näher am Haus zu lagern.

Wenn dort jemand einbrechen will, würde …

A – der Hund sofort anschlagen.

B – der vom Strom unabhängige Bewegungsmelder angehen.

C – der Einbrecher am Knacken des besten Sicherheitsschlosses weltweit verzweifeln.

Ich rate also dringend zum Kauf eines Notstromaggregates. Nur sollte man hier einige Dinge beachten. Kraftstoffe wie Benzin und Diesel fallen in dem Augenblick weg, in dem es zu einem massiven Blackout kommt. Hast du nicht vorgesorgt, Pech aber auch. Auch sind die meisten Geräte so konzipiert, dass sie außerhalb der Wohnräume betrieben werden müssen und ich frage mich ernsthaft, ob das Sinn ergibt. Im besten Fall stehen morgens dann zwei Notstromaggregate anstatt nur eines draußen bei dir im Garten.

Ein weiterer Nachteil wäre die Geräuschkulisse. Ein Verbrennungsmotor macht eben nun mal Lärm. Lärm wie auch Licht ziehen Aufmerksamkeit auf sich. Die guten Notstromaggregate sind auch nicht gerade billig. In der Liste der meistgekauften zwanzig Produkte thront ganz oben ein Gerät für 299,00 Euro (das billigste), wobei das teuerste bereits bei 1299,00 Euro liegt. Es bliebe die Möglichkeit, sich ein solarbetriebenes Notstromaggregat (Photovoltaik-Anlage) anzuschaffen. Hier liegt der Vorteil darin, dass du unabhängig von herkömmlichen Kraftstoffen bist. Was die Preise anbelangt, sind die Dinger inzwischen nicht unbedingt sehr viel teurer als ihr Pendants, die noch mit Benzin oder Diesel funktionieren. Solar-Stromerzeuger arbeiten lautlos und sobald die Sonne scheint, wird die Speicherbatterie geladen. Das ist vom Ansatz her genau meine Kragenweite. Auch fallen (von der Anschaffung mal abgesehen) keine Betriebskosten mehr an. Fairerweise muss dazu gesagt werden, dass die Speicherkapazität einer Batterie stark begrenzt ist. Ist sie mal leer, muss die Sonne her, damit sie wieder aufgeladen wird. Vorsicht ist bei Leuten geboten, die in der Gegend herumziehen und mit Notstromaggregaten hausieren. Diese Geräte sind oft sehr teuer und im Betrieb unsicher.

Kleine Tipps am Rande: Nimm eine alte Blechdose wie zum Beispiel die gute alte Ravioli-Dose mit 1 kg. Mach seitlich Löcher rein. Schneide drei oder vier Kerzen in zwei Zentimeter dicke Scheiben. Wickle sie in ein Papiertuch, in eine Serviette oder ein Stück einer Küchenrolle. Drehe die Papierrolle so, dass oben eine Art Docht entsteht. Stecke das Kerzen-Papier-Paket mit dem Docht nach oben in die Dose. Stell die Dose vorsichtshalber auf einen Teller. Zünde den Docht an. Auf diesem selbst fabrizierten Ofen kannst du locker ein kleines Menü kochen oder gar ein oder mehrere Steaks braten. Abgesehen davon wärmt es die Bude. Anstelle der Kerzen kannst du auch kleine Hölzer nehmen. Nur musst du eben dran denken, dass eventuell der Feuer- oder Rauchmelder losgeht und dass du das Fenster einen Spalt weit offenlassen solltest.

Du kennst die alten BIC-Feuerzeuge. Die aus Plastik? Wirf sie nicht weg, wenn kein Gas mehr drin ist, sondern öffne sie und hol dir die Feuersteine raus. Die könnten dir noch von großem Nutzen sein.

Sollte sich der Winter knallhart abzeichnen, stelle sicher, dass jedes Familienmitglied einen Winterschlafsack (-20 °C) hat. Falls dir das zu teuer ist (ein guter Winterschlafsack hat eben seinen Preis), kaufe zusätzliche warme Decken. Es steht völlig außer Frage, sich nachts in den eigenen vier Wänden den Arsch abzufrieren. Schlaf ist wichtig.

Erkenne deine Urban-Survival-Attitüden.

Bei allem, was passieren kann, liegt die Lösung im Ansatz in der mentalen Einstellung. Oder besser gesagt in dem gerade vorherrschenden mentalen Ist-Aufmerksamkeits-Zustand. Das Wort habe ich gerade erfunden. Gefahren kündigen sich nicht immer an. Sie klopfen meist völlig unverhofft an deiner Tür. Meist geht dann alles Weitere sehr schnell. Und es trifft dich womöglich in der Phase deines mentalen

Ist-Aufmerksamkeits-Zustandes, in der du runtergefahren und down bist. Wie kannst du diese Phasen benennen und an dir erkennen und durch was zeichnen sie sich aus?

Phase 1 – Höchster Zustand der Unaufmerksamkeit. Du schläfst, liest sehr vertieft ein Buch, gibst dich Tagträumen, einem Videospiel oder deinem Smartphone hin und bist somit völlig abgekoppelt von dem, was in deiner Umgebung passiert. Phase 1 ist der Zustand der Verletzlichkeit schlechthin. Diesem Zustand solltest du dich nur hingeben, wenn du daheim und in relativer Sicherheit bist – *Tür abgeschlossen, alles im Griff* –, niemals aber außerhalb deiner eigenen vier Wände.

Phase 2 – Zustand der relativen Aufmerksamkeit: Es ist die Phase, in der du dich am häufigsten befindest. Du bist völlig entspannt, bist dir aber deiner Umgebung bewusst und beobachtest auch die Menschen um dich herum sehr genau. In diesen Zustand solltest du dich versetzen, wenn du deine Wohnung oder dein Haus verlässt und dich zu Fuß oder mit dem Auto auf die Straße wagst. Kein Handy. Kein Buch. Nur du und viele Menschen, von denen die meisten sich (allen Gefahren zum Trotz) noch in Phase 1 befinden. Nennen wir sie Tagträumer. Ich gebe dir hier ein selbst erlebtes Beispiel. Auf der Terrasse eines Cafés sitzend beobachtete ich einen jungen Mann. Auf sein Smartphone glotzend lief er am Café vorbei und krachte Kopf voraus brutal gegen einen Laternenpfahl. Knock-out total. Er hatte den Laternenpfahl deshalb nicht gesehen, weil seine gesamte Aufmerksamkeit dem verdammten Handy galt. Menschen, die sich außerhalb ihrer Wohnung in Phase 1 befinden, gibt es sehr viele. Sie sind in der Überzahl, stellen aber leider eine Gefahr für andere und – wie in diesem Beispiel gezeigt – auch für sich selbst dar.

Phase 3 – Zustand der höchsten Aufmerksamkeit: Du fokussierst dich bewusst auf eine Situation oder auf eine vermeintliche oder schon erkannte Gefahr. In deinem Kopf erstellst du Pläne und Szenarien, um sauber und heil aus der Situation herauszukommen, sollte sie eskalieren. Du bist mental auch darauf vorbereitet, die in deinem Kopf festgelegten Szenarien in die Tat umzusetzen. Adrenalin schießt durch dein Nervensystem und du bist bereit zu reagieren, wenn die Situation es erfordert.

Anmerkung des Verfassers: Leider Gottes (oder sollte ich sagen Gott sei Dank?) befinde ich mich selbst in den eigenen vier Wänden immer im Zustand der erhöhten oder gar der höchsten Aufmerksamkeit. Ich nenne es den Kampfmodus. Soldaten, die im Einsatz waren, wissen, von was ich rede. Ich wache nachts beim leisesten Geräusch auf und schleiche mich mit der Streitaxt in der Hand aus dem Schlafzimmer, um nachzuschauen, ob in der Wohnung alles Ordnung ist. Dass Stress unseren Körper mitnimmt und auf Dauer auch das Immunstem schwächt, dessen bin ich mir bewusst. Komischerweise aber empfinde ich diese Situationen kaum mehr als Stress.

Phase 4 – Alarm: Du befindest dich in dieser Phase in einem Zustand, in dem du realisierst, dass erkannte Gefahren dich verletzen oder gar töten könnten. Du wirst angegriffen, musst tatsächlich um deine körperliche Unversehrtheit oder um dein Leben kämpfen. Hier übernimmt dein Überlebensinstinkt die Kontrolle. Du selbst hast nichts mehr zu melden, bestehst nur noch aus Adrenalin und Reflexen. In Phase 4 gibt es nur zwei Optionen: Kämpfen oder fliehen! Dein Instinkt wird dir sagen, was gut für dich ist. Hier sehe ich bei vielen das Problem der eigenen Einschätzung. Möglicherweise fehlt es auch dir an Erfahrung, mit solchen Situationen umzugehen. Um zu erklären, was ich meine, stelle ich mal eine militärisch angehauchte Behauptung auf. Eigentlich ist es eine Tatsache. Um ein guter Soldat zu werden, braucht ein Mann zwei Jahre. Um ein erfahrener, kampferprobter Soldat zu werden, braucht er zehn Jahre. Im Kampfsport ist es sicherlich ähnlich. Du verstehst, was ich damit sagen will? Nur die Erfahrung lehrt dich, mit bestimmten Situationen umzugehen und richtig zu reagieren. Richtig reagieren heißt für den Soldaten, den Auftrag wortgetreu auszuführen, ohne dass es zu größeren kollateralen Schäden kommt. Du kennst deinen Auftrag noch? Klar! ÜBERLEBEN!

Gleich geht es weiter. Machen wir kurz halt und kehren zurück zur Normalität. Du weißt schon, das Hamsterrad oder der ganz normale

Wahnsinn vor der Krise. Oder während eine solche sich schon am Horizont abzeichnet.

Wenn du in der Stadt lebst und arbeitest, empfehle ich dir, von Zeit zu Zeit andere Wege zur Arbeit zu nehmen. Zu wissen, wo es Abkürzungen gibt und in welche Gassen du verschwinden musst, um im Notfall nach Hause zu kommen, ohne dabei den routinemäßigen Otto-Normalverbraucher-Weg zu benutzen, ist wichtig.

Kleiner Tipp am Rande: Die meisten Menschen schlafen sich tatsächlich dumm. Zumindest bei fünf von zehn Männern ist das der Fall. Sieben Stunden Schlaf reicht. Stehe zwei Stunden vor den anderen auf. Beginne deinen Tag in völliger Ruhe und mach dein Ding. Du wirst sehen, dass du in einer Stunde ganz allein mit dir mehr schaffst als in zwei oder drei Stunden, in denen du von Frau, Kindern und vom Hamsterrad-Alltag umringt bist. Nenne es klug erzwungene Effizienz. Wenn dir dadurch Schlaf fehlt, geh einfach etwas früher als die anderen zu Bett. Vielleicht bist du nicht reich. Dein Einkommen ist mager. Es reicht gerade mal so. Rücklagen? Pustekuchen! Sieh es anders, nimm es als große Chance wahr. Die Zeit ist dein ständiges Einkommen. Davon hast du 24 Stunden täglich. Klingt banal? Es ist aber so. Zeit ist Kapital. Geld kannst du ausgeben oder es wird dir gestohlen. Die Zeit aber kann dir niemand stehlen. Auch hat niemand mehr oder weniger Zeit als du. Die Verteilung ist fair. Wir alle haben nur dieses eine Leben und diese 24 Stunden Zeit täglich. Nur führst du im Gegensatz zu vielen anderen (reichen?) Männern den Unterschied herbei. Du machst mehr aus deiner Zeit. Du nutzt dieses Geschenk. Mach die Zeit zu deinem engsten Verbündeten. Verschwende sie nicht mit Nichtstun, Rumhängen, ständig ins Handy glotzen oder mit ähnlichem Bullshit. Das bringt dich nicht weiter, sondern zieht dich (weiter) runter.

Sichere deine vier Wände vor kriminellem Zugriff, bereite dich auf die Eventualität eines solchen (Eskalation) vor

Einen konsequenten Vorsprung vor der in Panik geratenen Masse zu haben, wäre in allen Bereichen eine exzellente Sache.

Die Sicherung deiner eigenen vier Wände gegen Einbrüche ist ein sehr wichtiger Schritt. Stellen wir uns die Frage, was die Einbrecher wirklich wollen. Wasser? Nahrung? Wertsachen? Das wäre alles ohne Gewalt und Einbruch machbar. Wir lassen sie rein, geben ihnen, was sie wollen und tschüss. Bis dahin ist noch nichts Schlimmes passiert. Schlimm wird es erst dann, wenn diese Einbrecher beschließen, die Kontrolle über die Wohnung oder das Haus zu übernehmen und zu bleiben. Du würdest dich mit deiner Familie von jetzt auf dann auf der Straße wiederfinden. Das könnte zweierlei bedeuten.

Keine Sicherheit: Ihr wärt nicht nur den Gezeiten, sondern auch der bloßen Willkür anderer Menschen ausgesetzt.

Psychologischer Tiefschlag: Es wäre das passiert, was am schlimmsten für uns Menschen ist. Ihr wärt ohne Zuhause. Für dich als Erwachsener wäre das schlimm, für die Kids wäre es moralisch und seelisch eine unfassbare Katastrophe.

Annahme meinerseits: Du bist Mieter einer Dreizimmerwohnung in der Stadt X. Deine Wohnung liegt im zweiten Stock. Der Balkon ist nach Süden ausgerichtet, darunter ist ein Kinderspielplatz. Nach vorne zur Küche raus befindet sich unten die Hauptstraße. Um in die Wohnung zu gelangen, beschreitest du den klassischen Weg. Treppenaufgang oder Aufzug. Deine Türen sind mehr oder weniger solide, die großen Fenster mit Rollläden versehen. Im Haus unten verfügst du über einen Trockenraum und einen Keller, Länge vier und Breite drei Meter. Meine Empfehlungen an dich:

- Sichere deine Wohnung.
- Schaffe dir Geräte und/oder Werkzeuge an, die es dir ermöglichen, dein Leben unabhängig von Handwerkern oder anderen

Experten (wo eine Krise ist oder entsteht, gibt es auf einmal Experten wie Sand am Meer) zu führen.

- Bleib informiert.
- Bereite dein persönliches Verteidigungsszenario vor, binde deine Familie mit ein (mentale Stärke) und denke an Flucht.

Sichere deine Wohnung: Beginne bei der Eingangstür zu deiner Wohnung. Mein erster Rat ist, außen eine Kamera anzubringen. Und zwar sichtbar. Es ist auch völlig okay, wenn es sich dabei um eine Fake-Kamera handelt. Worauf es ankommt, ist, dass Verbrecher oder Einbrecher (was auf dasselbe rauskommt) – selbst wenn sie vermummt sind – das Wissen oder das Gefühl haben: Ich werde gesehen, bin schon erfasst! Sie erkennen sofort, dass hier auf Sicherheit geachtet wird. Sind es unsichere Anfänger, werden sie vom nächsten Schritt – sich Zugang zu verschaffen – absehen. Dann empfehle ich dir, innen einen Riegel oder eine Kette anzubringen. So eine Türkette wäre im Vergleich zum Riegel die bessere Option. Sie gibt dir die Möglichkeit, die Haustür einen Spalt breit zu öffnen, ohne dass jemand anderes sofort eintreten kann. Tür auf, einen Fuß in den Spalt schieben, Tür mit Gewalt aufdrücken – wir kennen diese Spiele. Nicht mit dir! Gehört die Wohnung dir, bringe unten und oben an den Innenwänden links und rechts der Tür eine Vorrichtung an, in die du jeweils eine mobile Eisenstange einschieben kannst. Lass diese Stange einen Durchmesser von circa zwei Zentimetern haben. Das wäre perfekt. Gleichzeitig besorgst du dir einen Spion. Am besten einen mit Weitwinkeloptik. So kannst du immer sehen, wer vor der Tür steht und dann entscheiden, ob du sie öffnest oder nicht. Natürlich hast du nicht vergessen, außen an der Tür ein Schild mit folgender Aufschrift in drei Sprachen anzubringen:

- *Vorsicht, bissiger Hund!*
- *Beware of the dog!*
- *Chien méchant.*

Es gibt Banditen, die sich sogar bewaffnet nicht mit einem Hund anlegen möchten, weil sie eine tierische Angst vor den Tieren haben. Außerdem können sie nicht wissen, ob hinter der Tür ein kleiner weißer Pudel oder ein fünfundfünfzig Kilo schwerer, schlecht gelaunter

Rottweiler lauert. Lass sie doch bitte mit dem Zweifel leben. Stell dir vor, du bist einer der Banditen oder der Bandit. Du stößt zunächst auf eine Kamera, dann auf eine Sicherheitskette und einen Spion, musst dich eventuell mit einem Hund anlegen, weißt nicht, wer der Mann ist, der dich drinnen in Empfang nimmt – ein Ex-Elitesoldat, der unterm Bett eine fertiggeladene Shotgun liegen hat, die er nun hervorholt oder ein schüchterner, ins Alter gekommener Theologe mit der Bibel in der Hand? Da steckt schon Brisanz drin. Du als Bandit hättest zumindest bis hierher schon genug Stoff zum Nachdenken und noch massig Zeit, das Weite zu suchen. Wenn es sich bei der Wohnung um dein Eigentum handelt, überlege dir, ob du nicht eine einbruchhemmende Sicherheitstür mit mehreren Verriegelungspunkten installierst. Sicher ist sicher! Sicher ist aber auch, dass gewiefte, gut informierte und bestens organisierte Banditen sich selbst von so einer Türe nicht lange aufhalten lassen. Wenn hinter der Türe etwas lagert, was sie unbedingt haben wollen, nehmen sie einfach einen oder zwei Vorschlaghämmer und machen die Wand einen Meter links oder rechts neben der Tür platt. Das dauert zwei Minuten. Dann sind sie drin. So eine Sicherheitstür macht nur dann Sinn, wenn die Wände, in die sie eingebaut wird, auch sehr solide sind.

Die bisherige Lektion? Hast du es mit erfahrenen Profis zu tun, wird weder eine Kette noch ein Spion und schon gar nicht dein Hund sie von ihrem Vorhaben – dir einen Besuch abzustatten – abbringen. Das ist eine Illusion. Da helfen auch das stärkste Türschloss, der bissigste Hund und der teuerste Spion nichts. Um eine Tür zu öffnen, haben wir damals im Einsatz einfach 150 Gramm Plastiksprengstoff angebracht und gezündet: *Guten Tag, Gast, Fremdenlegion!*

Zumindest aber gewinnst du mit all diesen Sicherheitsvorkehrungen etwas Zeit. Zeit, über den Balkon zu verschwinden oder Hilfe herbeizurufen zum Beispiel. Zeit auch, den Empfang der Kriminellen gebührend vorzubereiten. Ich komme darauf zurück.

Abseits deiner Eingangstür hast du alle wichtigen Telefonnummern an eine Wand gepinnt. Die Rede ist von Stadtverwaltung, Bürgermeisteramt, Krankenhaus, Polizei, Notarzt, Klempner, bester Freund und ich erspare mir den Rest. Wenn ich sage abseits der Tür, dann hat das seinen Grund. Vielleicht möchte jemand die Tür durch Schüsse aus seiner Waffe öffnen. Ist die Pinnwand genau neben oder gar an der Tür: Auweia!

Du wirst jetzt sagen, dass mitten im Blackout eh kein Strom da ist und du gar nicht telefonieren kannst, weil das Handy nicht geladen werden kann. Richtig. Aber im Endeffekt ist es durchaus möglich, dass der Strom kommt und wieder geht. In den Zeiten dazwischen kannst du dein Handy laden. Dein Handy und die Powerbank. Ob dann tatsächlich Hilfe käme, das ist eine andere Sache. Du könntest jetzt auch Gegenargumente bringen wie: Ich habe alle wichtigen Nummern im Handy gespeichert. Gut. Lass mich mal gegenargumentieren. Weißt du, was passiert, wenn eine lebensgefährliche Situation entsteht und die Panik dich fest im Griff hat? Du kannst von Glück sagen, dass du das Handy noch in deinen Händen halten kannst, geschweige denn in der Lage sein wirst, in deiner Kontaktliste noch einzelne Nummern rauszusuchen. Ich kenne Menschen, die wissen in solchen Stresssituationen nicht mal mehr ihren Namen, wenn du sie danach fragst. Wirklich.

> **Anmerkung des Verfassers:** Mittlerweile gibt es auch Solar-Powerbanks. Was auch längst auf dem Markt ist und was ich wahnsinnig interessant finde, sind diese faltbaren Solarpanels (ein Solar Charger 40W zum Beispiel). Die Dinger sind klein, klappbar und mit USB-Ausgängen versehen. Damit kannst du Laptops, Akkus, Powerbanks, Tablets und alle gängigen Handymodelle laden. Erkundige dich. Hast du Folgendes schon probiert? Zwei winzige Solarpanels speisen eine 12-Volt-Autobatterie, die ihren Saft wiederum an einen kleinen Kühlschrank abgeben und diesen nonstop am Laufen halten? Check! In diesem Kühlschrank könntest du gegebenenfalls auch Insulin lagern. Vielleicht hast du in deinem Haus ja jemanden mit Diabetes. Dieser Mensch ist auf seine täglich vorgeschriebene Einheit Insulin angewiesen. Ahnst du, dass der Zeitpunkt gekommen ist, vorzusorgen, dann besuche den Hausarzt und rede mit ihm. Teile ihm mit, was du vorhast. Möglicherweise versteht er deine Ängste. Lass dir Insulin auf Vorrat verschreiben. Nimm, so viel du kriegen kannst.

Du wohnst also im zweiten Stock. Investiere ein paar Minuten deiner wertvollen Zeit, darüber nachzudenken, wie du bei einem Brand im Treppenhaus zum Beispiel, dich und deine Lieben via Balkon oder Fenster nach unten in Sicherheit bringen könntest. Bist du allein und körperlich fit, kein Problem. Ein Seil, alle 60 Zentimeter einen Knoten rein, am Balkongeländer festbinden, runterwerfen und daran runterhangeln. Das geht immer. Mach das Seil auf deine Merkliste! Hast du Frau und Kinder wird's schwieriger. Vielleicht tut's auch eine zehn- oder siebeneinhalb Meter lange Teleskopleiter. Mach so eine Leiter auf deine Merkliste, dann geh raus und schaue von unten nach oben, ob das klappen könnte. Wenn ja, Aktion. Der Ball ist in deinem Camp.

Hast du Frau und Kids, klappt das mit dem Seil wohl kaum. Oder doch? Wenn du der Frau zusätzlich noch ein dünneres Seil um die Hüfte schlingst, sie so absicherst, das heißt begleitest, dann schafft sie es eventuell zwei, drei Meter weit runter. Bis dann die Kräfte nachlassen. Dann ist es nach unten (vielleicht) aber nur noch ein kleiner Hopps. Mach das mit den älteren Kids genauso. Sie schnappen sich das große Seil, du sicherst ab. Das Baby nimmst du auf deinen Rücken. Wie? Natürlich mit einem Manduca. Ja, okay, alles fantastisch unrealistisch. Das sagts du aber nicht, wenn das Haus wirklich brennt, wenn Treppenhaus und Haupteingang versperrt sind und die Flammen schon an dir lecken. Wie war das noch mit der Titanic?

Panikraum? Armbrust? Lächerlich?

Vielleicht, aber beides sehr effizient! Wenn du die Möglichkeit dazu hast, mach eines deiner Zimmer zu deiner Zitadelle. Damit meine ich eine Art Safe- oder Panikraum. In diesen Safe- oder Panikraum ziehst du dich zurück, wenn klar wird, dass die Einbrecher es schaffen werden, in deine Wohnung zu gelangen. Dieser Raum sollte, wenn möglich, eine starke, von innen abschließbare Tür haben. Lass dich diese Tür etwas kosten. Ich rate dir zu einer Brandschutztür, deren Aufgabe es ist, dich und die Deinen vor Zugang zu schützen. Neben Wasser und Nahrungsmitteln hast du hier auch deine Kommunikationsmittel, eine Nottoilette, die Medikamentenbox sowie den Erste-Hilfe-Kasten. Kurz, es sollte alles drin sein, was es dir erlaubt, zwei oder drei Tage auszuharren. Vielleicht dringen die Einbrecher in deine Wohnung ein, plündern dieselbe und verziehen sich schnell wieder. Der Safe- oder Panikraum ist deine (eure) letzte Zuflucht.

Hier ist auch die rote Linie!

Im Militärjargon würde ich von einer *Killing Zone* sprechen. Der Name sagt alles. Diesen Raum verteidigst du mit allem, was du hast. Wenn die Banditen vor der Tür stehen und sich die Frage stellen müssen, ob der da drin bewaffnet ist oder nicht, hast du schon eine kleine Schlacht gewonnen. Es versteht sich von selbst, dass all deine Lieben um das Geheimnis dieses Ortes wissen. Und sie wissen auch, was zu tun ist, wenn du ihnen sagst: „Wir gehen mal alle schnell Versteck spielen!"

Etwas später im Text komme ich auf deine Bewaffnung noch kurz zu sprechen, hier aber erstmal ein kleiner Vermerk dazu. Es gibt Waffen, die kannst du völlig legal erwerben. Eine Armbrust gehört dazu. Ich hatte für kurze Zeit eine JAG-2- Pro, deren Bolzen Pfeilgeschwindigkeiten von 285 km/h erreichen. Das wären satte 79 m/s. Steht deine Frau mit der gleichen Waffe in der Hand ganz entschlossen neben dir, kann und wird das sehr gemein für die Banditen werden. Oder für euch, wenn ihr euch nicht zu wehren wisst. Gut, ich antizipiere: *„Was weiß Thomas Gast schon von Armbrüsten?"* Diese Frage hattest du doch gerade auf der Zunge, richtig?

Ich werde sie dir beantworten. Es gibt nichts Besseres als selbst gemachte Erfahrungen, um etwas zu empfehlen oder von etwas abzuraten. Erfahrung mit Armbrüsten habe ich nun mal zur Genüge. Wie mehrmals erwähnt, diente ich im einzigen Fallschirmjägerregiment der Fremdenlegion. Meine Kompanie war dazu noch die Kompetenz schlechthin im Orts- und Häuserkampf. Als ich 1987 in diese Kompanie versetzt wurde, war ich etwas erstaunt, als ich unsere Bewaffnung sah. Da war doch tatsächlich in jeder Gruppe auch eine Armbrust zu finden. Für mich war das bis dato eine Waffe aus dem Mittelalter. So ein Ding eben, mit dem man allenfalls auf sich in Burgen tummelnde Hofnarren schießen konnte. Nun, ich irrte mich gewaltig. Die Armbrust in meiner Gruppe – eine Barnett, welches Modell, daran kann ich mich nicht erinnern – war beileibe kein Spielzeug. Sie kam auch tatsächlich zum Einsatz. Die Ergebnisse waren exzellent. Mit der Armbrust war es uns möglich, Wachposten fast lautlos auszuschalten. Heute würde man eine Schusswaffe bestückt mit einem Schalldämpfer neuer Generation benutzen, aber das hatten wir damals eben nicht. Auf Distanzen zwischen 10 und 20 Metern war unsere Barnett erstaunlich wuchtig und präzise. Sie war dazu noch klein, handlich und einfach zu bedienen.

Es gibt eine Zeit, keine Kompromisse mehr einzugehen. Und es gibt Situationen, die deine ganze Entscheidungskraft, deinen gesamten unbändigen Willen zum entschlossenen Handeln erfordern. Sollten die Einbrecher in den Panikraum eindringen, ist es an der Zeit, diese Entschlossenheit mit der Waffe in der Hand zu demonstrieren. Nochmals zum Mitschreiben: Normalzeitende. Dein Auftrag = ÜBERLEBEN!

Bist du ein stolzer Hausbesitzer und gut betucht, denke daran, die Außenanlagen, deinen Garten, den Zugang zum Haus und die Garage mit Bewegungsmeldern zu versehen. Sie könnten Teil einer Allround-Einbruchmeldeanlage sein. Lass dir (wenn schon) eine Funk-Einbruchmeldeanlage einbauen. Bringe vor jedem Kellerfenster ein Gitter an. Das könntest du auch mit allen Fenstern machen, die sich im Erdgeschoss befinden. Verstärke Türen und Rollläden im Erdgeschoss, vergiss dabei aber den Blick nach oben nicht. Stehen in der ersten oder zweiten Etage ständig Fenster offen, was im Sommer normal ist, so scheuen sich freche Diebe nicht, um mit leichten Steckleitern anzurücken und von oben in dein Haus einzudringen. Alle auf der Arbeit, Fenster offen, Kinder in der Schule? Hurra, die Gams! Von oben durch das geöffnete Fenster verursacht ein geschickter Einbrecher nicht einmal Lärm. Selbst der Hund hört nichts. Gekleidet wie ein Handwerker? Schon ist er drin!

Meine Kompanie war auf Orts- und Häuserkampf spezialisiert. Wir wurden aufs Eindringen in komplexe Häuserzeilen gedrillt. So zum Beispiel arbeiteten wir mit sogenannten Modular-Steck-Strickleitern. Diese Leitern sind oben mit einem Haken versehen. Ausgezogen erreichen sie eine Länge von sieben Metern. Mit den Dingern war es uns möglich, innerhalb von wenigen Sekunden durch geöffnete Fenster in obere Stockwerke einzusteigen. Jeder Ex-Soldat, der sich im Häuserkampf etwas auskennt, so wie auch jeder Security-Spezialist, weiß, wie das geht. Er weiß auch, dass der Zugang über das Dach und über Öffnungen oder via Durchbruch im Dachstuhl am erfolgversprechendsten für die Einnahme des Hauses sowie auch für die Aktion danach ist. Was heißt das für dich? Genau! Bevor du an normalen Tagen das Haus vielleicht als Letzter verlässt, stelle sicher, dass auch die Fenster in den oberen Stockwerken geschlossen sind. Vielleicht nimmst du dir auch mal die Zeit, nach draußen zu gehen und Haus und Garten auf Schwachstellen zu inspizieren.

Du stehst jetzt in deinem eigenen Garten vor deinem Haus und stellst dir vor, du seist der mit allen Wassern gewaschene Einbrecher. Wo würdest du ansetzen? Geh alle Möglichkeiten durch, die es dir erlauben würden, diskret und schnell rein und vor allem auch wieder flink rauszukommen. Vielleicht stellst du fest, dass eine Leiter (oder eine andere Kletterhilfe) dümmlich im Garten rumliegt. Oder dass jeder, ohne großen Aufwand zu betreiben, einfach über den Zaun springen kann. Möglicherweise erkennst du, dass die eine oder andere Öffnung niemandem nützt (zumauern, versperren) und überlegst dir bei der gleichen Gelegenheit, welche Tür oder welches Fenster du als diskreten Flucht- und Notausgang benutzen könntest. Dieser ist im Idealfall von vorne (also von der Straßenseite) nicht einsehbar und liegt nicht zu nahe an der Eingangstür. Hast du Schwachstellen entdeckt, warte nicht. Schaffe Abhilfe.

Lege Wert auf Überwachungskameras für den Außeneinsatz. Ein hoher Zaun mit einer Zackenleiste als Übersteigschutz wäre genau das Richtige für dich. In meinem 2014 erschienenen Buch *Survival Total (Bd. 2): Urban Survival – Terror und Krisen vor deiner Tür* schrieb ich folgende Sätze: Wären Sie ein Einbrecher, in welches Haus würden Sie lieber einsteigen oder es versuchen?

- In das eines reichen, aber kernig aussehenden Jägers, eines gut durchtrainierten Sicherheitsbeamten oder Ex-Profisoldaten, von denen man weiß oder ahnen kann, dass sie unterm Bett eine oder mehrere Schrotflinten liegen haben und bei denen sich zwei oder drei Rottweiler im Garten tummeln?

oder

- In das Haus eines gut betuchten Yoga-Lehrers, der friedfertig aussieht wie Gandhi, auf dessen Hausdach eine weiße Taube sitzt und an dessen Tür groß *Welcome* steht?

Damit ist alles gesagt. Zeige nach außen, dass dein Zuhause kein Soft-Target (leichte Beute) ist, das irgendein dahergelaufener Nichtsnutz mal kurz im Vorübergehen einnehmen kann.

Anmerkung des Verfassers: Was ein alter, ausgedienter Ex-Fremdenlegionär unterm Bett liegen hat, könnte folgendermaßen aussehen:

- Eine CZ-75.
- Eine AK-74.
- Eine Mossberg pump-action shotgun 12 Gauge.
- Zweitausend Schuss Munition.

Ich sagte, es *könnte* so sein. Aber in der Realität wollen wir doch alle das Gesetz respektieren, nicht wahr?

Als ich unmittelbar nach meiner Legionszeit bei Securitas und etwas später bei Pond arbeitete, bestand die Bewaffnung aus der Pistole CZ-75 (Pond – Česká zbrojovka Tschechische Republik) oder respektive aus einem Revolver Magnum 357 (Securitas – Forjas Taurus). Wir hatten aber auch, und das war recht interessant für mich, einen Mehrzweck-Einsatz-Stock, kurz MES, besser bekannt unter den Namen Tonfa. Wir bekamen vom amerikanischen Klienten eine kurze Einweisung, doch diese war unzureichend. Ich besorgte mir also zwei Volumen einer DVD von Uwe Claussen, namentlich *Police-Tonfa Vol. 1 und 2*. Genauso wie ich es mag, hat Uwe Claussen in beiden Filmen eine absolut professionelle und klar strukturierte Darstellung realistischer Techniken dargelegt. Das Ganze war schnörkellos und sehr detailliert. Ich besorgte mir einen MES (Pond oder Securitas dürften heute einen weniger im Bestand haben, doch das bleibt bitte unter uns) und trainierte heimlich. Mein Fazit nach einiger Zeit war Folgendes.

- Wenn du mit dem Tonfa sehr gut umgehen kannst, wird kein Mann, auch wenn er mit einem Messer bewaffnet ist, näher als auf Armlänge an dich herankommen.
- Mit dem Tonfa kannst du nicht nur Schläge in allen Varianten austeilen oder des Gegners Schläge und Angriffe parieren, sondern auch Hebel- und Würgegriffe ansetzen.

Wenn du also die Möglichkeit hast, an so ein Teil ranzukommen, dann mach das. Ein intensiv geführtes Training über einige Wochen hinweg auf täglicher Basis machen dich als Tonfaträger zu einem gefürchteten Gegner im Nahkampf. Rückt dir ein Gegner ohne Schusswaffe auf die Pelle, holst du den MES hervor. Er sagt deinem Gegenüber klar und deutlich: Lass uns reden!

Welches Messer zur Selbstverteidigung?

Natürlich wirst du mit dem Tonfa nicht draußen spazieren gehen. Das Führen ist mit Sicherheit verboten. Ob das Halten desselben bei dir zu Hause legal ist, musst du klären. Ich denke schon. Dass du ein gutes Messer besitzt, davon gehe ich aus. Ein Messer, das ich dir guten Gewissens empfehlen kann, wäre das USMC-Mark-2 Combat Knife (KA-BAR). Das Ding ist eine Legende. Wir Legionäre waren damit in Französisch-Guyana ausgestattet, die meisten von uns hatten sogar zwei. Wir nannten das Messer einfach nur Camillus. Camillus war in der Tat einer der Hersteller. Andere waren Robeson und PAL. Ich hatte vorher andere Messer wie zum Beispiel das Aitor Jungle King, das von der Anschaffung her viel teurer ist (Preis heute 315 EUR gegen 130 EUR für das Camillus), doch damit war ich weniger zufrieden, weil mir bereits nach sehr kurzer Zeit die Klinge mittendurch brach. Und das gleich zweimal.

An dieser Stelle möchte ich noch eine kleine Anekdote aus meiner Zeit bei Pond loswerden. Unsere Dienstwaffe war wie gesagt die tschechische CZ-75. Ich habe schon oft mit ihr geschossen, das Teil war mir also vorher schon sehr vertraut. Mit der CZ kann ein geübter Schütze (ich hielt mich durchaus für einen solchen) kleine Wunder vollbringen. Diese Pistole ist eine Ganzstahlwaffe und liegt prächtig in der

Hand. Ich mag sie sogar lieber als die Glock oder die USP von Heckler & Koch, die wir unter anderem in Saudi-Arabien zur Bewachung der Delegation der Europäischen Kommission hatten. Pünktlich zur Einstellung bei Pond gab es eine Schießprüfung. Wenn ich mich richtig erinnere, bekam jeder Kandidat vierzig Schuss und musste diese aus verschiedenen Distanzen zwischen zehn und fünfundzwanzig Metern auf eine Mannscheibe abfeuern. Als ich vierzigmal den Abzug betätigt hatte, war in der Mitte der Zehnerringscheibe ein faustgroßes Loch. Der Supervisor, der die Ringe zählen sollte, gab mir aus dem Grund keine Punkthöchstzahl, weil er der Meinung war, dass es kaum möglich sei, nicht ein einziges Mal danebengeschossen zu haben. Er war ziemlich frustriert. Ich hätte ihm sagen können, dass ich aus dieser Distanz selbst auf ein bewegliches Ziel noch nie danebengeschossen hatte, ließ es aber bleiben. Er hätte mir eh nicht geglaubt. Aber jetzt schnell zurück zum roten Faden.

Die meisten Einfamilienhäuser haben einen Keller. Diesen Keller könntest du mit einer Sicherheitstür zu einem Panikraum ausbauen. Die Parameter wären dieselben wie bereits beschrieben. Es versteht sich von selbst, dass die Panikraumtür von innen verriegelbar ist. Vorsicht ist bei elektronischen Türschlössern geboten. Wie wir wissen oder stark vermuten, könnte es durchaus sein, dass es zeitweise keinen Strom gibt oder er ganz abgestellt wird. Deshalb: Elektronisches Türschloss, ja, aber immer mit der Option, die Tür auch mit einem normalen Sicherheitsschlüssel öffnen zu können. So einen Schutzraum kannst du dir übrigens selbst bauen. Informiere dich dahingehend. Hast du zwei linke Hände, bist aber gut betucht, lass dir einen fertigen Panikraum frei Haus liefern. Bei bester Qualität bist du mit 100.000 Euro dabei. Mich persönlich würden keine zehn Pferde in so einen Raum bringen.

Schaffe dir Geräte und/oder Werkzeuge an: Stadtmenschen, die von Berufswegen keiner handwerklichen Tätigkeit nachgehen – und es sind derer nicht wenige –, assoziieren manuelle Tätigkeiten meist mit Outdoor, Survival und Bushcraft. Wie errichte ich das Tarp, wie mache ich Feuer oder wie baue ich ein Iglu? Heute aber gibt es Dringlicheres. Es gilt, unsere Resilienz in der Stadt zu erhöhen. Dazu gehört eben auch eine Portion handwerkliches Geschick. Zu wissen, wie man bestimmte Dinge selbst herstellt und repariert, ist eine unschätzbare Gabe. Sie ist dir gegeben oder du kannst sie erlernen. Lerne basteln, reparieren und bauen. Wenn Schlosser, Müllmann, Dachdecker & Co. nicht mehr kommen, ist es dein Job, in die Bresche zu springen. Dazu benötigst du etwas Geschick, aber auch die nötigen Tools und Werkzeuge. Hier sind sie.

- Schnüre, Draht, Panzertape.
- Schraubendreher in allen Größen und Profilen.
- Handsägen, Raspeln und Feilen.
- Hämmer verschiedener Größen.
- Schraubenschlüssel und Sechskantschlüssel.
- Maßband und Gliedermaßstab (Zollstock).
- Glasschneider, Ahle und Schere.

Besorge dir ein breites Sortiment Schrauben und Nägel in den gängigsten Größen. Davon ausgehend, dass Strom hin und wieder angeschaltet wird, ist es auch sinnvoll, sich die ein oder andere Maschine zuzulegen.

Bohrer, Schleifmaschine, Stichsäge

In all diesen Bereichen gilt: Besser haben und nicht brauchen als brauchen und nicht haben. Bei mir zu Hause, in einer kleinen Kammer unweit der Eingangstür, liegt ein schwerer Vorschlaghammer. Man nenne mich paranoid, aber ich möchte mich von nichts überraschen lassen. Stell dir vor, deine Bude brennt und die Eingangstür lässt sich aus Grund X nicht öffnen. Vom Balkon springen ist nicht drin. Gegebenenfalls wäre so ein Vorschlaghammer dein Türöffner. Ja, man kann damit gut rein, aber auch gut raus aus der Wohnung.

Damit könntest du sogar einen Mauerdurchbruch hinaus ins Freie forcieren. Es ist grundsätzlich ein Fehler, sich mit nur einem einzigen Einbeziehungsweise Ausgang zu begnügen. Du bist in der Falle. Wenn ich in einem Hotel übernachte, was oft vorkommt, bringe ich zuerst mein Gepäck aufs Zimmer und checke dann alle möglichen Fluchtwege. Wo ist der Hinterausgang, wo die Feuerleiter, wo das Treppenhaus?

Ich brauche diese zwei oder drei Möglichkeiten, das Gebäude zu verlassen. Sobald ich dann schlafe, ist das Schema im Kopf, der Alarm kann kommen.

Panzertape. Warum Panzertape?

Weil es genial ist. Du kannst damit nicht nur die Fenster gegen Bruch (umherfliegende Glassplitter) tapen, sondern auch deine Füße vor dem langen Fußmarsch. Wasserflaschen oder Tarp haben ein Loch oder einen Riss? Repariere beides mit Panzertape! Löst sich die Sohle vom Schuh, dann wickle Panzertape drum. Sicher hält das nicht ewig, es hilft dir aber aus der momentanen Patsche. Der Bügel deiner Brille ist gebrochen? Panzertape marsch! Du kannst so vieles damit anstellen. Achte beim Kauf bitte darauf, kein billiges Tape zu kaufen. Je reißfester, dicker und teurer, desto besser.

Bleib informiert

Bleiben? Verbarrikadieren? Abhauen? Wird irgendwo Wasser verteilt? Nahverkehrsmittel – ja, nein? Gibt es Tankstellen, an denen doch wieder der Sprit läuft? Fragen, Fragen, Fragen. Hast du keine Antworten darauf, bist du denen gegenüber, die diese Infos haben, schwer im Nachteil. An die richtigen Informationen ranzukommen, ist wohl eine deiner wichtigsten Aufgaben und es ist nicht gerade die leichteste. Informationen konditionieren dein Verhalten. Von Infos leitest du eine Lagebeurteilung ab. Du weißt natürlich, dass eine gute Lagebeurteilung wegweisend ist. Spätestens jetzt kommt ein weiterer positiver Effekt eines gut eingefädelten sozialen Netzwerkes zum Tragen. Wenn Freunde echt und die Verwandtschaft loyal und verlässlich sind, tauschen sie alle Informationen mit dem Netzwerk. Das beruht auf Gegenseitigkeit. Falsche oder mangelnde Informationen hingegen können dazu führen, dass du in irgendeiner Form leidest. Du und deine Familie. Du musst wissen, wem du vertraust. Ein Doppelcheck der Information bei anderen Quellen ist umso sinnvoller, je brisanter die Information ist. Du gehst hier von einer Situation aus, in der im TV nicht mehr gestreamt wird, das Handy längst stumm und der Strom auf Eis gestellt ist.

Teile die Informationen

Leg dir unbedingt jetzt schon ein batteriebetriebenes Radio zu. DAS IST KAPITAL UND UNWAHRSCHEINLICH WICHTIG! Höre dann ab und zu auf verschiedenen Bändern LW/KW/MW/UKW rein. Es gibt Weltempfänger, die mit Batterien, mit Solarenergie oder via Kurbel funktionieren. Mach dich schlau! Das Radio dient dazu, Informationen zu ergattern, die du über die normalen Kanäle (Internet und TV) möglicherweise nicht mehr bekommst. Es gibt Informationen, die darfst du einfach nicht verpassen. Was zum Beispiel wäre, wenn in einem AKW ganz in deiner Nähe ein von Menschen bewusst herbeigeführter Unfall stattfindet? Oder es handelt sich wirklich um einen dummen Unfall? Die meisten Menschen tun immer so, als könne nichts passieren. Tschernobyl, Fukushima (vielleicht auch bald Saporischschja) lassen grüßen! Sie beweisen uns das Gegenteil! Es spielt keine Rolle, ob Stromausfall, Sabotage oder Unglück der Auslöser ist. Bei einem AKW-Unfall kann es lebensnotwendig sein, die Region schnellstens zu verlassen.

Oder die Gefahr ist nicht so hoch, es müssen aber Jodtabletten eingenommen werden. Letztere wird man nicht zu dir nach Hause bringen. Sie müssen abgeholt werden. Wo, das erfährst du – wenn überhaupt – dann via Radio. Genauso wird es mit einer eventuellen Verteilung von Wasser sein. Irgendwo in der Stadt stehen an verschiedenen Punkten zu gewissen Uhrzeiten Feuerwehrautos oder die Männer der Stadtwerke und öffnen die Hydranten für eine Stunde oder zwei. Wer das verpasst, wartet bis zum nächsten Tag. Sollte es dir gelingen, wichtige Informationen diesbezüglich oder zu anderen wichtigen Ereignissen zu ergattern, dann sei kein Egoist, sondern teile sie mit Nachbarn, Freunden und Bekannten. Natürlich hörst du im Radio nur das, was man dir und anderen mitteilen will. Der *Mitteiler* agiert möglicherweise (in der Krise womöglich noch verschärft) nach dem Motto: *Hear no evil, see no evil, speak no evil!* Auf Deutsch, alles ist wunderbar, Probleme gibt es nicht und überhaupt, wir wecken keine schlafenden Hunde. Die Wahrheit hat oft einen solch desaströsen Impakt auf die Bevölkerung, dass sie manchmal verschwiegen wird. Das ist reine Spekulation, ich weiß, aber diese Art Spekulation sei uns an dieser Stelle und bis zum Beweis des Gegenteils genehmigt. Muss ich Beispiele bringen? Der wache Mensch lächelt und verneint, der Dummkopf möge weiterschlafen. Einstein würde sagen: *Zwei Dinge sind unendlich, das Universum und die menschliche Dummheit, aber bei dem Universum bin ich mir noch nicht ganz sicher.*

Ich sag es sicher nicht zum letzten Mal: Wenn du in der Krise anderen hilfst, bist du der King. Wenn du nur an dich denkst, hast du hinterher ein sakrisches Problem. Und glaub mir, jede Krise geht einmal zu Ende. Auch diese, die sich gerade anbahnt. Nicht nur die Dummheit, sondern auch das Gedächtnis der Menschen ist grenzenlos. Einige erinnern sich aber eben nur an das, was ihnen im Augenblick einen Vorteil verschafft. Auch das kennen wir.

Anmerkung des Verfassers: Ist die Sache ernst, dann vertraue nie nur einem einzigen Informanten, wenn seine Information nicht vorher durch andere, möglichst verlässliche Quellen bestätigt ist. Diese Quellenträger in zweiter Instanz sollten Menschen mit unterschiedlichen, möglichst gegensätzlichen Interessen sein. Geh auf Nummer sicher.

Bereite dein persönliches Verteidigungsszenario vor, binde deine Familie mit ein und denke im nächsten Schritt an Flucht: Zwei Dinge sind von absoluter Wichtigkeit.

1. Respektiere in normalen Zeiten die Gesetze. Keine Ausnahmen. Diese Aussage ist kapital, du wirst sie in diesem Buch nicht das letzte Mal lesen. In dieser Beziehung bist du ein Vorbild für andere und auch für deine Kinder. Wir sind keine Outlaws.
2. In Zeiten der Krise aber, dann wenn vermutlich keiner sich mehr an geltende Gesetze hält, denke um, denke unkonventionell. Hab immer alle möglichen Worst-Case-Szenarien vor Augen und stell dir ständig die Frage: Was würde ich tun, wenn? Dieser Logik entsprechend, steh mit beiden Beinen auf festem oder wackligem Boden, habe aber immer einen Plan A, einen Plan B und einen Plan C in der Tasche. Und gib dir auch die Möglichkeiten (Mittel, Equipment, Zeit), den sofortigen und reibungslosen Übergang von einem Plan zum nächsten durchzuführen.

Unser aller Dilemma

Gewaltlosigkeit, und davon bin ich zutiefst überzeugt, ist in meinen Augen ein sicheres Mittel, um Gewalt zu beenden. Ich bin weiterhin auch davon überzeugt, dass unsere gemeinsame Zukunft auf Gleichstellung, Eigenverantwortung und Versöhnung basiert. Im Augenblick aber befinden wir uns in einem Dilemma. Es geschehen Dinge, die wir nicht vollends verstehen und um die wir nicht gebeten haben.

In jeder Stadt, die Opfer einer gigantischen Krise oder vielleicht auch eines Blackouts sondergleichen wird, roden Prädatoren. Gib du ihnen den Namen Alphatiere, ich nenne sie kurz kriminelle Bastarde. Es gab sie schon immer, jetzt aber zeigen sie sich offen und ohne Scheu. Sie wollen den Reichtum, der ihnen nicht gehört. Ihn zu bekommen, sind alle Mittel recht. Meist jedoch geben sie sich nicht damit zufrieden. Du hast eine junge hübsche Frau? Muss ich weiterschreiben? Und ja, auch darüber muss geredet werden.

Notwehr und Selbstverteidigung werden in solchen Zeiten zur unvermeidlichen Pflicht. Erfährst du Gewalt, dann schau nicht weg. Es gibt keinen Ausweg, denn Alphatiere verstehen nur eine Sprache. Die der Unerbittlichkeit. Um zu überleben und um die Integrität deiner Lieben um jeden Preis zu schützen, wirst du möglicherweise auch Gewalt anwenden und eine Waffe in die Hand nehmen müssen. Welche Waffe du wählst, bleibt einzig und allein dir überlassen. Im Endeffekt steht diese Wahl auch gar nicht im Vordergrund. Zuallererst solltest du mental mit dir selbst ins Reine kommen. Es gibt unzählige Möglichkeiten, wie Gewalt (in welcher Form auch immer) an dich herangetragen werden kann. Dein Rektionsszenario jedoch ist simple Kopfsache. Ich gebe dir ein einfaches Beispiel.

Du bist mit deiner Familie im Wohnzimmer. Plötzlich hört ihr, wie jemand sich anschickt, die Eingangstür der mit ihrer 18-jährigen Tochter lebenden Nachbarin aufzubrechen. Es sind massive Schläge, die, wie du gleich selbst sehen wirst, von einem Vorschlaghammer herrühren. Du rennst in den Flur, schaust durch den Spion und siehst drei vermummte Männer. Zwei davon sind bewaffnet. Noch ein Schlag und die Tür bricht aus den Angeln. Und schon sind sie drin. Unmittelbar darauf ertönen gellende Schreie aus der Wohnung gegenüber, die jedoch abrupt abbrechen. Es herrscht plötzlich Stille. Dann fallen zwei Schüsse. Nach einer Weile erscheinen die Männer wieder im Blickfeld deines Spions und dann stehen sie plötzlich vor deiner Tür.

Wir sind uns einig, dass Alphatiere nicht zu dir kommen, um am Lunch teilzunehmen. Sie wollen plündern, morden und vergewaltigen. Du bist im Besitz einer Waffe, hast aber noch nie in deinem Leben auf einen Menschen geschossen? Etwas weiter oben auf dieser Seite rede ich von *Kopfsache* und von *mental mit dir ins Reine kommen*. Genau das ist jetzt angesagt.

Nein! Du hast noch nie auf einen Menschen geschossen, du hast überhaupt noch nie Gewalt in irgendeiner Form angewandt. Jetzt aber, Kamerad, kannst du dich nicht wegducken. Es geht nicht mehr um irgendwelche Gewissensfragen, auch nicht um Moral und kaum mehr um Diplomatie. Noch weniger geht es um Frieden, Freude, Eierkuchen. Es geht ums nackte, pure Überleben! Wach aus deinem Tagtraum auf. Du musst den Survival-Schalter in deinem Kopf sofort auf ON switchen.

On = Überleben = impliziert Kämpfen = heißt: Ich (wir) oder die anderen!

Wenn du jetzt geschockt bist, dann hast du mein volles Verständnis, denn das war schon ein ziemliches Hardcore-Szenario. Eines aber, das durchaus so oder ähnlich auf dich zukommen kann. Wir wollen es nicht hoffen. Generell ist es angeraten, zunächst auf Augenhöhe und verhältnismäßig auf eine drohende Gewalt zu reagieren. Sicherlich ist dir der Notwehrparagraf § 32 des Strafgesetzbuches (StGB) ein Begriff. Er sagt Folgendes aus:

Wenn es sich um eine Notwehr im Sinne von § 32 des Strafgesetzbuches (StGB) handelt, ist diese nicht rechtswidrig und nicht strafbar. Notwehr definiert das Gesetz als die Verteidigung, die erforderlich ist, um einen gegenwärtigen rechtswidrigen Angriff von sich oder einem anderen (Nothilfe) abzuwenden.

Ich erweitere dahingehend, dir zu sagen, dass deine Reaktion (Notwehr/Selbstverteidigung) auf einen Angriff zu einem angemessenen Verhältnis (zum Angriff selbst) stehen sollte. Du kennst den Spruch: *Nicht mit Kanonen auf Spatzen schießen*?

Manchmal ist es zwingend notwendig, zur Mentalbestie zu werden

Sollte ein ähnliches Hardcore-Szenario (wie oben erwähnt) wahr werden und solltest du über eine Schusswaffe verfügen, dann käme es zu einer bewaffneten Auseinandersetzung, aus der der Stärkere als Sieger hervorgeht. Der Stärkere könnte in diesem Fall durchaus deinen Namen tragen. Warum? Weil du den Schalter umgelegt hast. Weil du weißt, was passiert, wenn du nicht Hardcore dagegenhältst. Weil du mit dem Rücken zur Wand stehst und um das Leben und um die Integrität deiner Familie kämpfst. Weil du, wenn es um deine Familie geht, zur Mentalbestie wirst. Alles ist gesagt.

Gut. Weg von Hardcore rüber zur wahrscheinlicheren Tagesordnung, die auch schon schlimm genug ist. Natürlich bist du kein Ex-Elitesoldat und nein, du hast keinen Mörser oder die fertiggeladene 12-Gauge-Shotgun unter deinem Bett liegen. Du doch nicht. Dennoch, dem Einbrecher mit leeren Händen entgegenzutreten, wäre dumm und möglicherweise fatal. Um ihn zur Räson zu bringen, brauchst du also Argumente. Eines dieser Argumente könnte die Form eines EIGs haben. Elektroimpulsgeräte (Elektroschocker) sind in Deutschland erlaubt, wenn bestimmte Voraussetzungen erfüllt sind. So zum Beispiel müssen sie mit dem Prüfzeichen der PTB (Physikalisch-Technische Bundesanstalt) versehen sein. Dann rate ich dir, dir eine Pistole mit Knalleffekt (Schreckschusspistole) zuzulegen. Die macht zwar nur Krach, wirkt aber durchaus abschreckend. Und sie sieht täuschend echt aus. Selbst ein Profi kann bei ihrem Anblick nicht sagen, ob es sich um eine echte Waffe handelt oder dann doch nicht. Vorsicht: So eine Pistole fällt sicherlich in die Kategorie Anscheinwaffe. Aus gesetzlichen Gründen ist daher das Führen derselben außerhalb deiner vier Wände verboten. Ich habe mal in einem YouTube-Clip gezeigt, wie man sich einen Bogen baut. Oder auch einen Speer mit einem Messer als Spitze. Lächerlich?

Wir wollten. Wir konnten. Wir haben es getan!

Hier eine Story, die eine etwaige Lächerlichkeit eindeutig widerlegt. Mitte oder Ende des Jahres 2010, ich jobbte noch für das YLNG-Projekt im Jemen, begegnete ich einigen Legionskameraden. Sie arbeiteten samt und sonders für eine in Südkorea ansässige *private maritime security company (PMSC)* namens Shield. Der stellvertretende CEO von Shield, ein guter Freund und ebenfalls Ex-Legionär, schmiss den ganzen Laden. Aber das nur am Rande. Es ging also um die Bewachung von Tankern und Frachtschiffen auf hoher See, hauptsächlich in der Region Rotes Meer und an der Küste Somalias. Ganz in den Anfängen hatte Shield es insofern schwer, dass die Männer ihren Dienst unbewaffnet durchführen mussten. Irgendwann aber zerbrachen sich die Legionäre den Kopf. Aus alten Metallteilen, die der Pascha (Schiffskapitän) ihnen gerne überließ, fertigten sie Macheten, Lanzen und sogar Armbrüste. Als eines Tages aus dem Nichts heraus zwei Skiffs einen Tanker entern wollten, gelang es den Teufelskerlen tatsächlich, die Piraten mit den Lanzen und Armbrüsten in Schach zu halten, sie zurück ins Meer zu werfen. Erwähnenswert wäre die Tatsache, dass die somalischen Piraten schwer bewaffnet waren. Als ich die Story zum ersten Mal hörte, musst ich lachen. Bewaffneten Piraten mit Lanzen gegenübertreten, in welchem Zeitalter lebten wir denn? Dann aber erinnerte mich daran, wie ich zu Beginn des Vertrages in Riad einige Tage lang die EU-Botschaft nur mit einem Messer bewaffnet bewacht hatte. Und ich erinnerte mich daran, dass die Männer, die mir die Storys erzählten, Kameraden der Legion waren. In solchen Kreisen – und das wusste keiner besser als ich – bindet man den anderen keinen Bären auf. Unter anderem erzählten sie davon, dass sie mit Kalaschnikows bewaffnete Piraten, denen es doch gelang, Fuß auf dem Tanker zu fassen, mit Macheten angegriffen und tatsächlich in die Flucht geschlagen haben. *Wir wollten. Wir konnten. Wir haben es getan!*

Und nochmal: Der Pulverfeuerlöscher ist eine Waffe. Den Strahl direkt auf den Angreifer gerichtet, geht das buchstäblich ins Auge. Setze deiner Fantasie bezüglich der Wehrhaftigkeit keine Grenzen. DENNOCH – sei wehrhaft, bleib aber dabei im Rahmen der in Deutschland noch geltenden Gesetze. Lass aber auch nicht zu, dass andere Menschen dein/

euer Leben ruinieren und in Gefahr bringen. Und ich sage es immer wieder gerne, greif den Angreifer an. Bring so viel Stress an ihn heran, wie du nur kannst. Stelle ihn vor eine Mammutaufgabe und signalisiere ihm dadurch folgende Message: *Du wirst dein Vorhaben nicht und nimmer in die Tat umsetzen können, weil ich das niemals zulasse.* Natürlich beachtest du die Verhältnismäßigkeit der anzuwendenden Mittel und beendest deinen Angriff, wenn der Gegner flieht oder wehrlos ist.

Möglicherweise – ich würde gar idealerweise sagen – bist du im Besitz einer Schusswaffe. Dazu benötigst du eine Waffenbesitzkarte. Diese bekommst du nur unter bestimmten Umständen und wenn du fünf Kriterien rigoros erfüllst:

1. Du musst mindestens 18 Jahre alt sein.
2. Du solltest waffenrechtlich zuverlässig sein. Hierzu prüft die zuständige Waffenbehörde den Antragsteller auf Herz und Nieren, insbesondere auf ein straffrei geführtes Leben und frühere Verfehlungen – unter anderem im Waffenumgang. Konkreter sind diese Voraussetzungen in § 5 Abs. 1 und 2 des Waffengesetzes bestimmt.
3. Du musst persönlich geeignet sein. Hier prüft die Behörde, inwieweit der Antragsteller geistig und körperlich in der Lage ist, mit Waffen umzugehen. Eine Alkoholabhängigkeit, Geschäftsunfähigkeit oder auch psychische Erkrankungen verhindern unter anderem die Bejahung des Antrags.
4. Du solltest die erforderliche Sachkunde nachweisen können. Das bedeutet nichts anderes, als dass der Antragsteller zuvor eine Prüfung erfolgreich bestanden haben muss. Bei Jägern wäre dies die Jägerprüfung.
5. Du musst ein waffenrechtliches Bedürfnis nachweisen. Wie eingangs erwähnt, gibt es in Deutschland kein allgemeines Recht auf Waffenbesitz. Ebenfalls im Waffengesetz sind Bedürfnisse niedergeschrieben (§ 13 bis § 19). Hierzu zählt die Jagdausübung, das Waffensammeln nach kulturhistorischen Gesichtspunkten, aber auch der Selbstschutz, wenngleich die Hürden hier sehr hoch sind.

Wenn du die Waffe führen, also außerhalb deiner Wohnung oder des Grundstückes dabeihaben willst, bedarf es einiger Zusatzqualifikationen. So zum Beispiel brauchen Jäger einen Jagdschein, andere den Waffenschein.

Letzteren bekommst du nur, wenn du nachweisen kannst, dass du wesentlich mehr als die Allgemeinheit durch Angriffe auf Leib und Leben gefährdet bist (z. B. Personenschutz, Sicherheitsdienst, Werttransport etc.). Natürlich benötigst du auch eine Haftpflichtversicherung. Es gibt noch einige Einschränkungen, die wichtigsten wären aber genannt.

Und wieder diese Argumente – wäre es nicht besser, sich gleich wie ein Schaf zur Schlachtbank führen zu lassen –, denn wenn der Bandit oder der Einbrecher eine Waffe in meinen Händen sieht, wird er vermutlich sehr böse werden? Gut. Man kann sich aber auch sagen, wer kämpft, kann verlieren, wer nicht kämpft, hat bereits verloren. Deshalb sei kein Schaf, sondern ein Löwe.

Anmerkung des Verfassers: Eine Schusswaffe zu besitzen, ist eine Sache. Sie im Ernstfall auch zu benutzen wieder eine ganz andere. Fehlen dir im entscheidenden Augenblick die Kaltblütigkeit und der Mut, dann stehst du plötzlich mit wackelnden Knien und heruntergelassener Hose da. Dein Gegner nimmt das Ding aus deinen zitternden Händen und grinst sich einen. Im Jahr 1998 war ich in der Zentralafrikanischen Republik unterwegs. Ich machte einen *orienteur, marqueur, baliseur (OMB)* Lehrgang. Dabei ging es darum, selbst im feindlichsten Hinterland Hubschrauber anzufordern. Sie bei Nebel, in stockdunkler Nacht und bei starkem Regen während des Fluges per Funk genau zu leiten, damit Buffalo (Funkname unserer Helikopter) eine metergenaue, sichere Landung hinlegen konnte. Als OMB-Mann bist du Augen und Ohren des Piloten. Ich war allein unterwegs und saß in einem alten Militärjeep, als vor mir auf einem ausgelutschten Landweg plötzlich fünf Afrikaner erschienen. Sie waren sehr jung. Zwei warfen sich vor meinen Reifen auf den Weg, was mich zu einer harten Bremsung veranlasste, einer riss die Fahrertür, ein anderer die Beifahrertür auf. Von links kamen schnelle, gut gezielte Boxhiebe, von rechts wurde ich mit einem Knüppel bedroht. Der fünfte junge Mann schnitt mit seinem Messer blitzschnell die hintere Plane des Jeeps auf, schnappte sich mein Sturmgepäck und rannte damit davon. Das war das Signal für die anderen. Sie flitzten plötzlich alle wie die Wiesel. Entschlossen sprang ich aus dem Jeep, zog meine Pistole, lud durch, brachte sie in Anschlag und hatte über Kimme und Korn plötzlich den nackten Rücken des Mannes, der meinen kleinen Rucksack unterm Arm hatte. Er war keine zwanzig Meter vor mir. Ihn nicht zu treffen war unmöglich. Den Finger am Abzug zögerte ich eine Weile, ließ den Lauf wieder sinken und verfluchte dann meine fehlende Entscheidungskraft. Um nichts auf der Welt hätte ich einem Mann in den Rücken schießen können. Heute, viele Jahre später, beglückwünsche ich mich zu der Entscheidung von damals, nicht geschossen zu haben.

Natürlich war ich vorher wie auch nachher oft in Situationen, die ich als Mann gegen Mann beschreiben würde. Mein Gegenüber trug eine Waffe, ich auch. In solchen Momenten stellte sich mir die Frage der Moral kein einziges Mal. Es galt immer: der andere oder ich. Jetzt. Ohne den Moment des Zögerns.

Es stellt sich mir zum jetzigen Zeitpunkt aber die Frage, was ich tun würde, stünden heute plötzlich drei bewaffnete Jugendliche vor mir, denen Mord und Totschlag offen im Gesicht stehen. Im ersten Fall (mit dem Jeep) ging es nicht um mein Überleben.

In den Fällen Mann gegen Mann, sicherte ich immer mein Überleben und damit den Erfolg unseres Auftrags.

Beim Fall mit den Jugendlichen sähe das womöglich anders aus. Den drei Jugendlichen kannst du nicht in den Kopf reinschauen. Sie haben ihre eigene Philosophie, was das Leben angeht. Und die kenne ich leider nicht. Gerne möchte ich in einem von ihnen etwas sehen. Zum Beispiel einen auf die schiefe Bahn geratenen Sohn, aber: Wäre das ratsam? Jeder muss sich seine eigene Moral über Leben und Tod beziehungsweise über sterben und sterben lassen machen. Wenn du direkt bedroht wirst, wenn dein Leben in Gefahr ist und wenn dir der Teufel seinen stinkenden Atem ins Gesicht bläst, wäge ab und tu, was getan werden muss, aber trag die Konsequenzen. Denk in solchen Augenblicken daran, dass nicht nur dein, sondern vielleicht auch das Leben deiner Lieben auf dem Spiel steht.

Mentale Stärke auch für Kids

Kinder, was würdet ihr tun, wenn ...?

Planspiel. Es ist bald so weit. Wir haben den totalen Blackout. Nichts geht mehr. Alle Läden sind dicht, der Strom abgeschaltet, es kam bereits zu Unruhen, die Menschen beginnen zu plündern und reagieren auf alles sehr aggressiv. Allein schon die Entscheidung zu treffen – *wir müssen weg, raus aus der Stadt* -, ist an Dramatik kaum zu überbieten. Diese Entscheidung, lieber Freund, obliegt dir.

Erkläre deiner Frau unverblümt, was Sache ist. Bereits lange vorher schon hast du die Kinder mit ins Boot geholt. Passiv und mental. Sind die Kinder noch kleiner, hast du diesen Schritt unterlassen, du lässt sie aber jetzt an einem großen, ernstzunehmenden Spiel teilnehmen. Jedes von den Kids hätte für diesen Fall einen kleinen Notfallrucksack. *„Kinder, was würdet ihr tun, wenn ich euch mitten in der Nacht aufwecke und euch sage: Es geht los?"* Du als Vater bist Boss und Regisseur. Wenn der Boss sagt, so wir müssen jetzt los, wissen deine Kinder sofort Bescheid. Ihr habt das geübt. Spielerisch. Die Kinder stehen auf, ziehen sich an, schnappen sich ihren Notfallrucksack (wo auch die leckeren Schokokekse drin sind) und sind bereit. Vielleicht hast du ihnen gesagt, dass es zu Oma und Opa aufs Land geht. Oder zu Bekannten.

Unterwegs wird es möglicherweise Probleme geben, aber wir schaffen das, nicht wahr?

Du klingst überzeugend, du bist der Fels, an dem sich alle anlehnen. In Situationen wie diesen ist es wichtig, dass jeder weiß, was er machen muss. Handgriffe sitzen. Ein perfektes Timing anzustreben, frisst kein Brot. Mach diese Art Übungen aber nicht zu oft. Ein oder zwei Mal genügt. Sprecht lieber etwas öfter darüber. Wenn die Kids nämlich merken, dass es immer wieder darauf hinausläuft, in die Wohnung zurückzugehen, nehmen sie dich nicht mehr ernst. Sie verlieren die Lust am Spiel, das beim nächsten Mal vielleicht keines mehr ist.

Zeit füreinander haben. Nehmt die Chance wahr und macht aus sauren Zitronen süßen Saft

Noch sitzt ihr aber in eurer hoffentlich warmen Bude. Du sorgst für erwünschte Leerläufe. Jeder soll sich ausruhen dürfen und seine Pausen bekommen. Ansonsten aber keine ständige Gammelei! Natürlich hast du nicht vergessen, dass die Tage und die Nächte in deiner kleinen Wohnung ziemlich lange und einsam werden können. Irgendwann krabbeln sie vor Langweile alle die Wände hoch. Denke also daran, euch mit Büchern und diversen Spielen einzudecken. Auch das tut deiner Familie gut. Zusammensitzen und Würfelspiele machen. Oder Karten spielen. Vielleicht ein Puzzle oder gar Monopoly, lass dir diesbezüglich was einfallen. Du oder deine Frau, oder beide, könnt euch als Lehrer betätigen. Bringt den Kids Mathe bei, lernt eine Fremdsprache zusammen. Verteilt Aufgaben und beschäftigt die Bande.

Während diverser Lockdowns vor einem Jahr brachte ich meiner damals vier Jahre alten Tochter Emmy in vier verschiedenen Sprachen die Zahlen von 1-20 und so einiges mehr bei. Wer also ausschließlich Schulen in Zusammenhang mit Bildung bringt, liegt da oftmals knallhart daneben. Die Eltern und das Leben selbst sind dem Kind die besten Lehrer, die es gibt. Die zwischenmenschlichen Beziehungen mit anderen Kindern werden fehlen, klar. Davon ausgehend aber, dass diese Krise auch bald wieder rum ist, wird es nicht zu großen Defiziten diesbezüglich kommen. Man kann es auch anders sagen. Je stärker die Wurzeln mit dem Elternhaus sind – ich spreche von Aufmerksamkeit, Zeit widmen, Dasein, zuhören und die Stärken der Kids hervorheben –, umso brillanter werden sich unsere Sprösslinge später im Leben schlagen. Ist so ein forcierter *Lockdown* nicht auch eine Chance für die ganze Familie? Ich meine, wann sonst haben wir denn mal wirklich Zeit füreinander? Sag dir einfach: Wo Schatten ist, ist auch Licht.

Mal ehrlich, wie sah es denn vorher aus? Papa geht früh aus dem Haus, kommt erst spät am Nachmittag wieder. Mama macht den Haushalt (oder geht auch arbeiten), Kinder werden in Kita und Schule abkommandiert. Na klasse. Ich kenne Eltern, die bringen Kinder, die noch nicht mal laufen können, bereits in Kinderkrippen. *Hauptsache*

Karriere machen. Wenn das Kind oder die Kinder dabei auf der Strecke bleiben, nicht so schlimm.

Geht's noch?

Hier – und nur hier – tun sich die wahren menschlichen Defizite auf.

Kleider, Socken und Hosen selbst machen

Meine Frau Diana hat stets eine enorme Quantität an Wolle und Stoffen daheim. Außerdem ist sie im Besitz von zwei Nähmaschinen und einer Strickmaschine. Bei der Nähmaschine handelt es sich, insofern ich richtig abgelesen habe, um eine Overlock-Nähmaschine. Ein Teufelsding kann ich dir sagen! Zumindest für mich wird so eine Maschine zeitlebens ein Brief mit sieben Siegeln bleiben. Dafür kann meine Frau nicht mit einer *Browning Machine Gun M2 HB, Kaliber.50* umgehen. Obwohl ... ich traue ihr auch das durchaus zu. Wir kaufen also keine Socken und Pullover. Diana macht sie selbst. Und zwar für uns alle. Natürlich sind die Maschinen vom Strom abhängig. Aber vielleicht, ich hatte es erwähnt, ist Letzterer nicht immer abgeschaltet. Und wenn doch? Ich arbeite an einer Lösung!

Blut, Schweiß und Tränen. Oder: Die Rolle der Frau in der Krise

Hinter jedem erfolgreichen Mann steht eine starke Frau

Bevor ich an dieser Stelle weitermache, ein Detail, dass dir eine Überlegung wert sein sollte. Immer wenn wir Männer von Survival sprechen, haben wir klare Bilder im Kopf. Wir sehen Feuer, Shelter, Messer und Äxte. Vor unseren Augen sehen wir Waffen, Kampf, Flucht, Wasseraufbereitung und alle nur erdenkbaren Strapazen. Alles ist aktiv, alles ist hauptsächlich männlich. Wir baden uns förmlich in Blut, Schweiß und Tränen. Auf neunzig, wenn nicht sogar auf hundert Prozent dieser Bilder sind Männer zu sehen. Männer, die heldenhaft das Heft in die Hand nehmen und die Schwachen und Bedürftigen leiten und beschützen. Sind wir vielleicht alle nicht etwas zu narzisstisch unterwegs?

Ich habe gelernt, dass Frauen genauso, wenn nicht noch taffer in bestimmten Dingen sind als viele Männer. Frauen können nicht nur viel einstecken, nein. Nicht wenige sind die, die auch ganz schön austeilen können. Aber austeilen ist nicht ihr Job per se. Es sind die vielen anderen Dinge, die Frauen zu unseren zuverlässigsten und wichtigsten Partnern machen. In bestimmten Domänen sind sie uns gar haushoch überlegen, ich habe es bereits erwähnt. Ich kenne Frauen, die können boxen, stricken und das Babys stillen. Sag mir, dass du das auch kannst und ich geh vor dir auf die Knie und nenne dich Gott.

Geh und sprich mit deiner Frau. Frag sie, was sie tun würde, käme es in einer Woche zu einem totalen Blackout. Du wärst überrascht, wie viele Details du in deinen Überlegungen vergessen hast, die ihr wiederum nicht entgangen sind. Frauen verfügen im selben Maße wie wir Männer über Kompetenz und Sachverstand. Sie sind auf Augenhöhe und nur wenige Ausnahmen bestätigen diese Regel. Nur dass sie eben noch eine Gabe mit einbringen, die uns abhandengekommen ist oder die wir nie besaßen: Die Rede ist von der emotionalen Qualität! Genau diese emotionale Qualität ist bei Konfliktlösungen äußerst hilfreich. Beispiel: Wir ahnen, was unsere Kinder brauchen. Frauen wissen es.

Die Rolle der Frau – innerhalb unserer Familie im Einzelnen und in einer Survival Situation im Besonderen – ist von extremer Wichtigkeit. Nein, sie ist essenziell. Dabei geht es sicherlich nicht nur ums Stricken, Nähen, Essen konservieren oder um die Belange der Kids. Vielmehr geht es um das Schließen des Kreises. Nenne es Vollendung.

In der Fremdenlegion gibt es keine Frauen. In unserem Regiment aber, hatten wir drei Soldatinnen, die für die Reparatur der Fallschirme verantwortlich waren. Sie durften das grüne Barett der Fallschirmjäger der Legion tragen. Und dem machten sie alle Ehre. Zum Frühsport rannten sie mit den Legionären ihrer Kompanie eine acht oder zwölf Kilometer lange Strecke. Sie machten wie wir einmal im Monat einen 8000 Meter TAP Run. Dabei geht es vordergründig darum, acht Kilometer innerhalb von fünfzig Minuten zu laufen. Aber nicht im Sport-, sondern dieses Mal im Kampfanzug. Mit dem elf Kilo schweren Rucksack auf dem Rücken, mit der Waffe in der Hand und mit dem

Stahlhelm auf der Nuss. Anschließend kletterten sie wie wir Männer brav das sechs Meter lange Seil hoch. Sie machten Sit-ups, Push-ups und Klimmzüge. Diese drei Damen, von denen zwei liebevolle Mütter sind, hielten bravourös mit. Oft sah man sie auch beim Nahkampftraining und bei tagelangen Manövern Seite an Seite mit uns Legionären, immer aber waren sie mit flinken, sensiblen Fingern dabei, die Risse und Löcher unserer Schirme zu flicken.

Wir Männer haben die Eigenart, großartige Kämpfer zu sein. Im Kampf geben wir hundert Prozent. Diese hundert Prozent schleudern wir dem Gegner als gebündelte Kraft ins Gesicht. Da, wo vorne ist. Das heißt, wir kämpfen an einer Front. Geballt. Gruppiert. Eindrucksvoll und effizient. Frauen aber schaffen es, ganz subtil an mehreren Fronten gleichzeitig und mit nicht minderer Effizienz zu streiten. Ihr Kampf scheint oft wenig spektakulär, erweist sich aber fast immer als Prädikat wertvoll. Sieh in deinem Lebenspartner das, was das Wort schon hergibt. Einen echten, nicht wegzudenkenden Weggefährten auch – oder vor allem – in schwierigen Zeiten. Ein schwulstiger Satz dazu, in dem aber sehr viel Wahrheit steckt? Behandle deine Partnerin wie eine Prinzessin und sie macht dich zu ihrem Prinzen!

Du hast kein Dach über dem Kopf?

Es gibt Menschen, die haben weder ein Haus noch eine Wohnung. Oder sie haben eines der beiden verloren. Pech für dich, wenn eine Option auf dich zutrifft. Du musst dir so schnell wie möglich eine Unterkunft suchen. Alles, nur weg von der Straße. Koste es, was es wolle. Da mitten im Chaos niemand kommen wird, dir bei der Suche zu helfen, bist du auf dich allein gestellt. Aber du weißt schon, die neun Eigenschaften: Du bist anpassungsfähig, kannst improvisieren etc. Wirf dein ganzes Genie in die Waagschale und halte nach geeigneten Unterschlüpfen Ausschau. Hier ein paar Ideen.

Leerstehende Häuser

Immerhin eine Möglichkeit. Wo ich aktuell wohne, gibt es fast an jeder Straßenecke leerstehende Häuser. Im Notfall würde ich nicht Mal fragen, ob ich da rein darf oder nicht. Ich würde mich einfach einnisten und warten, was kommt. Vielleicht geschieht gar nichts. Hauptsache, die Kids haben es warm und müssen nicht in den Straßen herumlungern. Die Straße ist No-go-Area. Diese Aussage engagiert nur mich und soll kein Aufruf dafür sein, Hausfriedensbruch zu begehen. Suche du also nach leerstehenden Bürogebäuden, Schulen, Shops und Einkaufszentren, offengelassenen Garagen, Schuppen und vor Blicken gut verborgenen unterirdischen Tunneln. Vielleicht stößt du bei deiner Suche auch auf verlassene Campingwägen oder auf einen alten, irgendwo im Nirgendwo abgestellten und nicht abgeschlossenen Truck.

Um in einige dieser Locations zu gelangen, benötigst du möglicherweise ein Brecheisen. Auch hier betone ich in aller Schärfe, dass es sich um Notzeiten handelt. Es geht ums Überleben. Es geht um Kälte, Nässe, Hunger, Regen, Eis und Schnee – und bei all dem ohne Dach über dem Kopf. Und niemand ist da, den es kümmert. Einmal drin im Objekt der Begierde, sei darauf vorbereitet, andere Menschen vorzufinden. Passt es nicht und erscheint dir eine Wohngemeinschaft mit diesen dir fremden Menschen unmöglich, dann nimm dir die Zeit, dich anderswo umzusehen. Vielleicht gibt es bessere Unterkünfte. Gegebenenfalls brauchst du auch ein paar Möbel, natürlich auch Nahrung, Wasser, Holz und Kohle. Suche in den Industrievierteln danach. Sicherlich gibt es dort verlassene Hallen und Bürogebäude, Hangars, Garagen, Schuppen oder Mülldepots- bzw. Müllverbrennungsanlagen. Sei dir auch nicht zu schade, in den großen Mülleimern vor diesen Etablissements zu kramen. Oft findet sich Erstaunliches darin. Sei dir aber stets bewusst, dass du nicht der Einzige sein wirst, der sich dort in der Gegend, vom selben Motiv geleitet, herumtreibt. Diese anderen können deine besten Verbündeten werden. Oder deine ärgsten Feinde!

Denke daran, dass alles noch viel schlimmer kommen kann: Denke an Flucht

Was zum Essen und zum Trinken, was zum Pofen und ein paar Tools, die dir das Leben innerhalb der drei Tage leichter machen.

Die Gesetze der Stärkeren oder das Spiel der grauen Maus

Du weißt nicht, wer die Menschen sind, die dir unterwegs begegnen. Wenn du also raus musst (etwas erkunden, Freunde besuchen, Nahrung und Wasser beschaffen etc.), dann spiele graue Maus – oder grauer Mann, wenn dir der Begriff lieber ist. Sei immer so diskret wie nur irgend möglich. Ziehe weder durch dein Verhalten noch durch deine Kleidung die Aufmerksamkeit auf deine Person. Hast du etwas Wertvolles bei dir – Nahrung, Wertgegenstände oder Wasser zum

Beispiel –, dann mach dir das Camouflage-Spiel (Tarnen und Täuschen) unbedingt zu eigen. Wenn du zum grauen Mann wirst, hisst du keine Fahnen und ziehst keinen Hass auf dich und auf deine Person. Völlig unscheinbar daherkommend, ahnt auch niemand, dass du bestens vorbereitet oder damit beschäftigt bist, genau das zu tun. Niemand bringt dich mit gehorteter Nahrung, Wasser oder Top-Ausrüstung in Verbindung. Passe dich weitgehend der Umgebung und den anderen Menschen an. Verschmelze, werde der Allerweltsmensch, auch wenn es gegen deine Prinzipien verstößt.

Nicht aufzufallen ist Pflicht. Du würdest aber auffallen, wenn du bei dreißig Grad plus einen Rollkragenpullover oder einen dicken Hoodie anziehst. Oder wenn du an einem verregneten, trüben Herbsttag Sonnenbrille trägst. Wenn alle es eilig haben, dann laufe schnell und umgekehrt. Dasselbe gilt, wenn du dich im Wald bewegst. Hier ist Tarnfleck Pflicht. Trägst du Tarnfleck in der Stadt, fällst du auf wie ein bunter Hund. Vermeide jegliche Art von Logos oder Embleme. Blickkontakt ist eine Einladung zur Interaktion. Wenn du also deine Ruhe haben möchtest, vermeide Augenkontakte. Nimm von längeren tiefgründigen Konversationen Abstand. Mach lieber Smalltalk auf die Schnelle. Vor allem aber schneide keine politischen Themen an. Erstens wirst du auffallen, man steckt dich in eine Schublade. Zweitens tust du damit deine politischen Ansichten kund. Möglicherweise kann jemand davon ableiten, dass dein Keller voll mit Urban-Survival-Tools ist. Trage, wenn möglich, keinen Rucksack, sondern habe alles am Mann, am Leib. Wenn es ohne Rucksack nicht geht, dann bitte keinen neuen, Marke letzter Schrei, sondern einen alten. Je ansehnlicher und voller er nämlich ist, umso mehr wirst du zu einer potenziellen Zielscheibe. Benutze kein stark riechendes Parfüm oder Deo. Sich unsichtbar zu machen und zu lernen, sich nicht in Gefahr zu bringen, ist eine Kunst, die in Zeiten der Spannungen und Krisen unbezahlbar ist. Es ist eine Kunst, die deine Lebenserwartung steigern könnte. Bringe diese Kunst beizeiten auch deiner Frau und deinen Kindern bei. Wenn du einen Militär- oder Security-Background hast, ändere (verfälsche) dein Auftreten, deine Gesten und passe deine Sprache an. Ein Kämpfer erkennt einen andren Kämpfer an diesen drei Dingen:

Sprache, Gesten, Blick. Trage auf keinen Fall taktische Bekleidung. Auch nichts, woran man den Ex-Militär oder den Ex-Polizist erkennt oder vermutet, denn das könnte rasch zum Problem für dich werden. Siehst du von Weitem Gruppen mit jungen Männern, die scheinbar gelangweilt eng zusammenstehen, die alle gleich aussehen und ostentativ aggressiv in die Menge starren, dann halte dich fern. Dreh unauffällig um und verschwinde von der Bildfläche, nicht aber ohne den Blick über die Schulter. Lass das Ganze aber bitte nicht wie eine Flucht aussehen, sonst hast du sie womöglich im Kielwasser.

Wenn ich sage, du sollst den *grauen Mann* spielen, so ist damit aber nicht gemeint, dass du eine Opfermentalität an den Tag legen solltest. Es gibt Psychopaten, die ständig nach Opfern suchen. Sie wählen sich ihr Ziel immer nach denselben Kriterien aus. Nach Kriterien, die man dir schon von Weitem ansieht. Dazu gehören Unbeholfenheit und Unsicherheit. Kommst du so rüber, wirst du womöglich ihr Opfer sein. Wenn du hingegen Entschlossenheit, Selbstsicherheit und Stärke (auch innere Stärke) ausstrahlst, dann lassen dich die meisten in Ruhe. Jetzt liegt es an dir, den Spagat zwischen *grauer Mann* und *nicht auszusehen wie ein Opfer* zu finden. Am besten ist, du verhältst dich wie achtzig Prozent der Leute um dich rum.

Als ich im Jahr 2002 nach insgesamt einundzwanzig Jahren Dienstzeit (Bundeswehr und Fremdenlegion) die Armee verließ, stellte ich – zunächst zu meinem Entsetzen – fest, dass ich mich in der Stadt anders bewegte als die meisten Männer, die ich kannte. Bin ich unterwegs, arbeitet mein Gehirn nonstop. Ich nehme alles um mich herum auf: Alles! Nichts entgeht meinem prüfenden Blick. Kommen mir Männer entgegen, gehe ich sofort in die mentale Challenge, frage mich, wie würde ich diesen oder jenen ganz schnell auf die Bretter schicken, wenn er mich angreift. Wohin könnte ich flüchten, wenn eine Flucht indiziert ist. Das ist verrückt, ich weiß. Und das hält mich sehr oft davon ab, ganz entspannt zu shoppen oder mal in aller Ruhe ein Eis oder eine Currywurst zu genießen. Aber diese vorausschauende Denkweise hat mir bereits das eine oder andere Mal die Haut gerettet. 1995 zum Beispiel. Auf der Rückreise von einem Lehrgang legte ich in Marseille einen Zwischenstopp ein. Wir waren zu zweit, hatten ein

Hotel direkt am Bahnhof Saint-Charles. Ich wollte einkaufen gehen, der Kumpel hingegen wollte sich einfach nur ausruhen.

Am helllichten Tag kamen mir auf einer menschenüberfüllten Straße zwei sehr junge Männer entgegen. Sie fielen mir sofort auf, weil sie sehr angespannt wirkten. Nicht ängstlich, aber sehr konzentriert und in sich gesammelt. Sie liefen an mir vorbei, ohne dass es zu einem Blickkontakt kam. Hundert Meter weiter blieb ich abrupt stehen und drehte mich um. Die beiden waren nicht mal zwei Armeslängen hinter mir. Einer von ihnen versteckte schnell etwas in der Tasche seines Hoodies. Insgesamt machten sie den Eindruck auf mich, als hätte ich sie völlig überrascht. Ein, zwei Sekunden lang schienen sie unschlüssig. Dann liefen sie an mir vorbei und verschwanden in der Menge. Zurück im Hotel sprach ich über die Sache mit meinem Freund, ebenfalls ein Legionär. Er sagte mir, dass es in der Stadt zurzeit eine Gang aus einem osteuropäischen Land gab, deren Mitglieder immer zu zweit zu Werke gingen. Einer, bewaffnet mit einem kurzen dolchartigen Messer, sticht dem potenziellen Opfer von hinten in den Ischiasnerv. Der wohl gezielte Stich, der nicht mal so weh tun soll, führt dazu, dass das Opfer sofort zu Boden geht. Dann kommt der zweite Mann ins Spiel. Ostentativ helfend und sichtlich besorgt, beugt er sich über das Opfer am Boden, versucht es aufzurichten und schnappt sich bei der Gelegenheit Geldbörse und was er sonst noch kriegen kann.

Ich kann mich des Eindrucks nicht erwehren, dass ich es an diesem Tag mit zwei Mitgliedern dieser Gang zu tun hatte. Sicherlich wird dir so etwas in Deutschland und zu Normalzeiten kaum passieren. Aber: Die normalen Zeiten sind vorbei! Also Bruder. Vorsicht ist geboten. Pass gut auf dich auf.

Stell dir folgende Situation vor. Du sitzt auf einer Parkbank oder auf einer Bank vor einem Supermarkt, der bald öffnen soll. Plötzlich stehen drei kräftige, grimmig und aggressiv aussehende Typen vor dir. Sie pöbeln dich brutal an. Wie verhältst du dich, wie gehst du am besten mit der Situation um? Weißt du nicht? Gut, ich will es dir sagen. Vielleicht bist du einer aus dem oben erwähnten Milieu (du weißt schon, Ex-Militär oder Ex-Polizist mit ein bisschen Hardliner-Mentalität).

Erste Message meinerseits: Schluck deinen Stolz runter. Er ist fehl am Platz. Es geht nicht um dich, sondern um die, die daheim auf dich warten. Aber auch um die, die noch deine Hilfe benötigen (siehe dein Urban-Survival-System). Außerdem weißt du sicher auch, dass du einen Kampf nur dann annehmen solltest, wenn reale Chancen gegeben sind, ihn auch zu gewinnen. In diesem Fall sieht es nicht besonders gut aus.

Vielleicht bist du eher der Typ *netter Junge von nebenan*. Für dich ist Härte und Brutalität gegenüber Schwächeren einfach das Letzte, wobei ich dir absolut zustimme. Möglicherweise gehörst du auch zu den Schwächeren, weißt gar nicht, wie man Kämpfen schreibt, du musstest auch nie kämpfen. Egal, wer auch immer du bist, hier meine Tipps für dich:

- **Sei listig und schlau.** Wenn dein Überleben sowie deine körperliche Unversehrtheit absolute Ziele für dich sind (und das sollte so sein), dann sei listig wie ein Fuchs. Du musst nicht den ehrlichen Kampf kämpfen, die Zeiten der Ritter sind vorbei. Es geht jetzt auch gar nicht um dein Ansehen oder um deinen Stolz. Glaubst du denn, deine Gegner kämpfen aufrichtig und nach ehrenvollen und fairen Regeln? Pustekuchen! Sie wollen dich am Boden liegen sehen. Zerstört. Am Ende. Blutend. Dein Geld in ihren Taschen! Verhältnismäßigkeit halten sie für unangebracht. Und genauso solltest du auch denken, wenn du es mit mehreren zu tun hast. In diesem Fall ist die einzige List, die dich wirklich weiterbringt, die sofortige Flucht. Nicht reden, sondern sofort und schnell Land gewinnen. Wenn du dich auf eine Schlägerei mit der Gruppe einlässt, wirst du mit absoluter Sicherheit nicht ungeschoren davonkommen. Du wirst Federn lassen. Im schlimmsten Fall kommt es so dick, dass du dein Leben lang mit den Auswirkungen zu kämpfen hast. Du könntest ein Auge verlieren, im Rollstuhl landen oder auf der Intensivstation. Das ist es nicht wert. Steh auf, geh weg!
- **Die Burschen schmieren.** Vielleicht wollen sie nur deine Kohle, deine Uhr, dein Handy. Da sich die ganze Sache vor einem Supermarkt abspielt, klingt das sehr plausibel. Sie sind pleite, wollen

sich Bier, Schnaps oder was zu essen kaufen. Geschickt wäre es, wenn du einerseits dein echtes Portemonnaie, aber auch ein Scheinportemonnaie dabeihast. In Letzterem befinden sich zwanzig Euro in Scheinen, etwas Kleingeld in Form von Münzen, eine längst abgelaufene Kreditkarte und alte Kassenzettel. Irgendwas. Gib ihnen das falsche Portemonnaie, darauf hoffend, dass die Burschen sich damit begnügen und von dannen ziehen. Sehr oft klappt das.

- **Reden.** Vielleicht liegt eine Verwechslung vor. Versuche auf jeden Fall herauszufinden, was sie wirklich von dir wollen. Rede mit ihnen auf Augenhöhe. Hast du Angst, zeige sie nicht. Achte darauf, dass beim Gespräch immer eine Armlänge zwischen dir und ihnen ist. Schau dich schon mal nach einem geeigneten Fluchtweg um und zögere keine Sekunde, einen Sprint hinzulegen, der dich von ihnen distanziert. Ergreif die Flucht, wenn die Diplomatie oder deine Versuche zur Deeskalation keine Früchte tragen. Aber warte nicht zu lange mit dem Abhauen.
- **Kämpfen.** Das ist der Extremfall, der nicht eintreten darf, aber eintreten kann. Rechne innerlich damit und bereite dich mental darauf vor. Die erste und wichtigste mentale Entscheidung in deinem Kopf sollte die sein, dir zu sagen: *Ich will und ich werde kein Opfer sein. Ich werde kämpfen!* Wenn du nämlich mit der Opfermentalität in den Kampf ziehst, hast du schon wertvolle Punkte abgetreten. Das verknüpfe ich jetzt nicht nur für diese spezielle Situation, sondern mit allen Lebensbereichen. Es nützt nichts, wenn du alles perfekt vorbereitest, planst und für deine Sicherheit sorgst, aber eine Opfermentalität wie eine von Weitem hör- und sichtbare Kuhglocke um deinen Hals hängen hast. Attitüde, lieber Freund. Auf die Haltung kommt es an! Aber noch sitzt du auf dieser verdammten Bank vor diesem blöden Supermarkt und noch hast du es mit diesen dummen Jungs zu tun, von denen du immer noch nicht weißt, was sie eigentlich von dir wollen. Du weißt nur, dass innerhalb der nächsten Sekunden die Fetzen fliegen. Kleiner Tipp. Wenn du kämpfst, wird Blut fließen und du wirst Schmerzen zu ertragen haben. Bereite dich innerlich auch darauf vor. Sag dir, dass es anders gar nicht geht und akzeptiere

es gegebenenfalls von vorneherein. Der Teufel ist in diesem Fall also kein Eichhörnchen, sondern er erscheint dir in Form von drei Idioten, die sich weder schmieren noch dich so einfach weggehen lassen. Du machst Kampfsport? Nein? Auch egal. Jetzt geht es um die Wurst. Wie oft war ich Zeuge davon, dass der Spargeltarzan den Zwei-Meter-Mann verprügelte. Einige Male. Wie das passieren konnte? Es ist nur damit zu erklären, dass der Kleinere, noch bevor die Situation eskalierte, in den Kampfmodus überging. Der Große hat damit nicht gerechnet. Er war noch in der *Schauen-wir-mal*-Phase. Der Kleine hatte einfach Eier und war mega entschlossen, der Große war völlig überrascht und bevor er sich fangen konnte, war schon Game Over. Ein paar Seiten vorher schrieb ich bereits Folgendes: *Greif den Angreifer an!* Na los. Ab in den Kampfmodus, wenn sie dir ans Leder wollen. Bring so viel Stress an sie heran, wie du nur kannst. Schreie, kratze, spucke, schlage, beiße. Benutze deine Finger, deine Fingernägel, deine Fäuste, deine Ellbogen, deine Knie und deinen Kopf: Es sind Waffen! Verteidige dich nicht, sondern greife die Burschen tatsächlich an. Fokussiere dich immer nur auf einen und schnapp dir den Anführer der Bande immer zuerst. Dein Gegenüber hat weder gepanzerte Eier noch hinter Panzerglas liegende Augen, Schienbeine oder Halsschlagadern. In diesem speziellen Fall gilt der bereits erwähnte Spruch: Wer kämpft, kann verlieren. Wer nicht kämpft, hat schon verloren! Hinterher kannst du guten Gewissens sagen, dass du keine andere Wahl hattest. Hast du es mit rational denkenden Gegnern zu tun, wäre das optimal. Solche Männer wählen sich ihre Opfer bewusst und nach Schema aus. Sie gehen generell sehr entschieden und gezielt auf ihr Opfer los, haben immer einen Plan A, aber Gott sei Dank fast nie einen Plan B. Dieser Typ Mensch lässt sofort von dir ab, wenn er merkt, dass was nicht nach Plan läuft. Der Plan sah alles vor, nur keine heftige Gegenwehr.

Ich will ehrlich mit dir sein. Es geht nicht in erster Linie darum, den harten Max zu spielen oder als eine Art Rambo rüberzukommen. Sich zu verteidigen ist und bleibt immer nur eine Sache von Respekt dir selbst gegenüber. Niemand hat das Recht, dich anzufassen. Niemand. Gewalt sollte von dir nur dann angewandt werden, wenn jemand das Recht auf deine körperliche Unversehrtheit bricht. Nenne es Selbstverteidigung. Und nochmal: Wenn ein Mensch dir diesen Respekt der körperlichen Unversehrtheit nicht zollt und dich aus niederen Motiven angreift, dann zögere keine Sekunde und werde deinerseits zum Angreifer. Zerstöre den, der dich zerstören will. Nur eben mit dem feinen Unterschied, dass du von ihm ablässt, wenn er aufgibt oder wehrlos vor dir am Boden liegt.

Kämpfen, kämpfen, kämpfen, immer dranbleiben. Stichwort Kampfsport. Aus meiner Sicht ist es von enormem Vorteil, sich bereits in frühen Jahren für Kickboxen (Muay Thai) oder Mixed Martial Arts (MMA) zu begeistern. Warum gerade diese beiden? Nun, ich denke, es sind die effizientesten Kampfsportarten. Als ich 1987 auf eigenen Wunsch zu den Fallschirmjägern der Legion abkommandiert wurde, traf ich in der ersten Kompanie auf Dominique Vandenberg (damals Horevoets). Wir wurden schnell Freunde. Dominique, ich sage, wie es ist, war eine belgische Kampfmaschine. Wenn wir ihm beim Training zusahen, fiel uns die Kinnlade runter. Er beherrschte Muay Thai wie kein Zweiter und nahm an sehr vielen Wettkämpfen teil. Allein in den Jahren zwischen 1992 und 1994 bestritt er fünfunddreißig Muay Thai Kämpfe in Myanmar (Birma, früher Burma) und verlor keinen einzigen davon. Irgendwann wurde er von Hollywood als Schauspieler und Stunt-Choreograf entdeckt. Sein größter Erfolg war die Rolle des Rabbit in *Gangs of New York*. Seite an Seite mit Leonardo DiCaprio und Cameron Diaz. Er war es, der Leonardo DiCaprio im Straßenkampf und im Umgang mit dem Messer ausbildete. Heute lebt Dominique Vandenberg in Kalifornien. Ich habe sehr oft mit Dominique gesprochen. Wie ich ist er der Überzeugung, dass Kampfsport, auch wenn du vorerst noch keine Competitions machst, unwahrscheinlich förderlich für Körper und Geist ist. Sein Erfolgsrezept? Kämpfen, kämpfen, kämpfen und dranbleiben. Austeilen und einstecken, okay, aber niemals aufgeben. Immer den Blick nach vorne richten, nie den Kopf senken. Nicht vor den Bösen, nicht vor dem Teufel, nicht vor dem Schicksal. Das ist die Message, die Kampfsport rüberbringt. Und genau diese Eigenschaften sind heute mehr denn je gefragt. Egal auf welche Art Kampfsport deine Wahl fällt, trainiere regelmäßig und mit Hingabe. Wenn dir noch Zeit bleibt, gehe joggen und mache etwas Kraftsport. All das benötigst du vor allem auch dann, wenn du ins Indianerterritorium musst.

Wieder zurück

Sind deine Vorbereitungen abgeschlossen, bist du in deiner Festung erst einmal sicher. Im nächsten Schritt geht es vor allem darum, am Ball zu bleiben und kritische Situationen genau einschätzen zu können. Ich sprach etwas weiter oben im Text von einer Lagebeurteilung. Diese wird jetzt wichtig sein. Hör auf die Stimme der Stadt. Sie erzählt dir etwas. Vielleicht spricht sie von Dramatik und suggeriert dir die Flucht. Du brauchst einen guten Riecher, darfst auf keinen Fall den Punkt verpassen, an dem die gerade noch friedliche Lage kippt. Ich rede von dem Punkt, an dem der Bruch mit der Normalität irreversibel wird und zum Zusammenbruch des Systems führen kann. Letzteres kam in der Vergangenheit selten vor, aber du musst für alle Eventualitäten eine Lösung parat haben. Idealerweise hast du bereits einen Notfall- oder Evakuierungsplan in deiner Schublade liegen. Ich würde dir keinen Bärendienst erweisen, wenn ich dich bei den ersten Anzeichen von Unruhen zu einer Flucht aus der Stadt ermuntere. Bleiben ist in den meisten Fällen die bessere Lösung. Schaffst du es nämlich, dich in deiner Wohnung in der Autonomie und autark zu isolieren, bist du dort in relativer Sicherheit, wenn du diskret bist und gut vorgesorgt hast. Flucht heißt sich exponieren. Flucht heißt auch, dass du vielleicht nie mehr in deine Wohnung zurückkannst, weil sich zwischenzeitlich andere dort eingenistet haben.

Bleiben oder flüchten?

Beide Prozeduren haben Vor- und Nachteile. In vielen Szenarien ist die ideale Wahl, *sich einzunisten* und *sich daheim den Blicken der anderen zu entziehen.* Zumindest sehe ich hier eine großartige Möglichkeit für dich, dich und deine Familie in gefährlichen Zeiten zu schützen. Es kann aber auch genau das Gegenteil bedeuten. Die Resilienz in der Stadt hat Grenzen. Dein Zuhause könnte ein Target werden, eine Falle, aus der du nicht mehr rechtzeitig rauskommst. Ein oft übersehener Aspekt der Evakuierung ist die Zeit, die benötigt wird, um sie in die Tat umzusetzen. Wir alle denken, dass wir mit unseren Lieben (die nötige Ausrüstung im Kielwasser) im Handumdrehen in unsere Autos springen können und los geht's. Aber die Realität sieht ganz anders aus. In der Vorbereitungsphase, in der ich mich gerade befinde, bräuchte ich mindestens eine Stunde, um mit meiner Familie abfahrbereit zu sein. Daran muss und werde ich arbeiten. Du solltest es in der Hälfte der Zeit schaffen. Flucht ist nicht gleich Flucht, denn natürlich ist es ein gewaltiger Unterschied, ob du allein lebst ohne Anhang und nur für dich sorgen musst, oder ob jemand, wie du vielleicht und ich, für eine vierköpfige Familie in der Verantwortung steht.

Ich rate dir dazu, schon lange bevor eine Situation entsteht, die eine Flucht rechtfertigt, mögliche Flucht- und Ausweichwege und die zu vermeidenden Orte zu erkunden. Du brauchst eine Hauptroute und zwei Ausweichrouten. Wenn du mehr als nur die Fluchtrucksäcke mitnehmen möchtest, belade dein Auto nicht am helllichten Tag. Mache das diskret. Niemand soll mitbekommen, dass eine Wohnung frei wird. Gegebenenfalls wird sie sofort besetzt und steh dir nicht mehr zur Verfügung, sollte deine Flucht scheitern.

GPS funktioniert nicht? Gut! Lerne Karten zu lesen. Dein PKW (vielleicht deine Lebensversicherung?) sollte stets für die eventuelle Flucht einsatzbereit sein. Sorge dafür, dass der Tank immer voll ist. Wenn möglich, stell das Auto in eine Garage und schließe diese gut ab. So beugst du möglicherweise Zerstörungswut, eingeschlagenen Windschutzscheiben und Benzinklau vor. Hinten in deinem Kofferraum sind idealerweise drei Kanister festgezurrt. Zwei sind bis zum Rand mit Trinkwasser, einer mit Benzin (oder Diesel) gefüllt. Unter jedem Sitz befindet sich ein Schlafsack. Ein oder zwei Zelte (ein Zweimannzelt ist klein und handlich verpackt und wiegt höchstens 2,5 Kilo) und möglicherweise ein große Plane (4x4 Meter) vervollständigen das Ganze. Für den Fall einer Flucht hat jeder seinen eigenen Fluchtrucksack. Jeder aus deiner Familie hat ein Fahrrad? Ein Paar Ski? Gut! Verordne, dass alle Fahrradhelme und eventuell alle Skibrillen sich unter den Sitzen eures Autos, zumindest aber im Kofferraum

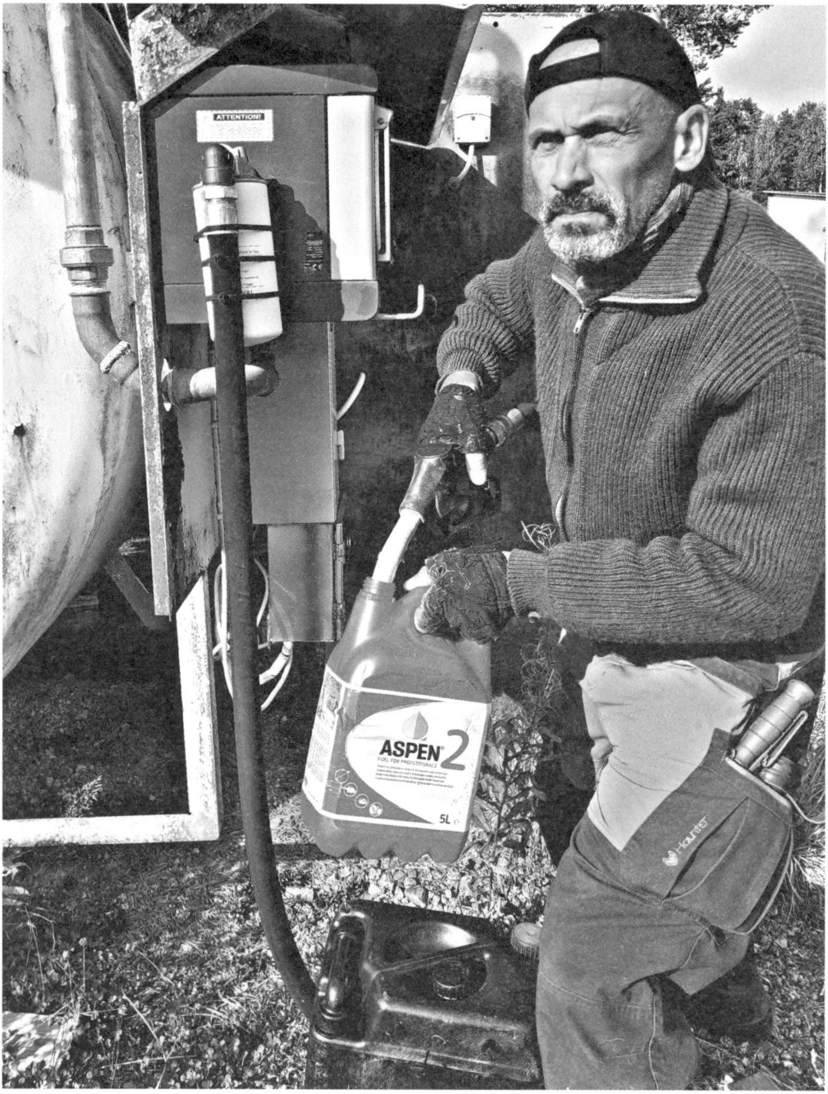

befinden. Kommt ihr an einer faustdicken Demonstration nicht vorbei, so schützen euch diese Gadgets. Es ist so, dass bereits ein leichter, vielleicht unbeabsichtigter Hieb auf Schläfe oder Hinterkopf für viel Leid sorgen kann. In solchen Situationen wäre auch das Tragen von Lederhandschuhen und dicken Jacken ein Plus.

Anmerkung des Verfassers: Im Juni 1997 war ich im Einsatz in Kongo – Brazzaville. Eines Morgens bekam ich den Befehl, mit meinen Legionären den deutschen Botschafter aus seiner Villa zu evakuieren und ihn und seine Familie schnellstens zum Airport Maya-Maya und somit in Sicherheit zu bringen. Fremdenlegionäre vom 2. Regiment kontrollierten den Flughafen. Um die Villa des Botschafters tobten die Kämpfe. Ich positionierte meine Männer, ging in die Villa und sagte dem Botschafter, dass es an der Zeit sei, sein Heim zu verlassen. Jeder Familienangehörige durfte nur eine Tasche oder einen Rucksack mitnehmen. Alles andere musste den Wölfen zum Fraß zurückbleiben. Der Botschafter fragte mich, was denn in die Rucksäcke rein sollte. Ich antwortete mit einer Frage: „*Was würden Sie mitnehmen, wenn Sie drei Tage lang in die anliegenden Wälder müssten, um sich dort zu verstecken?*" Er sah mich an, zuckte mit den Schultern, worauf ich wieder das Wort ergriff: „*Was zum Essen und zum Trinken, was zum Pofen und ein paar Tools, die Ihnen das Leben innerhalb der drei Tage leichter machen.*" Ich erklärte die Situation in der Stadt, obschon es keiner Worte bedurfte – die Kugeln flogen mit hässlichem Geräusch unweit der Villa –, gab noch ein paar Hinweise und Tipps, was in den Notfallrucksack so alles rein musste, damit sie die nächsten Tage gut über die Runden kamen und riet zur Eile. Bereits zwanzig Minuten später waren wir unterwegs Richtung Flughafen.

Kleiner Tipp am Rande: Wenn du in einen Notfall gerätst und dringend Hilfe benötigst, dann sag es. Sag es denen, von denen du in Normalzeiten Hilfe erwarten müsstest. Sei bezüglich deiner Aussagen nicht Wischiwaschi, sondern drück dich klar, direkt und unmissverständlich aus. Rede mit eindringlichen Worten. Erklär dein Problem und fordere Hilfe ein. Tust du das nicht, war's das dann. Keiner nimmt dich ernst. Heute nicht. Morgen nicht.

Bug Out: der Notfall-Fluchtrucksack. Was muss rein?

Wenn dein Instinkt dir sagt, dass es an der Zeit ist, zu gehen, dann geh. Denk nicht weiter darüber nach. Verplempere keine Zeit mehr damit, dir Gedanken zu machen, wohin dich die Reise führt. Warte auch nicht bis morgen, um deinem Chef persönlich mitzuteilen, dass du nicht mehr auf der Arbeit erscheinst. All das spielt im Grunde keine Rolle. Steig einfach ins Auto und fahr los!

Es gibt viele Ereignisse, die eine schnelle Flucht rechtfertigen. Ein Hausbrand. Eine gewaltige Naturkatastrophe oder eben eine faustdicke Krise, die mit einem Zusammenbruch der bestehenden Systeme und mit den dadurch entstehenden Gefahren einhergeht. Da die Chancen, nachts aufbrechen zu müssen, sehr hoch sind, solltest du die Rucksäcke mit fluoreszierenden Etiketten oder Namensschildern markieren und (kein Strom, kein Licht in der Wohnung) sie an einer Stelle ablegen, an der sowieso alle vorbei müssen, wenn sie die Wohnung verlassen. Aufstehen, anziehen, Rucksack schnappen und weg! Du hast das schon mit den Kindern und deiner Frau geübt. Stell dich darauf ein, dass es schlimm wird. Die Kinder haben Hunger, sind nicht ausgeschlafen, sie streiten rum. Selbst wenn du ihnen die Lage drei Mal erklärst, wird es für sie ein psychologischer Kampf, der ihr Inneres zerfleischt. Weg von zu´Hause, autsch! Geh einfühlsam und behutsam, aber entschlossen vor. Auch hier gilt, zieht euch an wie graue Mäuse. Keine gelben oder knallroten Kleidungsstücke. Keine auffallenden Hüte oder etwas in der Art. Folgende Dinge müssen in euren Flucht- oder Notfallrucksack rein.

- Medikamente. Vier von zehn Deutschen sind laut einer Umfrage dauerhaft auf verschreibungspflichtige Medikamente angewiesen. Bist du (oder ein anderes Familienmitglied) einer davon, vergiss die Medikamente nicht. Versuche vor allem schon vorher zu horten. Inwiefern das möglich ist, entzieht sich meiner Kenntnis. Ich würde es versuchen.

- Ein gutes Dutzend Energieriegel. Kekse. Schwarze Schokolade. Trockenobst.
- Eine oder zwei bis zum Rand gefüllte Trinkflaschen.
- Ein Survivalset (Messer, Feuerzeug, Schnur, Kerze, Angelhaken & Co.).
- Ein umfangreiches Erste-Hilfe-Set und Wasseraufbereitungstabletten.
- Eine Notration, die nur dann angebrochen wird, wenn der Boss es sagt.
- Schlafsack (wenn er nicht schon im Auto unter dem Sitz ist), Jacke, Pullover, Wechselwäsche, Mütze, Handschuhe, Schal.
- Ein Satz Unterwäsche, Waschzeug, eine eigene Rolle Klopapier für jeden.
- Ein Kompass, das Kochgeschirr, Essbesteck, Kocher und Powertape.
- Taschenlampe, Weltempfänger, Batterien dafür.
- Jeder einen Poncho oder eine Wind- und Regenjacke. Zwei oder drei Decken.
- Eine Powerbank (vielleicht gibt es andernorts ja Strom? Solarpanel?).
- Sehhilfen: Ersatzbrille, Kontaktlinsen. Ein Buch, ein Kartenspiel. Schreibzeug. Toilettenartikel wie Seife, Handtuch, Zahncreme und Zahnbürsten.
- Für die Kids etwas Vertrautes: ihr liebstes Kuscheltier, ihr Kissen, ihre Decke.
- Jeder ein Paar Ersatzschuhe. Schuhe können kaputt oder verloren gehen. Du kannst ohne Messer und ohne eine Notration zehn Kilometer marschieren. Versuche mal dasselbe ohne Schuhe!!!
- Einen großen Schraubenzieher: Er dient ggf. als Waffe, aber auch dazu, ein angelehntes Fenster oder gar eine Tür zu öffnen. Du bist mit deiner Familie seit Tagen unterwegs, hast nicht genug zu essen, musst dir welches beschaffen. In der Phase, in der du dich gerade befindest, sind gängige Gesetze obsolet.

Natürlich sind hier Dinge dabei, die nur einer mitnehmen muss. So zum Beispiel braucht nicht jeder ein Erste-Hilfe-Set und Wasseraufbereitungstabletten. Es genügt, wenn du – der Boss – das einpackst. Bei Powerbank, Kompass und Weltempfänger ist es genauso. Sieh zu, dass du von irgendwoher eine große, regendichte Plane ergatterst. Die muss unbedingt mit. Denke daran: Eine Person, ein Rucksack. Das gilt auch dann, wenn eine der Personen ein Baby oder ein Kleinkind ist. Auch sie haben ihre nicht wegzudenkenden Sachen, die sie mitnehmen wollen. Frauen führen möglicherweise Tampons, Babys ihre Windeln und Feuchttücher mit. Vergiss die wichtigsten Dokumente nicht. Dazu könnten die Heiratsurkunde, Geburtsurkunden, Impfbücher, Führerscheine, Fahrzeugbriefe, Testamente und irgendwelche Besitzurkunden gehören. Denke an deinen Hausschlüssel, von dem du natürlich ein Duplikat gemacht hast. Ausweise (Reisepass und Personalausweis), Kreditkarte und Bargeld haben im Rucksack nichts verloren. Komme, was wolle, sie sind am Mann. Steck die anderen, oben genannten Dokumente in eine Umhängetasche. Es ist deine Tasche. Du führst sie mit. Weiterhin ist es von immenser Wichtigkeit, Sorge dafür zu tragen, dass deine wichtigsten Papiere nicht verloren gehen. Mach von jedem Dokument eine Kopie. Steck die Kopien unter Plastik und rein damit in deinen Fluchtrucksack. Überlege dir, ob es sinnvoll ist, diese Dokumente vorher einzuscannen und sie an deine E-Mail-Adresse zu schicken oder sie in einer Cloud abzuspeichern. Besorge dir im Vorfeld schon einen sogenannten Geldgürtel. In seiner Innenschlaufe kannst du Wertsachen wie Banknoten, Kopien von Reisedokumenten und Ausweisen, einzelne Schlüssel und sogar USB-Sticks verdeckt mit dir tragen. Hab ansonsten immer ein paar Scheine lose in der Hosentasche. Du kannst sie als Schmiergeld einsetzen. Aus Erfahrung weiß ich, dass ein *Grüner* manchmal Türen und Schranken öffnet und das eine oder andere aufgebrachte Gemüt besänftigt. Du musst sicherstellen, dass die Fluchtrucksäcke während der Fahrt nicht ausgepackt werden, denn du weißt nie, was unterwegs passiert. Es kann sein, dass du das Auto stehen lassen und die Flucht zu Fuß fortsetzen musst. Die Gründe dafür können vielfältiger Natur sein. Panne. Stau. Tank und Kanister leer. Reifen platt und

Ersatzreifen schon ausgetauscht etc. In anderen gefährlichen Situationen ist jedoch Eile geboten. Welche Situationen das sein könnten, überlasse ich gerne deiner Fantasie. Genau für solche Fälle optierst du für einen Fluchtrucksack und nicht für einen Fluchtkoffer. Im Gelände einen Koffer mitzuschleifen: Nein, danke! Da ist jeder Rucksack die bessere Option.

Überlebensfähigkeiten – Survival pur

Schau genau hin und glaube, was du siehst.
Sieht es nach Gefahr aus, dann ist es Gefahr!

Auf dem Weg zu deinem Zielort kann viel passieren. Der Gedanke, dass du dich zu Fuß weiter durchschlagen oder dich mitsamt Familie und Auto eine Weile in den nahen Wäldern verstecken musst, ist nicht abwegig. Genau in einer solchen Situation wäre es gut zu wissen, wie Outdoor Survival geht. Die Rede ist von der Basis: Wie kann ich mich den Blicken anderer entziehen? Wie mache ich Feuer? Wie errichte ich einen Shelter? Wie kann ich mich im Gelände orientieren? Wo finde ich Wasser und wie kann ich es aufbereiten?

Wenn es dir gelingt, mit dem Auto von den Hauptstraßen abzufahren und ländliches Gebiet oder große Wälder zu erreichen, wäre das ein immenser Vorteil für dich. Da niemand wissen soll, wo dein Versteck ist, bleib nicht am Waldrand, sondern benutze Wald- und Feldwege, um etwas tiefer in den Wald zu kommen. Richte dir im Wald ein Lager ein. Damit wir uns nicht missverstehen. Du kommst mit dem Fahrzeug direkt aus der Stadt. In den Fluchtrucksäcken befindet sich das Allernötigste. Unter anderem: Feuerzeug, Messer, Schnur, Aufbereitungstabletten, Wasser, Schlafsack, Notration und ein kleines Survival-Set. Dein beziehungsweise euer Überleben ist in den ersten Tagen gesichert. Sollte sich euer Aufenthalt jedoch in die Länge ziehen, beginnt Survival pur. Der Mensch kommt zwei bis drei Wochen ohne feste Nahrung aus. Was er aber braucht, ist Wasser. Mit etwas Glück kannst du drei bis vier Tage ohne Wasser überleben. Da du nicht wissen kannst, wie lange du draußen im Wald ausharren musst, sollte deine oberste Priorität die Wassersuche sein. Das ist dein Auftrag. Wasser suchen, Wasser finden! Im Winter liegt Schnee. Und Eis.

Beides kannst du bedenkenlos verwenden, um deinen Durst zu stillen. Hier gilt zu beachten, dass Eis in kürzerer Zeit mehr Wasser hergibt als Schnee. Liegt kein akuter Notfall vor, dann vermeide es, Schnee zu essen. Lutsch kein Eis, um den Durst zu stillen. Beides kühlt dich nur aus. Pack lieber Schnee in dein Kochgeschirr und ab damit auf das Feuer. Du musst den Topf ständig füttern, denn Schnee besteht zu mehr als neunzig Prozent aus Luft. Im Sommer findest du Wasser in Bächen und in Flüssen. Sind diese furztrocken, grab an der Außenseite ihrer Biegungen. Grabe sechzig Zentimeter tief. Solltest du nur auf feuchten Sand, Matsch oder Schlamm stoßen, bist du der Gewinner. Grab noch etwas tiefer und hab Geduld. Du wirst sehen, dass bald Wasser in die Grube sickert. Lass es eine Stunde abstehen und trink es dann. Bleibt es beim Schlamm (kein oder wenig Sickerwasser), hast du immer noch die Möglichkeit, den Schlamm in ein Tuch oder ein T-Shirt zu schaufeln, dieses dann zusammenzurollen und wie ein nasses Wäschestück auszuwringen. Fülle alle Flaschen und trag sie ins Lager. Im so gewonnenen Wasser befinden sich kaum Keime. Benutze im Zweifelsfall die Wasseraufbereitungstabletten. Im Frühling bis rein in den Herbst sind die Wiesen morgens vom Tau befangen. Binde dir vom Fußknöchel aufwärts Tücher oder T-Shirts um die Waden, spaziere durch die feuchten Gräser und wringe die Tücher danach aus. Das Wasser ist trinkbar. Du hast nur ein Auto und ihr seid zu sechst? Ein Shelter muss her! Zwei Dinge sind dabei wichtig:

- Schutz gegen Wind und Nässe (Regen, Schnee).
- Schutz vor der Bodenkälte.

Einen Shelter zu bauen ist keine Kunst, also mach keine draus. Es muss schnell gehen, denn am nächsten Tag geht es möglicherweise weiter. Befindet sich neben deinem Auto dichtes Gebüsch? Umso besser! Such dir sechs sehr dünne Bäumchen raus, die kreisförmig zueinanderstehen, bieg sie mittig runter, so dass eine Kuppel entsteht und binde sie über deinem Kopf zusammen. Hast du keine Schnur, nimm Streifen von deinem T-Shirt oder dünne biegsame Äste. Jetzt nimm dünne, lange Zweige und flechte sie rundum waagerecht ein. Alle zwanzig Zentimeter eine Reihe. Lass eine winzige Öffnung zum Durchkriechen. Diese sollte auf der windabgelegenen Seite sein. Danach wirf Blätter auf das

Gerüst. So viel wie möglich. Wenn du drin bist und es dringt kein Licht mehr von außen nach innen: Jackpot! Jetzt hole deine regendichte Plane aus dem Kofferraum und drüber damit. Befestige sie an mindestens vier Stellen mit selbstgemachten Heringen aus Holz. Zum Schutz vor der Bodenkälte schneide dir fingerdicke Holzstangen zurecht. Lege sie im Shelter zu einem Gerüst über- und aufeinander. Bedecke diese Unterlage mit Tannen-, Kiefer- oder Fichtenzweigen.

Das Ganze sollte 20–30 Zentimeter dick sein. Wenn es Herbst ist, schaufle mit deinen Händen so viel trockenes Laub in deine Hütte, wie es geht. Das hält zusätzlich warm. Pack jetzt sämtliche Decken drüber und fertig. Mach im Shelter selbst kein Feuer, außer du hast für eine ausreichende Luftzufuhr gesorgt und oben einen Rauchabzug in Plane und Astdecke geschnitten.

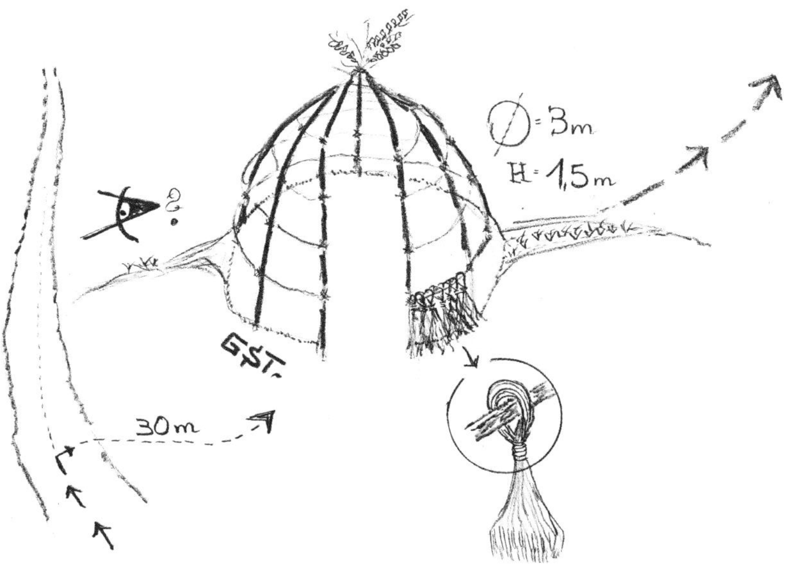

Es spricht nichts dagegen, zwei oder drei Kerzen anzuzünden. Macht es euch richtig gemütlich.

Ich muss noch mal zurück zur Basis. Ich kann Feuer machen. Mit oder ohne Feuerstarter und ohne großartige Hilfsmittel. Du kannst das womöglich auch. Es gibt aber Männer – nennen wir sie Otto, Fritz und Martin –, die können das nicht. Warum nicht? Weil sie das nie wirklich selbst gemacht haben. Es ist nicht ihr Metier. Sie wohnen in einer Großstadt, saßen zeit ihres Lebens in einem kleinen Büro vor dem PC und brechen sich schon die Finger, wenn sie sich allein die Schuhe zuschnüren müssen.

Drück Otto, Fritz und Martin eine Streichholzschachtel in die Hand und sie sind verloren, lost in space. Regnet es dazu noch, ist die Katastrophe in Form einer Selbstverstümmelung vorprogrammiert. Hier also eine einfache Anleitung – *wie mache ich ein Feuer mit Streichholz oder Feuerzeug.*

Sammle zuerst kleine Äste, Rinde (Birkenrinde eignet sich bestens), Papierfetzen und ich erspare mir den Rest. Nennen wir es einfachheitshalber Zunder. Danach geh dazu über, einen Stapel Kleinholz zu machen. Nimm dazu Zweige und Äste, die alle auch gerne schon etwas größer sein dürfen. Sammle einen ganzen Haufen. Das ist dein Brennstoff. Es soll für die ganze Nacht reichen. Nimm dann ein nasses Stück Holz – trockenes gibt's ja nicht mehr, wenn doch, nimmst du natürlich das – und schneide dir mit dem Messer etwa zehn Zentimeter lange und fünf bis sieben Millimeter dicke Stücke ab. Sagen wir zwanzig an der Zahl. Nimm jetzt einen Kerzenstummel (vier, fünf Zentimeter lang), bohr ihn an einer windgeschützten Stelle einen Zentimeter tief in den Boden. Am besten in einer Mulde. Zünde die Kerze an und lege jetzt deine zwanzig Holzstücke gitterförmig über die Kerze. Bau einen richtigen, kleinen und pyramidenförmigen Turm darauf, wobei du bei jeder neuen Etage darauf achtest, dass die Holzstücke enger und enger beieinander liegen. Das nasse Holz wird in Windeseile trocken und beginnt zu brennen. Jetzt kannst du noch etwas Anzündmaterial und danach das Brennholz auflegen. Ist es windig, dann grabe eine etwas tiefere Mulde und richte darin deine Holzpyramide auf. Natürlich solltest du für genug Luftzufuhr sorgen. Diese Methode, auch nasses Holz zum Brennen zu bringen, funktioniert immer.

Hast du Feuerzeug oder Streichhölzer nicht zur Hand – was sehr nachlässig deinerseits ist –, musst du *Système-D* anwenden. Das ist der französische Ausdruck für Trick 17 oder wie die Schweizer sagen: Trick 77.

Möglichkeit 1: Mit einer Batterie, etwas Watte (aus dem Tampon deiner Frau) und einem winzigen Streifen Alupapier, entnommen aus einer Kaugummiverpackung oder Zigarettenschachtel. Schneid den Alustreifen so zu, dass er fingerbreit in der Mitte etwas schmaler wird. Wickle um diese enge Stelle die Watte. Halte beide Enden des Alustreifens an die Pole der Batterie. Brennt!

Möglichkeit 2: Solltest du noch ein Auto mit dem guten alten Zigarettenanzünder haben, kannst du mit Letzterem ganz leicht ein Feuer starten. Wenn der Zigarettenanzünder glimmt, ziehe ihn aus der Buchse und halte das glimmende Ende an Papier oder besser noch an zusammengeknüllte Birkenrinde. Blase vorsichtig hinein. Brennt!

Möglichkeit 3: Mit deiner Autobatterie. Schließe das Starthilfekabel folgendermaßen an. Das rote (aktive) an den Pluspol. Das schwarze Kabel (Masse) noch weglassen. Nimm die beiden anderen Enden und gehe damit zwei, drei Schritte abseits. Leg sie dort zu Boden. Nun finde ein Stück Draht (Stahlwolle tut es auch) und klemm die Kabelenden daran, eines links das andere rechts. Häufe Reisig oder trockenes Brennmaterial wie Birkenrinde auf und um den Draht herum. Geh zum Auto, klemme jetzt das schwarze Kabel an eine Metallmasse des Motors. Brennt! Solltest du über kein Starthilfekabel verfügen – was sehr nachlässig wäre –, kannst du dasselbe auch mit ordinärem Draht machen.

Möglichkeit 4: Mit einer Neun-Volt-Batterie und etwas Stahlwolle. Steck die beiden Pole deiner Batterie direkt in die mit trockenem Anzündmaterial umgarnte Stahlwolle. Sie beginnt sofort zu glimmen.

Möglichkeit 5: Im Survival-Set deines Rucksackes hast du sicher einen Feuerstahl. Er dient als Feuerstarter. Schabe Späne von deinem Feuerstahl direkt in dein Anzündmaterial (Zunder – bestehend aus Birkenrinde, trockenen Tannen und Fichtennadeln, trockenes Gras etc.). Schabe langsam, sonst entstehen jetzt schon Funken. Reibe danach entweder mit dem Messer oder dem dafür vorgesehenen Metallschaber schnell von oben nach unten entlang des Stahls, um Funken zu generieren. Ist das Anzündmaterial trocken und fein genug, entflammt es sich, sobald es mit den Funken in Berührung kommt.

Möglichkeit 6: Du hast eine Waffe plus Munition am Mann? Ziehe die Geschosse aus drei deiner Patronen, schütte das Pulver auf ein Stück Baumrinde oder auf einen flachen Stein. Schlage Messer gegen Stein oder Stahl und erzeuge auf diese Art und Weise Funken. Ein einziger genügt. Das Pulver entflammt sofort. Sorge dafür, dass das andere Anzündmaterial auch direkt Feuer fängt. Welche der sechs Methoden du auch anwendest, vergiss nicht, vorher genug kleines Brennmaterial angehäuft zu haben.

Wenn du nachts Feuer machst, baue dir nach außen hin (Richtung, aus der andere Menschen den Schein des Feuers sehen könnten) einen Sichtschutz, der gleichzeitig auch als Wärmereflektor dient. Das ist schnell gemacht. Treibe einfach zwei Holzstangen nebeneinander in den Boden, Abstand zueinander vier bis fünf Zentimeter, Höhe 120 Zentimeter. Binde sie oben zusammen. Mach dasselbe zwei Meter weiter. Schieb nun andere Holstangen in den vier bis fünf Zentimeter großen Zwischenraum und errichte auf diese Art und Weise eine Holzwand.

Nasses Holz? Siehst du irgendwo einen Reifenschlauch, nimm den Kautschuk mit. Schneide Streifen von etwa zehn Zentimetern Länge und einem Zentimeter Breite. Mach mittig einen Knoten rein, zünde das Ganze an und leg Holz drauf. Das hilft, nasses Holz zum Brennen zu bringen. In deinem Fahrzeugtank hast du Sprit. Und du hast Öl. Nimm eine leere Konservendose, fülle sie zur Hälfte mit Sand, gieße etwas Benzin und Öl darüber und Horrido. Dieser Partisanenofen brennt lange mit bläulich-gelber Flamme.

Schlafe nachts mit voller Montur, auf Deutsch, lass alle Kleider an. Geschieht etwas Unvorhergesehenes, bist du so immer reaktiv. Wenn es in eurer Behelfsunterkunft nachts zu kalt ist, nehmt von dem Laub und deckt euch zusätzlich damit zu. Stopft, wenn es sein muss, Laub zwischen Hemd und Jacke. Untersuch dich und die Deinen regelmäßig nach Zecken. Hast du eine oder mehrere, nimm sie zwischen Daumen und Zeigefinger und drehe sie, ohne groß zu drücken, heraus. Noch besser ist, du benutzt eine Zeckenzange.

Wenn deine bescheidenen Vorräte zu Ende gehen und es wirklich eng wird, schnapp dir einen Behälter und geh zu den Bachrändern und auf die nahen Wiesen. Brennnessel, Löwenzahn, Spitz- und Breitwegerich und Sauerampfer gibt es in den Sommermonaten genügend. Sammle Nüsse, Beeren und Pilze.

Brennnessel zum Beispiel sammle und trockne ich immer Ende September. Zum Trocknen nehme ich ausschließlich die Blätter. Ich zupfe sie mit der Hand vom Stiel, lege sie in ein großes Sieb, wo sie in der warmen Stube von selbst austrocknen. Sind sie richtig trocken (die Blätter rascheln und zerbröseln beim Zerreiben), kommen sie in eine Dose, fertig. Ich bewahre sie – wie fast alle Nahrungsmittel – dunkel und trocken auf.

Seit geraumer Zeit wohne ich in Schweden. In unserer Region gibt es Mitte/Ende August wahnsinnig viele Blaubeeren und auch Preiselbeeren. Einmal ist es mir gelungen, in nur zwei Stunden acht Kilo Blaubeeren zu pflücken. Natürlich benutzte ich dafür eine *Bärplockare*. Übersetzt: einen Beerenpflücker. Das ist ein kleines, handliches Gerät mit Zacken vorne dran. Sehr effizient, muss ich sagen. Aber wichtiger noch: Viele Blaubeeren = viel Moral und einige volle Bäuche. Davon abgesehen, hast du mit einem Schlag Vitamine *en masse*. Jetzt sagen einige – nennen wir sie mal Schwarzseher, um keine schlimmeren Ausdrücke zu verwenden –: „Ja, aber die Fuchsbandwürmer sind doch so gefährlich!“ Papperlapapp. Wären sie so gefährlich, wie man sagt, läge meine ganze Familie sowie halb Nordschweden längst auf dem Zentralfriedhof mit der Aufschrift: *Ruhet in Frieden*. Also keine Angst, alles ist relativ.

Pflanzen: Wende folgende Methode an, um herauszubekommen, was essbar ist und was nicht. Nimm ein Stück und rieche daran. Riecht es nach Schimmel oder nach Pfeffer oder einfach unangenehm, schmeiß es weg. Sollte das nicht der Fall sein, zerreibe ein kleines Stück zwischen Daumen und Zeigefinger und schmiere den Brei auf die samtene Innenseite deines Ellbogens. Wenn sich die Haut nach einer Weile nicht rötet, lege ein kleines Stück zwischen Zahnfleisch und Unterlippe. Verspürst du nach ein paar Minuten keinen stark bitteren, brennenden oder seifigen Geschmack, dann kannst du es wagen, ein winziges Stück von der Pflanze zu essen. Wird dir davon nicht übel, ist die Pflanze mit ziemlicher Sicherheit schon mal nicht giftig. Wildpflanzen schmecken immer etwas bitter. Lass dich davon also nicht kirre machen.

Du weißt, wie Birke, Buche, Eiche, Linde und Haselnuss aussehen? Iss ihre grünen Blätter! Sie versorgen dich mit wichtigen Bitterstoffen und Vitaminen. Zusätzlich wirken die Inhaltsstoffe positiv auf deine Psyche. Kaum ein Mensch weiß, dass die innere Rinde von Bäumen (Kambium) wie Birke und Kiefer essbar ist. Schneide mit deinem Messer die raue Außenrinde ab und suche die weiche, weiße Innenrinde. Du kannst sie kochen oder roh essen. Die Entnahme sollte sehr begrenzt sein. Der Baum stirbt, wenn du ihm zu große Teile seiner inneren Rinde nimmst.

Findest du unterwegs eine leere PET-Flasche, eine leere Cola-Dose oder eine Flasche aus Glas, heb sie auf und nimm sie mit. Die PET-Flasche eignet sich hervorragend zum Anwenden der SODIS-Methode, solltest du auf verdächtiges Wasser stoßen. Mit dem Verschluss der Cola-Dose kannst du gute Angelhaken bauen, die Glasflasche dient dem Wassertransport.

Sind die Sommermonate vorbei oder ist gar Winter, lege Fallen aus. Welche Fallen, wie du sie herstellst und wo du sie am besten auslegst, das alles habe ich in meinem Buch – *Survival für Anfänger: Das große Survival Buch für das Überleben in der Wildnis: Notfallnahrung, Überlebensausrüstung, Wasseraufbereitung und vieles mehr*! – ausführlich beschrieben.

Zum Ermitteln der Himmelsrichtung wende die Schattensitzmethode an. Stecke vormittags einen 50 Zentimeter langen Stock auf ebener Fläche in den Boden. Selbst wenn der Himmel leicht bewölkt ist, wird er einen Schatten werfen. Leg am Schattenende einen Stein zu Boden.

Warte fünfzehn Minuten und markiere das zweite sichtbare Schattenende wie das erste. Die Linie zwischen dem ersten und dem zweiten Stein ist die West-Ost-Linie, wobei die erste Markierung im Westen liegt. Alternativ dazu kannst du dich an den Sternen orientieren. Der Große Wagen ist das bekannteste Sternbild der nördlichen Hemisphäre. Mit seiner Hilfe ist es ein Leichtes, Polaris (den Polarstern) zu finden. Polaris = Norden!

Überlege bei allem, was du tust, dass du immer ein Auge und ein Ohr nach außen und somit möglichen Gefahrenquellen zugewandt hast. Mach nie zwei Dinge auf einmal. Hab alles im Blick. Arbeite zügig. Konzentrier dich. Du bist das Mitglied der Familie, das für die Sicherheit verantwortlich ist. Überleben ist zum größten Teil eine Kopf- und Konzentrationssache. Egal wer du bist und was du vorher warst: Lass den Instinkt des Jägers in deiner Brust Einzug halten. Einhergehend mit deinem Glauben an dich selbst, mit deinem außergewöhnlich starken Willen und einer guten Portion Risikobereitschaft (und mit etwas Glück) sehe ich keinen Grund, warum du deinen Auftrag – Überleben um jeden Preis – nicht ausführen könntest. Dein Wille zum Überleben ist ein Motor, der mächtiger ist, als du glaubst.

Agieren im Notfall

Hundeangriff: Fakt ist, dass ich noch nie von einem wirklich bissigen Hund angriffen wurde. Es stimmt aber auch, dass ich in der glücklichen Lage war und bin, mit Menschen umgeben zu sein, die wissen, was in einem solchen Fall getan werden muss. Und die quetsche ich aus wie eine Zitrone. Was soll ich tun, wenn ich von einem Hund angegriffen werde? Jens Orgeldinger, ein erfahrener Kennelmaster (Sprengstoffsuchhund-Trainer), rät in solchen Situationen Folgendes:

- Starre den Hund nicht an.
- Bleib ruhig.
- Bring einen Gegenstand zwischen dich und den angreifenden Hund:
- Was sich eben gerade anbietet. Ein Fahrrad, eine Mülltonne, ein Möbelstück etc.
- Stelle dich mit dem Rücken gegen eine Wand oder springe auf etwas, wo der Hund dich nicht erreichen kann. Auf einen Tisch, einen hohen Stuhl, einen Zaun oder Baum.
- Bewege dich nicht ruckartig oder spontan.

Das Schlimmste, was man tun kann – da sind sich wohl alle Spezialisten einig –, ist davonzulaufen. Der Hund wird sofort die Verfolgung aufnehmen. Wenn du also gerade beim Joggen bist und es kommt dir ein herrenloser Hund entgegen, dann bleib stehen. Ich selbst habe es mir angewöhnt, beim Joggen Pfefferspray am Mann zu haben. Habe ich das mal vergessen, schnappe ich mir einen am Wegrand liegenden Stein. Er sollte so groß sein wie eine große Kartoffel. Wenn mich zum Beispiel ein äußerst bissiger Hund angreift, biete ich ihm meinen linken Arm an und schlage ihm dann mit der rechten Hand den Stein auf den Kopf. Zumindest wäre das mein Szenario. Die empfindlichen

Stellen bei einem Hund sind zwar Augen und Schnauze, aber ein 250 Gramm schwerer, geballter Stein auf dem Schädel sollte ihm auch nicht schmecken. Marc Guyader, ein Freund und ehemaliger Hundeführer der Fremdenlegion, sagte mir Folgendes: Wenn du Zeuge davon wirst, wie ein Mensch von einem Hund angegriffen wird, dann laufe schnell hin, pack den Hund am Schwanz und zieh ihn kräftig mit beiden Händen, so hoch du nur kannst. Sicher brauchst du dafür Mut, aber der Hund würde sein Opfer sofort loslassen. Scheint ein Biss unvermeidbar, benutze alles, was greifbar ist, um dich selbst zu verteidigen.

Zu all dem noch zwei Anmerkungen.

- Der gefährlichste Prädator ist der Mensch. Ihn müssen wir fürchten, nicht den Hund.
- Hunde sind zu der Zeit alle schon im Kochtopf gelandet.

Kommunikation

Wenn ihr mit zwei Autos fahren müsst, überlege dir, Funkgeräte als Kommunikationsmittel zu benutzen. Diese Eventualität (nenne es Weitsicht) solltest du natürlich bereits im Vorfeld ins Auge fassen und dir die Dinger dementsprechend zeitnah besorgen, sie vielleicht bereits getestet haben. Es sollten Zwei-Wege-Radios mit großer Reichweite sein. Geläufig und für deine Zwecke am besten geeignet wären sicherlich sogenannte PMR446. PMR steht für Personal Mobile Radio. Diese Jedermanns-Funkgeräte sind dem UHF-Frequenzbereich 446,000-446,200 MHz zugeteilt. Wenn diese Walkie-Talkies im bebauten Gelände (Städte) zwei Kilometer tragen, ist das schon hervorragend. Ich möchte an dieser Stelle noch betonen, dass du diese Funkgeräte nur für unterwegs benutzen solltest. Bist du lange Zeit an ein und demselben Ort, wird man dir bald auf die Schliche kommen. Gewiefte Banditen können nämlich jede Funkquelle mittels Peilung orten, insofern sie das Wissen haben und gleichzeitig auch über die dazu notwendige Ausrüstung verfügen.

Observation

Zu was ich dir absolut rate, ist, dass du dir ein gutes Fernglas zulegst. Besonders wenn du unterwegs bist, kann es dir bärenstarke Dienste erweisen. Du musst von A nach B, beobachtest von Weitem gewisse Vorgänge, die du (wärst du näher dran) als bedenklich, gefährlich oder ungesund einstufen würdest: Stopp! Fernglas raus, auf die Szenerie zoomen, aufmerksam betrachten und sofort auswerten. Im Anschluss daran kannst du entscheiden, weiterzufahren (oder zu laufen) oder ganz einfach einen anderen, sichereren Weg zu wählen. Dieses Prozedere kann dir eventuell das Leben retten.

Wheels on Tarmac

Kommst du unterwegs in einen Stau (bitte auch dem zweiten Fahrer so vermitteln), dann beachte unbedingt die Wheels-on-Tarmac-Regel (Hinterräder am Boden). Ich habe sie in meinem Buch, *Survival für Anfänger*, beschrieben. Diese Regel besagt Folgendes: Solltest du gezwungen sein, wegen eines Staus oder einer roten Ampel anzuhalten oder weil das Fahrzeug vor dir plötzlich stoppt, musst du noch deutlich die Hinterreifen des Fahrzeugs vor dir sehen können. Dieser Abstand würde ausreichen, wieder auszuscheren und sofort loszufahren. Siehst du Wheels on Tarmac nicht, bist du blockiert. Du kommst nicht aus der stehenden Kolonne und wirst möglicherweise zum Target.

Wenn es dir möglich ist, ein Fahrrad pro Fahrzeug mitzunehmen oder gar eins für jeden, zögere nicht. Auf ein stabiles Herrenfahrrad kannst du zwei oder gar drei Rucksäcke laden (die deiner Kids) und bist bei einer Autopanne somit mobiler. Und nun zum vielleicht wichtigsten Punkt deiner Flucht. Wenn es auch richtig ist, zunächst mal den imminenten Gefahren Tribut zu zahlen und zu verschwinden, solltest du auch ganz genau wissen, wohin die Reise geht. Mach dir bereits jetzt Gedanken darüber. Welcher Ort wäre für dich (euch) am sichersten, wie viele sichere Zwischenstationen muss es geben und welche sind das?

Von Mann zu Mann in der Krise. Nicht nur unsere Märkte, unsere Wirtschaft und alles, was davon abhängt – unsere Jobs, Unternehmen, Finanzen und Börsen –, sind für Krisen anfällig, sondern auch wir Menschen. Ich! Du! Der ganze Rest! Da stecken essenzielle Ängste dahinter. Während du einen Blackout mit Bezug auf den totalen Crash unserer Systeme mittels guter Vorbereitung überbrücken kannst – zumindest für eine gewisse Zeit (ich gehe davon aus, dass die Durststrecke bis zu 90 Tage dauern kann) –, wäre dein persönlicher Blackout katastrophal. Mit deinem persönlichen Blackout meine ich eine Depression, einen Burnout oder einfach einen Zustand, den du gerne – *ich hab das verdammte Leben so satt, weil doch alles keinen Sinn macht* – nennen darfst. Solche Gedanken sind psychologischer Sprengstoff. Und zwar einer von der Sorte, die dir das Leben ordentlich vermiesen können. Lass dir sagen, Bruder, es gibt für alles einen Ausweg. Du hast es im Leben nicht bis hierher geschafft, um jetzt kampflos das Handtuch zu schmeißen. Deshalb: Beuge nicht den Kopf, niemals! Nicht vor mir, nicht vor deinen Feinden, nicht vor dunklen Gedanken, die dich nachts nicht schlafen lassen. Im Leben zu bestehen und einen Sinn zu finden, ist wie ein langer, beschwerlicher Marsch durch die Wüste. Du hast Durst, das Gewicht deines Rucksacks ist dir unerträglich. Deine Füße sind wund, Blasen platzen auf und bald läuft das Blut aus den Nähten deiner Stiefel. Es kommt der Punkt, an dem du nicht weiterkannst, nicht weiterwillst. Du bist am Ende. Aus die Maus, Ende Gelände, rien ne vas plus. *Beuge nicht den Kopf, niemals!* Mach eine kleine Pause. Setz dich hin und trink einen Schluck Wasser. Schütte das Blut aus deinen Stiefeln, zurr den Rucksack enger, steh auf und marschiere weiter deinem Ziel entgegen. Nur dass du dieses Mal nicht mit deinen Füßen läufst, sondern mit deinem Kopf. Du wirst sehen, das Ziel rückt in greifbare Nähe. Dein Wille trägt dich dorthin. Ob du tatsächlich durch die Wüste marschierst – woran ich starke Zweifel habe – oder dich in Bamberg, München, Hamburg oder Berlin in einer Dreizimmerwohnung aufhältst und nach einem Sinn suchst, spielt keine Rolle. Marschier immer mit deinem Kopf. Nimm einen Spiegel, schau rein und sag dir immer und immer wieder:

- Mich gibt es nur einmal.
- Ich bin einzigartig.

- Ich stehe meinen Mann auf meine Art und Weise.
- Wie ich es mache, ist es gut.
- Ich mach mein Ding, auch wenn's länger dauert.
- Was andere über mich denken, ist mir schnurzpiepegal.

Es ist ein Irrtum zu glauben, dass du anderen Menschen etwas beweisen musst. Nicht deinen Schwiegereltern, nicht deinem Boss, nicht deiner Mutter und noch weniger deinem Erzeuger. Du lebst nur dafür, dir selbst etwas zu beweisen.

Marschier, schrei deinen Unmut und dein Unverständnis in die Welt hinaus, deinen Schmerz auch. Aber hör nie auf zu marschieren, leg dich nicht hin, gib nie auf. Heb den Kopf. Siehst du die Ziellinie? Da geht's lang. Auf!

Ich bin kein Bittsteller. Und so sind diese Zeilen kein Bittgesuch. Ich gebe dir hier einen knallharten und glasklaren Auftrag: Komm raus aus deinem Loch, genug des eigenen Mitleids! Kämpfe! Lass dein Leben jetzt beginnen. Schnür deine Stiefel und begib dich an die Startlinie. Mach den ersten Schritt und dann den zweiten. Verlier nie aus den Augen, dass bereits mit dem ersten Schritt der Anfang zu deiner durchaus einzigartigen und bewundernswerten Geschichte getan ist. Ohne Zweifel wird *deine* Erfolgsgeschichte sein. Du schaffst alles, was du dir vornimmst. Sollte es eine Weile dauern, okay. Aber lass mich nicht zu lange warten, Bruder. Ich glaube an dich. Enttäusche mich nicht.

Überwintern, okay. Aber wie geht es weiter?

Über eine Sache solltest du dir im Klaren sein. Für ewig und drei Tage kann niemand sich abschotten und einen auf Überleben machen. Selbst in der ärgsten Not solltest du deshalb den Kopf heben und nach vorne schauen. Dir die Frage stellen: Wie geht es denn weiter? Bislang hast du nur Zeit gewonnen.

Der beste Rat, den ich dir geben möchte. Such im Frühjahr nach Menschen, denen du vertrauen kannst. Menschen, die ähnlich ticken und denken wie du. Es dürfen gerne eine gute Handvoll oder mehr sein. Vier, fünf, sechs Familien. Bildet eine Gruppe. Kauft eine alte Farm, einen Bauernhof oder Ähnliches. Lasst euch dort nieder, noch bevor der Winter Einzug hält. Das impliziert, dass ihr das städtische Leben aufgebt, alles veräußert und wie Prepper euer zukünftiges Leben in der Gemeinschaft irgendwo im Nirgendwo verbringt. Bestenfalls findet sich unter den Männern ein Elektroniker, ein Metzger, ein Ex-Soldat, ein Ingenieur und ein Landwirt. Die Frauen sind Hebammen, Lehrerinnen, medizinische Fachangestellte und ich erspare mir den Rest. Der Bauernhof ist solide. Solide sind auch die drei Ridgebacks, die ihn bewachen. Das Land ist fruchtbar. Ihr züchtet alles, was man nur züchten kann und im Stall stehen Schweine und Hühner. Vielleicht auch zwei Kühe. Es gibt Nachbarn, die dieselbe Gesinnung hegen wie ihr. Der Wald ist zum Greifen nahe. Und wer Wald sagt, meint damit auch Holz. Vielleicht gehört das Stück Wald zum Grundstück, wer weiß. Wasser kommt aus einem Brunnen im Garten und ganz in der Nähe fließt ein Bach. Ganz diskret, weit der Städte, tut sich hier auch die Möglichkeit auf, sich darauf zu besinnen, dass Menschen einst Jäger und Sammler waren. Hier kannst du jagen, fischen und all das sammeln, was es eben zu der jeweiligen Jahreszeit so gibt. Das setzt voraus, dass du einen Knollenblätterpilz vom Steinpilz unterscheiden kannst. Und wenn einer in eurem prachtvollen Team ein Survival-Spezialist wäre? Hört sich das alles nicht verdammt gut an? Sicher! Und sicherlich ist es das auch. Es gäbe Hürden. Aber die zu meistern, traue ich euch zu. Um das umzusetzen, braucht es nur den kollektiven und individuellen Willen eines jeden Einzelnen. Ich will. Ich kann. Ich werde!

Sie kämpften wie die Teufel – Rückblick und Lehren für uns

Ich möchte dir einen Auszug aus meinem Buch *Eine Frage der Ehre* zum Lesen überlassen und im Anschluss daran, dass Essenziellste davon herauspicken. Auf dass es uns eine Lehre sei:

Inmitten der Hölle von Sarajevo und innerhalb von nur sechs Monaten habe ich mehr Zusammenhalt und Heroismus erlebt als zu irgendeiner anderen Epoche meines Lebens irgendwo anders. Die Männer gingen zur Arbeit. Es war ein symbolischer Akt, denn es gab keine Arbeit. Und sie kämpften wie die Teufel an der Front. Stadt und Familie verteidigen, war ihre oberste Pflicht. Die Frauen und Kinder machten zu jeder Zeit einen sauberen und gepflegten Eindruck. Selbst wenn sie von einer Deckung zur nächsten rannten, wenn Angst, Wut, Trauer und Hunger sie zermürbte, raubte ihnen dies nichts von ihrem Stolz. Meine Helden in diesem Krieg waren eben diese Frauen und Kinder. Sie trugen ihr Los mit Würde. Das beeindruckte mich mehr als die täglichen, militärischen Machtdemonstrationen der verschiedenen Kriegsparteien. Und nein! Hier spricht nicht der Militär in mir, sondern ein simpler Vertreter der Rasse Mensch.

Die Lektion, lieber Freund? Egal was geschieht, egal was du tust, lass es in Würde geschehen. Auf dass wir uns, wenn alles vorüber ist, mit Stolz im Spiegel betrachten und sagen können: Wir gaben unser Bestes und das in allerbester Manier!

Schlusswort

Ich bedanke mich noch einmal ausdrücklich bei euch, liebe Leser. In jedem von euch, und davon bin ich zutiefst überzeugt, steckt mehr Wille und mehr Kraft (auch mehr Entscheidungskraft), als andere denken. Mehr zumindest, als ihr selbst es für möglich haltet. In jedem von euch steckt ein Held. Ihr seid stark und diese Stärke wird es schließlich sein, die euch und eure Lieben vor dem Schlimmsten bewahrt. Euer unbeirrbarer Wille wird das Zünglein an der Waage sein, wenn es an die Frage geht: Ein gutes Leben führen oder leiden? Ganz bewusst sag ich nicht leben oder sterben, denn Helden sterben nicht und ewiges Leid ist sicherlich schlimmer als der Tod.

Ich gestatte mir einen Rückblick, nur einen kurzen Moment der Überlegung. Gewalt ist, wenn wir daran gehindert werden, unseren Wünschen und unseren Bedürfnissen entsprechend zu leben. Gewalt ist aber auch, wenn unsere Wünsche und Bedürfnisse – offen an den Tag gelegt oder nicht – ganz bewusst und ständig missachtet werden. Wir müssen uns alle folgende Frage stellen: Wie konnte es dazu kommen, dass wir uns mit all dem, was ich im Buch beschrieben habe – Gewalt, Hunger, Kälte und Durst –, auseinandersetzen müssen. Auch heute noch? Sollte es nicht einer gewissen Normalität entsprechen, sorgenfrei durchs Leben zu gehen? Ich meine beschwingt. Beschwingt und ohne die Angst, den Kühlschrank leer zu finden. Ohne die schreckliche Idee, unsere Kinder frieren und hungern zu sehen? Hätte es nicht zu gegebener Zeit einen friedlichen Aufstand geben müssen? Zulassen ist dulden. Zu dulden, dass unsere Kinder in Gefahr sind, dazu haben weder wir noch andere das Recht. Gegebenenfalls werden uns diese Kinder, die wir liebten, an deren Seite wir froren und hungerten, den Spiegel vors Gesicht halten, uns fragen: Wie konntet ihr das nur zulassen? Besser wäre es, niemals eine Situation heraufzubeschwören, die uns mit einer derartigen Frage konfrontiert. Ganz dringend möchte ich betonen, dass Hass und Gewalt verdammenswerte Aktionen sind, die Leid und Angst generieren. Aus diesem Grund dürfen wir nicht zulassen, dass sich Hass, basierend auf roher Gewaltanwendung anderer, aufstaut und somit neuen Nährboden für noch mehr Gewalt bildet. Dies gesagt, wünsche ich euch allen ein sorgenfreies Leben und eine bis zum Bersten volle Vorratskammer.

Thomas Gast.

Bewährte Rezepte von Nicole Milk

Apfelkuchen im Glas – Glasküchlein

Du brauchst fünf Einweckgläser mit jeweils 500 ml Inhalt.

Zutaten:

- 500 g Äpfel.
- 350 g Zucker für den Teig.
- 150 g Zucker für die Äpfel.
- 1 Teelöffel Zimt.
- 5 Eier.
- 1 Prise Salz.
- 300 g Butter.
- 1 Teelöffel Vanillezucker.
- 100 ml Wasser.
- 100 ml Milch.
- 550 g Weizenmehl.
- 50 g Kartoffelstärke.
- 1 gehäufter Esslöffel Backpulver.

Vorarbeit: Äpfel schälen, in 0,5 cm dicke Scheiben schneiden und sie in eine Schüssel geben. 150 g Zucker, den Zimt und die Kartoffelstärke dazugeben, alles gut durchmischen und zur Seite stellen. Alle restlichen Zutaten in eine Schüssel geben und gut durchrühren, bis der Teig schön cremig ist. Die Gläser gut auswaschen – am besten auskochen. Fang mit den Äpfeln an und schichte sie ungefähr 3 cm dick vom Glasboden ausgehend nach oben. Fülle dann die Gläser mit Teig, bis sie halbvoll sind. Deckel der Gläser fest zudrehen. Stelle alle Gläser in einen Kochtopf. Fülle den Topf mit so viel Wasser, dass die Glasdeckel bedeckt sind.

Lass das Ganze eine Stunde kochen, nimm den Topf vom Herd oder Feuer und lass den Inhalt abkühlen. Deine Glasküchlein sind ein Jahr haltbar.

Fleisch einkochen und haltbar machen

Zutaten:

- 2 kg Fleisch (spielt keine Rolle welches).
- Salz nach Bedarf.
- Für jedes Glas 1 Lorbeerblatt.
- Pimentkörner.

Du benötigst etwa fünf Einweckgläser. Schneide das Fleisch in mundgerechte Stücke, salze und würze es und stecke es in die Gläser. Auch hier gilt: Die Gläser vorher gut auswaschen – am besten auskochen. Füll die Gläser jetzt mit Wasser, bis das Fleisch bedeckt ist. Deckel fest zudrehen, ab mit den Gläsern in einen großen Topf. Den füllst du mit Wasser bis zum Deckelrand und lässt alles neunzig Minuten lang kochen. Topf vom Herd oder vom Feuer nehmen und abkühlen lassen. Das so eingemachte Fleisch ist mehrere Jahre haltbar.

Eingelegte Früchte

Du brauchst fünf Einweckgläser mit jeweils 500 ml Inhalt.

Zutaten:

- 2 kg Früchte nach Wahl.
- 500 g Zucker.
- Nelken nach Bedarf.

Gläser auskochen. Früchte reinigen, kleinschneiden und in die Gläser geben.

Zwei Liter Wasser aufkochen, den Zucker dazugeben und so lange kochen, bis er sich aufgelöst hat. Die Nelken dazu geben. Die Gläser nun mit Zuckerwasser ausfüllen, den Deckel fest zudrehen und in einen großen Topf geben. Den Topf mit Wasser befüllen und dann alles etwa eine Stunde kochen lassen. Den Topf vom Herd oder vom Feuer nehmen und abkühlen lassen.

Tipps von Freunden, Lesern meiner Bücher und Abonnenten meines YouTube-Kanals

Von Katja kommen Tipps zum Sparen von Wasser und Energie sowie zur Hygiene. Sie macht sich aber auch Sorgen über unseren Nachwuchs. Katja schrieb Folgendes: Guten Tag, Herr Gast. Urban Survival, ja das ist ein schwieriges Thema. Ein Thema, das die Aufmerksamkeit der ganzen Familie benötigt. Der kommende Winter wird hart. Wir Erwachsenen machen uns alle große Sorgen, wie es weiter geht. Ältere Kinder und Jugendliche merken, wie besorgt wir Erwachsenen sind. Ich halte es für falsch, dass viele Eltern nicht mit ihren Kindern darüber sprechen. Nicht wenige Kinder sind dadurch psychisch so verunsichert, dass sie in Behandlung zum Arzt müssen. Der Psychoanalytiker deckt dann das Problem auf. Den Gang zum Psychoanalytiker kann man sich aber sparen, indem man offen und auf Augenhöhe mit der ganzen Familie über Probleme redet. Jugendliche haben manchmal brillante Ideen, bei denen die Eltern bei der Umsetzung dann auch helfen können. So haben alle in der Familie etwas davon und weniger Sorgen. Jeder weiß etwas, jeder kann etwas, jeder kann das berühmte Zünglein an der Waage sein. Alle dürfen mitmachen. Keiner sollte benachteiligt oder ausgelacht werden.

Unser viel geliebter WC-Spülkasten. Den habe ich manipuliert. Da passt nur noch ein Liter Wasser rein. Wie ich auf die Idee gekommen bin? Ich habe gelesen, dass die Schweizer Backsteine in den Spülkasten legen, damit dort weniger Wasser hinein läuft. Nun ja, Backsteine im Spülkasten, das ist viel zu schwer. Er könnte abreißen. Da kam mir die Idee mit einer Plastikflasche. Die Flasche mit Wasser füllen und in den Spülkasten legen, es geht also um Wasserverdrängung. Doch das funktionierte nicht, denn das Gestänge war im Weg, die Flasche zu groß. So kam mir eine Idee, die dann auch recht gut funktionierte.

Der Spülkasten war bereits auf die kleinste Wassermenge eingestellt. Ist er das nicht, dann erst einmal innen die kleinste Wassermenge einstellen, den Schwimmer losschrauben und etwas tiefer wieder anschrauben. Im Altglas hatte ich zwei Schraubgläser von Instantkaffee (Krümelkaffee). Diese Gläser haben einen Kunststoffdeckel. Pappe aus dem Kunststoffdeckel entfernen. Aufgeklebtes Papier entfernen. Die Gläser müssen sauber ohne Papier und Pappe sein, damit sich nichts im Spülkasten festsetzt und das Gestänge blockiert. Im Spülkasten bildet sich Rost. Schraubgläser mit Kunststoffdeckel sind ideal. Die Schraubgläser habe ich im Spülkasten voll Wasser laufen lassen und dann zu geschraubt. Sie passen genau neben das Gestänge. Es ist wichtig, dass keine Abfälle in der Toilette landen. Also unbedingt einen Mülleimer daneben stellen. Wenn du die Toilette mit Klopapier oder Zeitungspapier putzt, dann bitte alles in den Mülleimer werfen.

Menstruation – Hygieneartikel sind richtig teuer. Ich benutze seit über 30 Jahren Menstruationstassen und habe damit viel Geld gespart. Darüber habe ich sogar mal einen Artikel im Internet geschrieben. Bei mir dürfen Männer immer mitlesen, ich betrachte das als Aufklärung. Aufklärung ist für alle wichtig und für Jugendliche besonders interessant.

Kochen – Bei uns auf dem Dorf fällt öfter mal der Strom aus. Dafür habe ich ein paar Steine auf der Terrasse liegen. Zwischen den Steinen steht ein Trangiakocher (Spiritus-Brenner aus Schweden). Drauf kommt dann ein Topf oder eine Pfanne. Im Keller habe ich 12 Flaschen Spiritus gelagert, das reicht für den Winter. Jedes Mal, wenn ich Einkaufen war, habe ich zusätzlich eine Flasche Spiritus gekauft. Muss niemand merken, dass ich bunkere.

Warmes Wasser – Gas habe ich seit Mai abgestellt. Ich möchte ausprobieren, wie lange ich ohne Heizung zurechtkommen kann. Für warmes Wasser habe ich einen Durchlauferhitzer mit Strom. Dieser steht auf der kleinsten Stufe, das Wasser wird nur lauwarm. Ich komme damit klar. Ich dusche zu Hause so schnell wie möglich. Mein Rekord liegt bei fünf Minuten. Im Sommer bade ich im See und das dann ausgiebig und lange. Baden im See ist der pure Luxus. Im Herbst und Winter bade ich auch mal im Bach, dann aber immer ganz schnell, ist ja kalt. Baden im Bach und im See ist auch der pure Luxus. Gut, dass ich auf dem Dorf wohne. In der Stadt gibt es das nicht.

Zwischenkommentar meinerseits: Liebe Katja, du wärst ein top Fremdenlegionär!

Lampenbirnen – Immer nur eine Lampe im Zimmer anschalten. Niedrige 20 oder 40 Watt Lampenbirnen nutzen. Auf Dauer spart man so Strom. Lampenbirnen mit viel Watt nicht wegwerfen, falls doch einmal viel Licht benötigt wird. Lampe so vor einen Spiegel stellen, dass sie hineinleuchtet, dann ist das ganze Zimmer hell. Das funktioniert. Ich bin auf die Idee gekommen, weil in Leuchttürmen immer nur eine schwache Lichtquelle ist, diese aber mit Spiegeln und Linsen verstärkt wird. So ist ein Leuchtturm weit sichtbar. Vielleicht habt ihr schon alles zu Hause und braucht nur umbauen.

Katja, besten Dank für all diese Tipps.

Von Flo kommt ein Tipp in Sachen Wärme. Flo schrieb Folgendes:

Hallo, Herr Gast. Ich hätte eine Idee, wie man heizen könnte. Draußen im Garten ein Feuer machen, abbrennen lassen, Glut in einen Topf geben. Deckel drauf und dann ab damit auf den Herd. Darunter und drumherum könnte man Ziegelsteine stellen. *Danke Flo, für diesen wertvollen Tipp.*

Jetzt eine Anregung von Sadiki B. Sadiki schrieb: Hallo Thomas. Ich war Amateur-Boxer und da lernt man, sich selbst zu beherrschen. Auch in schweren Situationen. Ich konnte durch die Seelen-Atem-Meditation viele schlechte Gewohnheiten komplett ablegen. Es half mir auch durch viele Krisen in den letzten Jahren hindurch. Vielleicht kannst du dich selbst davon überzeugen, indem du nur erstmal auf YouTube die Seelen-Atem-Meditation-Videos anschaust.

Das werde ich tun, Sadiki!

Ich bin der absoluten Meinung, dass die größten Krisen durch negatives Denken und die dadurch ausgelösten Emotionen hervorgerufen werden. Dafür brauchen wir nicht mal einen Krieg im Außen.

Richtig, Sadiki. Der Krieg, der in uns tobt, reicht!

Der Kampf mit den eigenen Gedanken und Emotionen ist mindestens genauso wichtig wie alles andere, vielleicht noch wichtiger. Nur durch regelmäßiges Üben (man darf sich von entmutigenden Gedanken und niederziehenden Emotionen nicht leiten lassen) kann man die für Krisensituationen erlernten Dinge auch gut umsetzen. Oder eben richtige Entscheidungen treffen.

Danke, Sadiki, für deine Tipps. Auch ich denke, dass positive Gedanken in der Krise nicht nur eine Art Gamechanger, sondern sogar Matchwinner sein können.

Jan Preuß schrieb: Hallo Thomas. Die Hauptprobleme werden in großen Städten entstehen. Hier werden sich dieselben Probleme auftun wie bei großen Heeren. Stell dir vor, es werden riesige Mengen an Nahrung, Treibstoff, Munition und vor allem an Wasser benötigt. Das kann sich der Staat nicht immer und zur Genüge aller leisten. Ich denke, es braucht primär Entkeimungstabletten für die Wasseraufbereitung und eine ganz spezielle, den Umständen angepasste Notfallnahrung (z. B. auch Convar7 High Energy Bar). Um sich gegenseitig in kalten Wintern zu wärmen, empfehle ich, in der Wohnung ein Zelt aufzubauen. Mein Favoritenspruch lautet: *Wer es nicht schafft, sich vorzubereiten, ist vorbereitet, es nicht zu schaffen.* Hoffen wir das Beste.

And for the rest, all the best. Danke, Jan Preuß!

Hier eine sehr lange, aber exzellente Nachricht von Werner Heidrich. Werner schrieb: Hallo Thomas. Ich sehe viele deiner Sendungen und das wegen der hohen Qualität und deiner offenen und ehrlichen Art. Ich bin jetzt 67 Jahre alt und habe ein bewegtes Leben hinter mir. Anonym möchte ich nicht daherkommen, für mich ist ein offenes Visier (noch) möglich und ich stehe auch zu den Dummheiten, die ich manchmal sage und mache. Angst habe ich persönlich keine vor der Zukunft, ich werde mich ihr stellen. Natürlich lebe ich gern und möchte das Leben so lange wie möglich in Frieden genießen, ohne atomare Verseuchung, Hunger, Blackout, marodierende Banden oder in einem Staat, der vollends zu einem Albtraum nach Orwell oder Aldous

Huxley mutiert. Angst habe ich nur, wenn ich an die Zukunft meiner Kinder, meiner Enkel – kurz all meiner Lieben – denke. Meine Frau und ich sind pensioniert und wir haben beide unseren Ländern den Rücken gekehrt, weil wir sie lieben und uns die Realität dort zu sehr belastet. Wir haben damals einen genauen Kriterienkatalog erstellt, was wir wollen und brauchen, wenn es wirklich mal schlimm kommt. Hier ist er:

- Genug erschwingliches Land, um notfalls eine Grundversorgung mit Lebensmitteln zu gewährleisten.
- Genug Brennholz bis zu unserem Lebensende und ein durch das Klima stark verringertes Heizproblem.
- Ein Brunnen, eine Regenwasserzisterne.
- Die Möglichkeit, eigene Elektrizität zu generieren (das Problem ist noch nicht gelöst, aber wegen der Kraft der Sonne hier leicht möglich).
- Keine ständige Bevormundung durch den Staat.
- Keine direkten Nachbarn, genug Distanz zur nächsten Ortschaft, weil sich eben die Armutskriminalität heute hauptsächlich in den Städten und nicht auf dem Land abspielt.
- Ein kleines, direkt bezahltes Haus, somit kein Mietzahlungsproblem. Uns kann keiner vor die Tür setzen, wenn die Rente nicht mehr kommt.
- Ein Haus, ein Auto und ein Grundstück, das niemanden reizt einzudringen, weil es von seiner Erscheinung zwar sauber und ordentlich, aber nicht vielversprechend aussieht, unterer Landesdurchschnitt.
- Keine Abhängigkeit von Heizenergie, wir haben über 120 Olivenbäume und heizen knapp drei Monate im Jahr unsere 80 qm Wohnung.
- Nähe zum nächsten Ort, wo es Krankenhaus, Arzt und Apotheke gibt, falls wirklich einmal nötig und wo man einkaufen kann.
- Das alles haben wir hier in Apulien im Süden Italiens gefunden. Wir konnten tatsächlich Punkt für Punkt auf unserer Liste abhaken, man muss halt klare Vorstellungen haben.

Wenn es in Deutschland hart auf hart kommt, wird es schwierig für die Leute dort. Dann wird alles *Prepping* nur ein Tropfen auf dem heißen Stein sein.

Den Hauptgrund sehe ich darin, dass die meisten grundlegenden Überlebenskenntnisse auf allen wichtigen Gebieten verloren gegangen sind.

Du machst dich nicht morgen am Tage gleich auf, ackerst, säst und erntest genug, um zu überleben. Ich weiß aus eigener Erfahrung, dass das ein Lernprozess ist, vergleichbar mit jeder Ausbildung, die, wenn man keinen fähigen Lehrer hat, garantiert zunächst schlimme Fehlschläge beinhaltet. Außerdem hast du kein Stück Land, dass du gegen Wild und hungrige Diebe schützen kannst. Du lebst in einem Ballungsgebiet im 7. Stock? Das ist wohl das Ärgste, kein Land zum Anbauen, kein Wasser, kein Strom, kein Klo, kalte Bude und Nachbarn, die aus Verzweiflung zu Raub und Diebstahl neigen. Du hast als Bürohengst ein Leben lang deine zarten Hände gepflegt? Jetzt sollst du nachts im Park heimlich Bäume fällen, nach Haus schleppen, klein hauen und vor den begierigen Nachbarn schützen? Um einen Ofen zu organisieren, bekommst du Schwierigkeiten, weil dir auch die Fähigkeiten zum Organisieren fehlen. Ein Loch in die Außenwand zu hauen, um ein Ofenrohr durchzustecken, bringt ein solcher Sesselpupser auch nicht hin. Die Kriminalität und Organisierung lassen sicher auch nicht lange auf sich warten. Nicht jeder kann das aushalten und in einem solchen Milieu überleben. Ich habe lange genug in Bogotá, Ecke Caracas/18. Straße gelebt. Einige meiner Bekannten, die zu Besuch waren, sind auch gleich in den ersten Tagen überfallen, ausgeraubt und sogar schwer verletzt worden. Alles Deutsche ohne jegliche Überlebenserfahrung in einem kriminellen Armutsmilieu!

Kommt es richtig schlimm, sehe ich schwarz für die Mehrheit meiner Landsleute. Die meisten leben in Ballungszentren in einem überbevölkerten Land, wissen und können nichts und haben keinen klaren, funktionierenden Plan, um die Situation zu bewältigen. Sie sind verweichlicht und haben romantische Vorstellungen, die mit der Härte des Lebens und Überlebens nichts zu tun haben. Hoffen wir also, dass es nochmal gut geht!

Steffi, 34, Mama und Erzieherin schreibt – Ich betrachte dunkle Wolken über uns, aber sie machen mir keine Angst. Schon lange zieht etwas am Horizont auf.

Aus diesem Grund mache ich mich mental fit. Erst dann macht auch eine materielle Vorbereitung meiner Meinung nach Sinn. Ich glaube, dass wir als Gesellschaft mit unserer Stärke und unserer Kraft gegen den Sturm halten können. Man muss sich reflektieren, sich selbst und seine Ängste hinterfragen.

Dankeschön, Steffi!

Ein weiteres Survival-Buch von Thomas Gast

In diesem Werk teilt Thomas Gast seine unbezahlbare Expertise aus 17 Jahren in der Fremdenlegion und versorgt sie mit umfassenden Informationen sowie bewährten Methoden und Techniken, sodass Sie wirklich in jeder Survival-Situation bestens vorbereitet sind. Überlassen Sie also nichts dem Zufalls und werden auch Sie zum Survival-Experten!

Dieses Buch enthält unter anderem:

- Die wichtigsten Grundlagen und Informationen für den Survival-Notfall
- Ausführliche Schritt-für-Schritt-Anleitungen praxiserprobter Überlebensmethoden und -techniken
- Die umfangreiche Expertise des renommierten Survival-Experten Thomas Gast
- Die erforderlichen Kenntnisse und Fähigkeiten, über die jeder Mensch in einer solch turbulenten Zeit verfügen sollte
- Zahlreiche weitere hilfreiche Tipps, Tricks und wertvolles Hintergrundwissen für den Ernstfall

Das Buch finden Sie unter folgendem QR-Code und überall sonst, wo es Bücher gibt:

(https://www.thalia.de/shop/home/artikeldetails/A1063453277)

(https://www.amazon.de/dp/3969672112)

Unter Nennung der ISBN auch in jeder weiteren Buchhandlung erhältlich.

Autorenseite

(https://eulogiaverlag.de/author_info/1681894809697x204710335235106080)

Ein weiteres Buch von Thomas Gast

„Kongo Fieber – Legion Etrangere. Ein Einsatzbericht von Thomas Gast“ gleicht einer atemberaubenden Reise in die dunkelsten Ecken der Geschichte. Mit unverblümter Offenheit schildert Thomas Gast seine hautnahen Erfahrungen als ehemaliger Elite-Fallschirmjäger. Dieser packende Bericht basiert auf wahren Begebenheiten und gewährt einen schonungslosen Blick hinter die Kulissen eines lebensgefährlichen Einsatzes.

Erleben Sie hautnah die Schrecken des Krieges aus der Sicht eines Soldaten im Jahr 1978, als der Kongo von der Shaba-Invasion erschüttert wurde. Inmitten des Guerillakrieges im Süden der heutigen Demokratischen Republik Kongo stehen die Interessen des Westens und der Ostblock-Staaten in Zentralafrika auf dem Spiel. Inmitten dieses geopolitischen Konflikts finden wir uns an der Seite unseres Protagonisten wieder, der in einem Strudel aus Gefahr und Unsicherheit gefangen ist.

Das Buch finden Sie unter folgendem QR-Code und überall sonst,
wo es Bücher gibt:

(https://www.thalia.de/shop/home/artikeldetails/A1069350873)

(https://www.amazon.de/dp/3969673429)

Unter Nennung der ISBN auch in jeder weiteren Buchhandlung erhältlich.

Autorenseite

(https://eulogiaverlag.de/author_info/1681894809697x204710335235106080)

Ein weiteres Survival-Buch von Thomas Gast

Entdecken Sie die wegweisenden Prinzipien der mentalen Stärke. Tauchen Sie ein in eine Welt der inneren Resilienz und erfahren Sie, wie Sie Hindernisse überwinden und Ihre Willenskraft stärken können.

In diesem praxisorientierten Ratgeber begleitet Sie der erfahrene Autor Thomas Gast auf einer Reise zur mentalen Klarheit und Charakterentwicklung. Mit umfassendem Fachwissen und fundierter Unterstützung zeigt er Ihnen, wie Sie Herausforderungen meistern, Ängste bewältigen und Ihre innere Stärke zum Vorschein bringen.

Lernen Sie bewährte Methoden und Strategien kennen, um Ihre Disziplin zu festigen und eine robuste Willenskraft aufzubauen. Schritt für Schritt werden Sie lernen, wie Sie Ihre Ängste überwinden und einen starken Charakter entwickeln.

Das Buch finden Sie unter folgendem QR-Code und überall sonst,
wo es Bücher gibt:

(https://www.thalia.de/shop/home/artikeldetails/A1070307661)

(https://www.amazon.de/dp/3969673372)

Unter Nennung der ISBN auch in jeder weiteren Buchhandlung erhältlich.

Autorenseite

(https://eulogiaverlag.de/author_info/1681894809697x204710335235106080)

Ein weiteres Buch von Thomas Gast

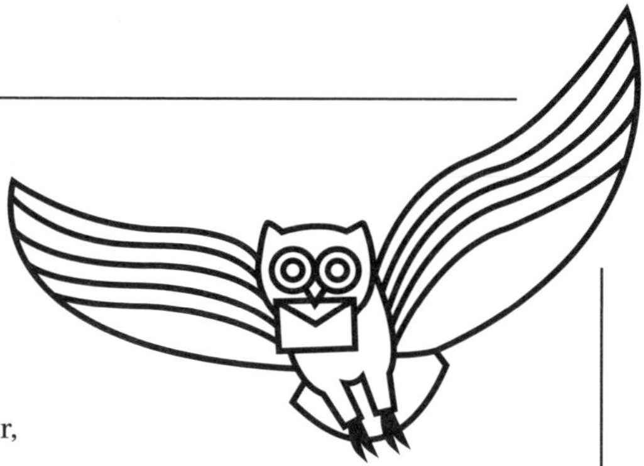

Liebe Leserin, lieber Leser,

hat Ihnen dieses Buch gefallen?
Ihr Feedback, Ihre Anregungen und Ihre Kritik bedeuten uns viel, denn sie helfen uns, unsere Bücher kontinuierlich zu verbessern.

Die Meinung und Zufriedenheit unserer geschätzten Leserinnen und Leser stehen im Mittelpunkt unseres Schaffens. Ihre Gedanken sind uns wichtig.

Zögern Sie daher nicht, uns zu kontaktieren und Ihre Gedanken mit uns zu teilen. Senden Sie uns einfach eine E-Mail an:
feedback@eulogiaverlag.de

Besuchen Sie auch gern unsere Verlagsseite und entdecken Sie weitere spannende Bücher unter:
www.eulogiaverlag.de

Wir sind gespannt auf Ihre Nachricht und freuen uns darauf, von Ihnen zu hören!

Herzlichst
Ihr **Eulogia Verlag**